02

03

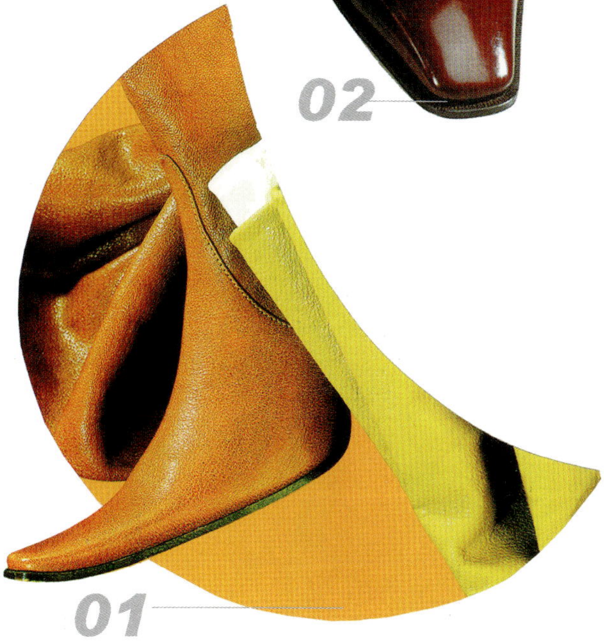

01

04

06

05

07

彩图−01　这是一组粒面革以及在筒靴上的应用，天然的粒面花纹清晰可见
彩图−02　漆光革在正装鞋上的应用，镜面般的革面光可照人
彩图−03　绒面革在高腰鞋上的应用，显得质朴、柔和
彩图−04　仿旧革在舌式鞋上的应用，通过打蜡擦拭，显出旧日时光
彩图−05　立体印花革，使单调的革面大放异彩
彩图−06　一组压花革，不同的色彩、不同的花纹，丰富了皮革的品种
彩图−07　一张带毛的斑马革，头尾、四肢以及腹部、肷部都很齐全

08

09

10

11

12

13

彩图－08　这是一组二层移膜革，利用二层革坯转移上粒面层，提高产品使用价值
彩图－09　这是一组合成革，外观的装饰作用优于天然革
彩图－10　这是一组超细纤维革，从折叠的纹路可以看出，革身柔软性优于合成革
彩图－11　鸵鸟革在男鞋上的应用，带有孔洞的粒状凸起是鸵鸟皮的最大特点
彩图－12　用蟒蛇革制作的女靴，菱形花纹为背部皮，横条状花纹为腹部革
彩图－13　两块鲷鱼皮革，去掉鳞片形成鳞窝，排列成网状，这是鱼皮特有的花纹

14

17

18

15

19

16

20

彩图-14　羽毛在女靴上的应用，有一种飘逸感。羽毛属于纤维性材料
彩图-15　用牛仔布制作的矮筒靴和拖鞋，鞋面柔软，朴实无华
彩图-16　毛呢织物在高筒靴上的应用，厚实的纺织材料增加了温暖感
彩图-17　用网布与合成革制作的运动鞋，网布材料透气、质轻、易洗，很受青睐
彩图-18　一款绣花矮筒靴，丝线具有光泽，绣出的花朵在黑色背景映衬下栩栩如生
彩图-19　橡筋材料在高腰鞋上的应用，增加了鞋的开闭功能
彩图-20　大坡跟的外层包裹着麻编材料，有着返璞归真风格

21

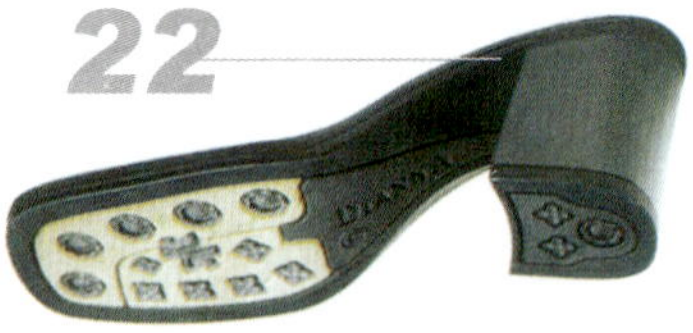
22

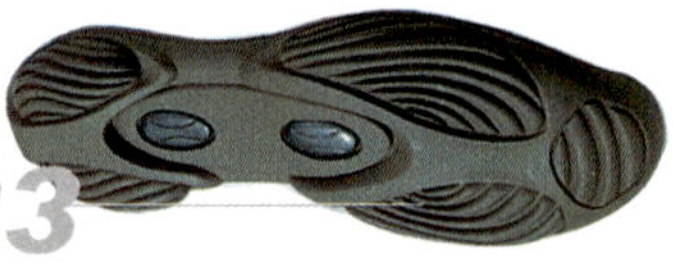
23

24

25

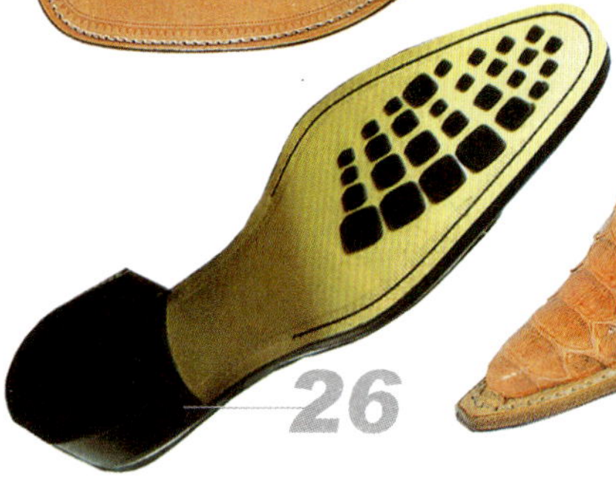
26

27

28

29

30

31

32

彩图—21　橡胶片和成型橡胶外底，高弹性使橡胶成为鞋底不可缺少的材料
彩图—22　PU外底，采用浇注工艺成型，以综合性能良好而著称
彩图—23　TPR外底，外观类似橡胶，采用注射工艺成型，是一种新型弹性体
彩图—24　仿皮底，属于橡胶类外底，采用注射工艺成型，外观模仿真皮底
彩图—25　真皮外底，选用植鞣外底革材料制备，一般用于线缝工艺鞋
彩图—26　PVC外底在女拖鞋上的应用，采用注射工艺成型，属于典型塑料制品
彩图—27　真皮外底在女拖鞋上的应用，在沿条部件上有缝合的线迹
彩图—28　两款全塑鞋，采用注射工艺成型，生产效率很高
彩图—29　组合成型外底，先制备EVA成型中底和橡胶成型底片，组合成外底
彩图—30　软木中底在坡跟鞋上的应用，大大减轻了鞋体的重量
彩图—31　木底拖鞋，使用木质材料制作外底由来已久
彩图—32　布面胶底硫化鞋，鞋底的周边贴有外围条

33

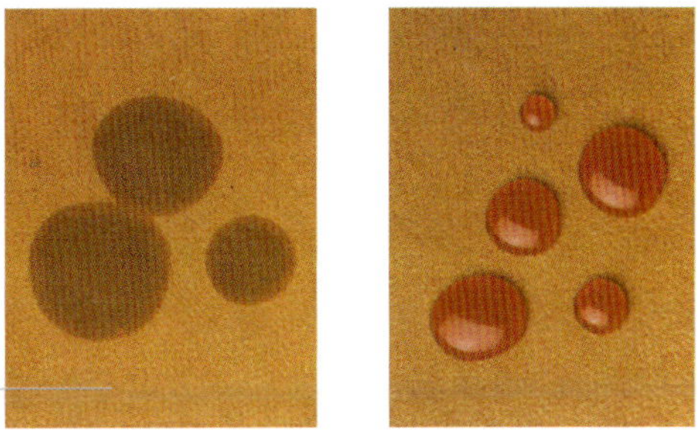
37

38

34

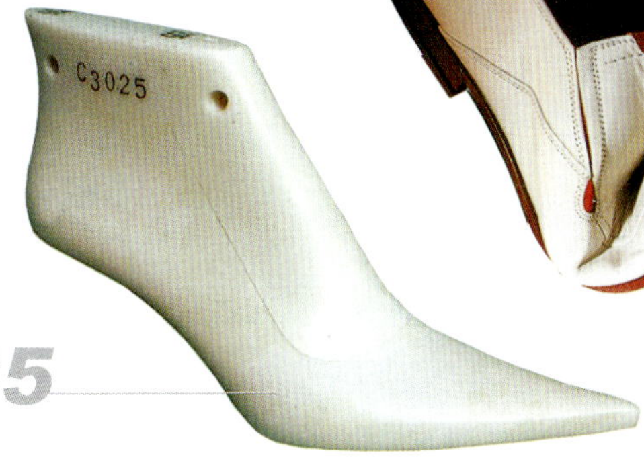

35

36

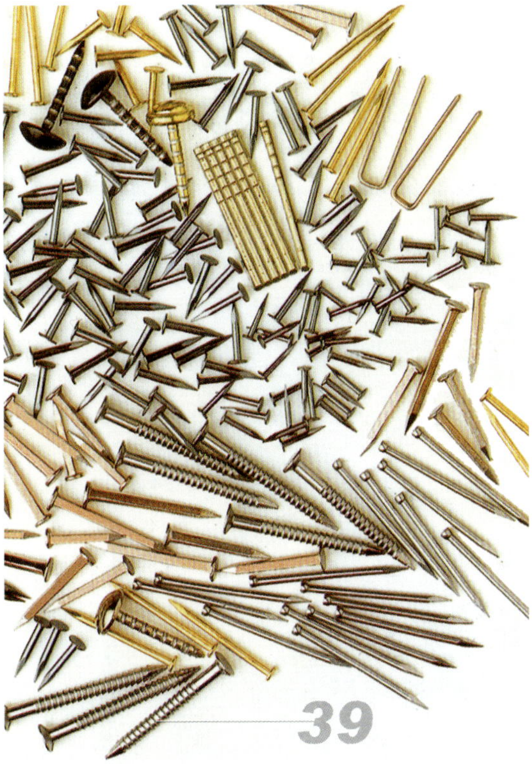
39

彩图-33　纸板革和组合内底材料，半内底材料要挺硬，内底材料要柔韧
彩图-34　用软底革生产的休闲鞋，柔软的鞋底可以弯折较大的角度
彩图-35　塑料鞋楦，是制鞋的胎具，由GDPE和LDPE树脂混合制成
彩图-36　一组塑料鞋跟，既有强度又有韧性，由ABS塑料制成
彩图-37　液体对固体材料的浸润（左）和不浸润现象（右）
彩图-38　针织的弹性材料，不同于机织的松紧布，没有橡筋，使用很方便
彩图-39　不同的鞋钉，包括圆钉、橡皮钉、秋皮钉、螺纹钉、铜鼓钉和卡钉

彩图–40　尼龙搭扣在运动鞋上的应用，开闭功能强，使用方便
彩图–41　蕾丝在中空女凉鞋上的应用，增加外观的蓬松柔软感
彩图–42　金属标牌在品牌鞋上的应用，既有标识作用，又有装饰作用
彩图–43　金属拉链在筒靴上的应用，安装在靴筒外层类似“裤腿”的部件上
彩图–44　金属鞋跟和金属包头在筒靴上的应用，既有补强作用，又有装饰作用
彩图–45　弹力织带与鞋环和尼龙搭扣相配合代替鞋带的应用，松紧可以自由调节
彩图–46　用刀将皮革片削成刺状的材料，外观新颖别致，可与稀有动物皮相媲美

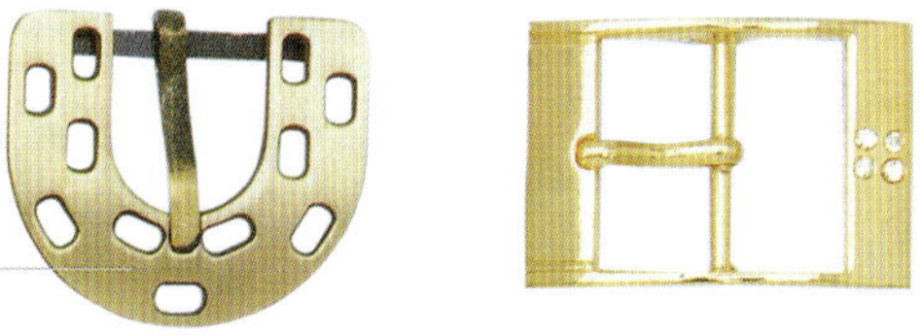
47

48

49

50

51

52

53

54

彩图—47　半圆形和方形的鞋钎，有连接和装饰的作用
彩图—48　鞋钎在男鞋上的应用，鞋帮为带毛的皮料
彩图—49　花色鞋钎在女拖鞋上的应用，造型设计以鞋钎为中心展开
彩图—50　金属材料的集中应用，包括铜眼套、铜鼓钉、四件铜扣、铜鞋钎、铜标牌
彩图—51　鞋钎在女浅口鞋上的应用，鞋钎前后呼应，只起装饰作用
彩图—52　鞋钎在凉靴上的应用，排列有序，产生韵律感
彩图—53　鞋眼环与鞋眼钩在高帮运动鞋上的应用，使用鞋眼钩系鞋带比较方便
彩图—54　鞋眼套在高腰鞋上的应用，侧帮上的鞋眼套起装饰和透气的作用

55

56

57

58

59

60

61

62

彩图-55　一组装饰扣件，珠光宝气，尽显奢华
彩图-56　装饰扣件在拖鞋上的应用，漂亮的装饰使普通的拖鞋变得不普通
彩图-57　用麻线和皮穗制作的装饰件，使得休闲鞋变得更加轻松、自由、舒畅
彩图-58　绿松石扣件在棕红色筒靴上的应用，在凝重中产生鲜亮
彩图-59　黄金链饰和亮钻扣件在女凉鞋上的应用，富丽高雅，令足下生辉
彩图-60　用暗色绒线做的花饰，配在简洁的灰色帮面上给朴素无华带来一团生机
彩图-61　采用同种材料制作的“鞋包配”，鲜艳夺目的色彩，深受女孩的喜爱

彩图-62　采用同种材料和同类装饰制作的“鞋包配”，材质与做工决定了产品的档次

高等职业教育教材
鞋靴设计系列教材

鞋靴材料

高士刚　孙家珏　编著

中国轻工业出版社

图书在版编目（CIP）数据

鞋靴材料/高士刚，孙家珏编著. —北京：中国轻工业出版社，2018.10

高等职业教育教材

ISBN 978-7-5019-8381-0

Ⅰ.①鞋… Ⅱ.①高…②孙… Ⅲ.①制鞋-原材料-高等职业教育-教材②制鞋-辅助材料-高等职业教育-教材 Ⅳ.①TS943.4

中国版本图书馆CIP数据核字（2011）第157416号

责任编辑：李建华　责任终审：张乃柬　封面设计：锋尚设计
版式设计：宋振全　责任校对：杨　琳　责任监印：张　可

出版发行：中国轻工业出版社（北京东长安街6号，邮编：100740）
印　　刷：北京画中画印刷有限公司
经　　销：各地新华书店
版　　次：2018年10月第1版第2次印刷
开　　本：889×1194　1/16　印张：9.75
字　　数：330千字　插页：4
书　　号：ISBN 978-7-5019-8381-0　定价：38.00元
邮购电话：010-65241695
发行电话：010-85119835　传真：85113293
网　　址：http://www.chlip.com.cn
Email：club@chlip.com.cn

181116J2C102ZBW

序

自20世纪80年代中期以来，中国制鞋工业借改革开放和世界鞋业调整之机迅速崛起。目前，我国规模以上制鞋企业有数千家，大小企业万余家，年产量约70亿双，占世界总产量一半以上，产业规模和贸易量多年稳居世界第一。然而，产业规模的庞大并不意味我们在这个领域的强大，我们在鞋靴设计创新、技术输出、国际化品牌的建立与运营、人才培养、基础研究等方面的能力还相当薄弱。随着我国经济不断深入、广泛地融入世界经济体系，世界范围内的竞争将会更加激烈，未来发展将不可避免地对我国鞋业发展提出更高要求。

就在我国鞋业20世纪80年代崛起的同时，世界范围内许多工业企业开始将经营战略重点由过去的生产、营销转向了注重新产品的设计研发。目前，中国制鞋企业整体上尚处于加工型阶段，许多企业靠抄袭、模仿发展。就在我们许多制鞋企业乐此不疲地抄袭、模仿他人的时候，殊不知这些企业也失去了赶超他人的一种创新智慧，失去了抢占市场和获取更多利润的机会，也失去了创建国际著名鞋靴品牌的可能。由加工型向设计开发型和品牌运营型转变已成为我国鞋业历史发展的必然趋势，在这个升级转型过程中，鞋靴创新设计将发挥至关重要的作用，也将成为中国鞋业在国际化道路上能否成功的关键因素之一。无论是竞争需要还是发展需求，中国鞋业都在呼唤设计春天的到来。

由于种种原因，真正意义上的现代鞋靴设计理念、理论体系和设计教育在我国尚处于启蒙和初创阶段，行业和鞋靴教育界中还有许多人将鞋靴结构和样板设计与鞋靴设计混为一谈，也有部分人将鞋靴设计简单地理解为一种纯艺术造型活动，这些认识上的谬误和偏差对真正鞋靴设计工作开展和鞋靴设计人才培养都产生着严重的阻碍作用。鞋靴设计作为一种产品设计，它需要满足顾客、市场和企业经营的多种需求。鞋靴作为一种产品，它承载和蕴含着特定需求、功能原理、技术、审美、时尚、管理、材料、成本、利润、文化等多种因素，鞋靴设计就是满足以上众多因素的一种创造性活动，是一种人与物的关系沟通。当然，鞋靴作为一种服饰品，在消费过程中，其审美、象征的作用要更大一些，从这个角度看，鞋靴设计所要研究的主要内容是鞋靴款式造型的设计创新。鞋靴设计的综合性和相对独立性，使其正在作为一种新的知识与技术门类被人们所研究和应用。

长期以来，我国鞋靴高等教育包括高等职业教育主要是以技术教育为主，主要培养的是鞋靴样板、工艺、检测、管理等方面的技术人才，并没有开展起真正意义的现代鞋靴设计教育，只建立起了鞋靴技术教育教学体系，尚没有建立起鞋靴设计教育教学体系。随着我国经济的快速发展和人们生活水平的不断提高，鞋靴消费逐步进入到感性时代，人们开始更加关注鞋靴的审美性、时尚性和象征性。当今鞋业，样板、工艺等生产技术因素已不是企业经营与市场之间的主要矛盾因素，生产技术因素只是做实体产品的制鞋企业经营发展的基本保障因素。目前，制鞋企业与市场之间的主要矛盾是鞋靴审美性和新的实用性与这方面不断增长的消费需求所形成的矛盾，而解决这个矛盾唯有靠鞋靴设计才能够实现。

近些年，我国高等职业技术教育得到迅速发展，1992年，我国第一个高等职业技术教育类型鞋靴专业在河北省邢台职业技术学院创办。高等职业技术鞋靴专业教育的开展，离不开相应的理论体系以及此方面的教材建设，根据行业发展和专业教学对鞋靴设计人才的培养需要，我们组织相关院校开始编写这套鞋靴设计系列教材。2007年4月，由邢台职业技术学院和中国轻工业出版社共同组织的高等职业技术教育鞋靴设计系列教材研讨会在扬州大学广陵学院召开，与会主要编者就高职教育教学特点、教材内容、编写体例等方面进行了广泛交流，一致认为本套教材应遵从高等职业技术应用型人才培养规律，围绕如何更好地培养鞋靴职业岗位能力来构建教材的内容和编写体例，对于传授具有独立职业技术能力的教材，其内容排序应以岗位工作过程作为教材内容构建参照，实训技能项目也按此排列，突出教材内容和编写体例的实用性和应用性，并力争反映出当前鞋业生产经营中的主要技术领域的最新发展成果。

鞋靴设计作为一门实用艺术设计与技术和市场相交融的新兴综合学科，涉及工业设计学、艺术形态构成学、美学、色彩学、鞋靴制板、制鞋工艺、鞋楦设计、鞋业管理、人机工程学、生物力学、市场学等诸多学科与知识门类，这些知识与技术都是鞋靴设计整体知识与技术不可缺少的组成部分，其中有些知识与技术在行业中都有相对独立的应用价值。为此，我们准备在未来2～3年中规划出版《鞋靴设计学》（第二版，普通高等教育“十一五”国家级规划教材）、《鞋靴结构设计》、《鞋靴色彩设计》、《楦型设计原理》、《脚型·楦型·底部件》、《现代制鞋工艺》、《现代制鞋企业管理》、《制鞋机械概论》、《鞋靴材料》、《鞋靴设计基础》等10余部高职教育教材，初步构筑起我国首个高职教育鞋靴设计系列教材体系。今后我们还将根据行业发展需要以及条件的成熟，再陆续出版鞋靴设计其他方面的系列著作。

本系列教材由邢台职业技术学院和中国轻工业出版社共同发起。系列教材在编写过程中，得到了中国轻工业出版社、邢台职业技术学院、浙江工贸职业技术学院、广东白云职业技术学院、浙江温州大学、江苏扬州大学广陵学院和中国皮革与制鞋工业研究院等单位及有关领导的大力支持，编者在此一并表示诚挚谢意。由于高职教育鞋靴设计系列教材在我国尚属首次编著，在内容编排、体例格式等方面缺少经验和可借鉴的材料，加之现代制鞋行业发展迅速，不足之处在所难免。因此，编者在这里还恳请有关专家和读者不吝赐教，以使这套系列教材今后能不断得到修正、补充，以达到更好地培养高素质技能型鞋靴设计人才及推动中国鞋业持续发展的目的。

陈念慧

2007年5月于邢台职业技术学院

前　言

鞋类设计专业所用到的材料有个最大的特点就是“多而杂”。从天然皮革到人工革，从橡胶到塑料，从黏合剂到纤维，从纺织材料到金属材料、涂饰材料再到防霉防蛀材料等，几乎是应有尽有。但是在所用材料的深度上，往往是“够用”为止。因为鞋类设计专业是在“使用”材料，而不是“制造”材料，所以就需要掌握一个“度”。从需要出发、从实际出发，这就是《鞋靴材料》一书的编写特点。

第一，增加了阅读资料。本书中列举了一些材料生产的工艺过程，可以作为阅读资料处理，扩大知识范围。因为学习这些工艺过程，目的并不是掌握生产制造，而是要通过分析，了解工艺过程中的一些重要生产环节，而这些环节往往与材料的应用有着直接的关系。比如“松面”，可以用一句话解释什么是松面，但要理解松面，必须了解生皮结构、浸灰处理、鞣制加工等系列知识，有了这些知识的融会贯通，在材料应用上才会得心应手。

第二，增加了知识深度。本书是以高分子材料为结合点，把橡胶与树脂合并成一章处理。早先的教材借鉴了许多橡胶与塑料知识，最后又出现了橡塑合并，给读者的感觉是两种不同的材料很难硬扯到一起。如果从高分子材料角度来认识，橡胶与树脂同属高分子材料，只是分子链的结构、长短不同而表现出不同性能，橡塑并用就成了顺理成章的事。同样，以高分子材料为结合点，还可以把黏合剂、合成纤维等知识串联起来，这有利于理解不同材料之间的关系。

第三，增加了知识层次。本书对传统的鞋用纤维材料、鞋用纺织材料、鞋用金属材料、鞋用涂饰材料、鞋用防腐防蛀材料、鞋用包装材料等也作了介绍，层次的增加有利于全面了解鞋靴材料。

如何讲授鞋靴材料？请个博士生照本宣科就能讲课，请个有经验的工厂师傅也能讲课。最终学习的效果会如何呢？往往是仁者见仁、智者见智。笔者有个不成熟的意见作参考：对小学生的要求是“是什么”，比如说松面，只要记住“这就是松面”就成了，别用错。对中学生的要求是“什么是”，比如说松面，不仅仅要记住这就是松面，还要知道什么就是松面，什么就不是松面，能够进行鉴别和比较。对高职生的要求是“为何是”，还比如说松面，不仅仅要记住这就是松面、能够进行鉴别和比较，还要知道为何会造成松面。为了达到“为何是”的要求，知识的范围、知识的深度都会增加，不仅是理论知识，还包括实践知识。

讲好鞋靴材料的第一步是理解教材，不能照本宣科；第二步是理论联系实际，通过身边鲜活的实例来分析清楚难理解的问题。在本课程的最后环节安排了参观教学，通过广东白云学院连续8届学生的实践效果看，参观教学不仅是开阔了视野，更是增加了对专业的深层认识。学生一进入参观会场就显出极大的兴趣，边问边记、边看边学，学到了许多书本上无法生动表现的东西，特别是新材料的出现，对老师、对学生都是一次新的挑战。

《鞋靴材料》一书是鞋靴设计系列教材之一。鞋靴设计系列教材是专为高等职业教育编写的，而高职教育在我国是近年来才出现的一种新型教育模式，尤其是鞋类设计专业，正处于无米下锅、无专业教材选用阶段。所以，这套高职教材的出版具有重大的意义。

《鞋靴材料》完稿之际恰逢中国共产党成立90周年大庆，在此谨以本书作为向党的生日进献的厚礼，来表达工作在教育战线、出版战线上仁人志士的喜悦心情。

本书是本人与扬州大学广陵学院的孙家珏老师共同编写完成的，曾得到该学院和广东白云学院的院领导与专业老师的大力协助，在此一并表示感谢。

高士刚

于广东白云学院

2011年7月1日

课时安排参考

序号	章节	理论课时	实训课时	备注
1	绪论	2		2节、0.5周
2	第一章　天然革	14	2	16节
	第一节　生皮的组织结构与蛋白质 第二节　天然革的来源 第三节　铬鞣鞋面革 第四节　鞋面革的种类与性能 第五节　植鞣鞋底革 第六节　皮革的缺陷与品级 第七节　天然革的应用	14		4周
	实训一　鉴定鞋面革		2	
3	第二章　人工革	8	2	10节
	第一节　人工内底革 第二节　人造革 第三节　合成革 第四节　超细纤维革	8		2.5周
	实训二　天然面革与人工面革的区分		2	
4	第三章　橡胶与树脂	16	2	18节
	第一节　天然橡胶 第二节　合成橡胶 第三节　橡胶底的配方 第四节　硫化橡胶底 第五节　树脂 第六节　塑料 第七节　塑料制品的加工 第八节　新型弹性体	16		4.5周
	实训三　常见鞋底的区分		2	
5	第四章　鞋用黏合剂	12		12节
	第一节　黏合剂的概述 第二节　黏合剂的黏合机理 第三节　水基型黏合剂 第四节　溶剂型黏合剂 第五节　热熔胶黏合剂 第六节　鞋用处理剂	12		3周
6	第五章　纤维与织物	6		6节
	第一节　纺织纤维 第二节　纱与线 第三节　织物	6		1.5周
7	第六章　鞋用辅料	6		6节
	第一节　鞋用金属材料 第二节　鞋用修饰材料 第三节　鞋用其他材料	6		1.5周
8	参观教学		2	2节、0.5周
总计	4学时/周	64	8	72节、18周

目　录

绪　论

现代的鞋靴材料已变得非常丰富，从皮、胶、塑、木到棉、麻、毛、丝，从天然材料到人工合成材料，几乎无所不有。那么人类使用最早的鞋靴材料是哪一种呢？

当人类还处于类人猿时期，主要是依靠体毛护体和取暖的。在进化成直立人时，手脚有了分工，可以直立行走，并且掌握了火的使用，用火烧烤食物，用火取暖。这些内在和外在因素的改变，促使人类智力发展、体毛退化，最终导致创造衣物护体御寒，其中也包括靴鞋。在旧石器时代，全球经历过五次以上的冰川时期，只有掌握用火取暖、用皮御寒的人群才得以延续下来。

如果说最早的鞋靴材料是草，那么必须首先掌握编织技术；如果说最早的鞋靴材料是木，那么必须首先掌握锯削技术；如果说最早的鞋靴材料是麻布，那么必须首先掌握纺织技术。其实在这些技术掌握之前，有一种现成的片状材料，这就是兽皮。在“食其肉而用其皮”的时代，兽皮可以做护体的围裙衣物，也可以做护脚的靴鞋。把刚剥下的柔软兽皮裹在脚上，再用动物的筋捆扎起来，这就形成了最早的靴鞋。所以人类最早的鞋靴材料应该是兽皮，见图 0-1。

图 0-1 是现代人仿制的裹脚皮，靴筒的高低会随兽皮大小变化，捆扎的方法会随技能的提高变化，但是用皮护脚的原理不变。

图 0-1　兽皮包裹脚的示意图

从兽皮变成皮革，还需要相当长的时期。不过用兽皮包裹住脚，已经能起到防寒、防扎、防磕碰的作用。此时鞋靴的帮底是不分开的，应该叫做足衣，是为脚穿一件衣裳，以后足衣逐渐演变成鞋和袜。相传在黄帝时期，也就是原始公社后期，有个叫于则的大臣可以“用革造扉、用皮造履”，可以说是皮革和皮鞋的雏形了。此时的皮革还不是现代的皮革，此时的皮鞋也不是现代的皮鞋。

鞋是有鞋帮与鞋底区别的穿着物，在古代叫做履（音吕）。靴是鞋帮比较高的一类鞋，在古代叫做胡履，是指北方游牧民族的穿着物，这种胡履不仅御寒，还可以挡风沙。

考古工作者在楼兰出土过一具女尸，被称为“楼兰美女”，她的脚上穿着一双羊皮靴子。靴子的筒高二十多厘米，前面开口，靴内微黄的羊毛还依稀可见，整双靴子由靴筒和靴底两大部分组成。这是世界上保留最为完整、年代最久远的靴子，故有世界第一靴的美称。但是从造型的角度看，与包脚的足衣很接近，只是把捆扎变成了缝合，见图 0-2。

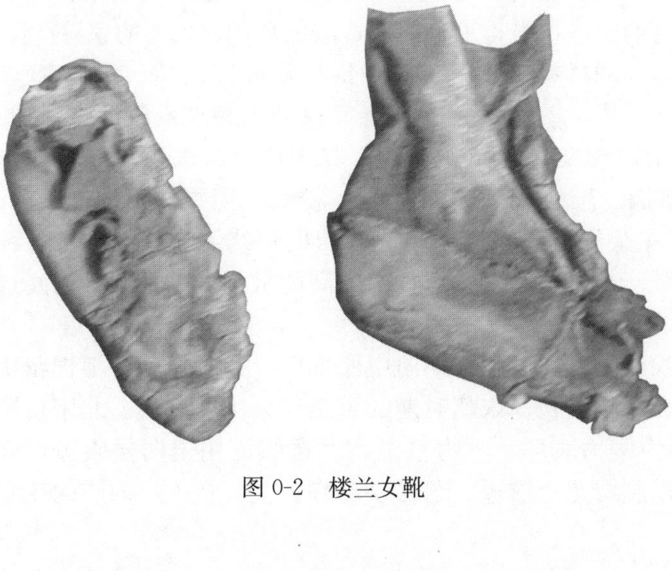

图 0-2　楼兰女靴

从捆扎到缝合是一种加工工艺的进步，穿缝制的鞋比捆扎的鞋要方便。鞋帮与鞋底的分制是一场技术革命，穿有帮底的鞋会更合脚、更舒适、更方便。

当人类有了鞋穿以后，就希望制鞋材料的来源更丰富些，穿着更实用些，外观更好看些。于是在蒲草茂盛或者产麻的地域出现了草编鞋、麻编鞋。在古代把麻或草编织的鞋叫做屩（音噘），并在鞋头编织出“鼻梁”，叫做屩鼻。在多雨潮湿、道路泥泞的地域还出现了木底鞋，在古代把木底鞋叫做屐（音鸡），也叫做屟（音谢）。据说吴王夫差迎娶西施时，西施女穿的就是木屐，行走在架空的长廊上，发出叮咚的悦耳响声，留下了“响屧廊”一说。如果将麻织成布，可以用麻布做鞋，从编织到纺织也是一场技术革命。在古代把麻布鞋叫做屦（音巨）。屦与履都是指鞋，汉以后称履，汉以前为屦。在《诗经》中有“纠纠葛屦，可以履霜”的诗句。葛是一种野生植物，通称葛麻，茎皮可作葛布。

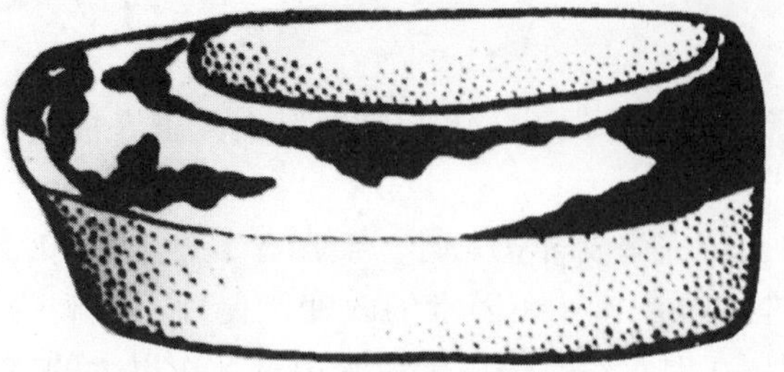

图 0-3　舄的示意图

历史进入到奴隶社会的周朝，周天子拥有百工以制作各种器物，其中设有“金、玉、皮、石、工”五种官职，可见皮革业在当时比较发达，也比较重要。在许多西周铜器铭文上都有关于生产皮披肩、生皮索、鼓皮、箱子皮、染色皮、生皮板的记载。在周朝还有一种叫做舄（音细）的鞋，这是一种复底鞋，见图 0-3。

所谓复底鞋，是在原有鞋底基础上再加上一层厚厚的木底，并涂有防潮的蜡，用于百官上朝时穿用。因为当时路面泥泞潮湿，用厚木底来保护鞋。用蜡防潮是先人的一种智慧，现在的鞋油等涂饰剂中依然在使用各种的蜡。舄的制作有等级区别，天子穿赤舄，次一等穿白舄，上卿大夫穿黑舄。以后逐渐演变成皇家用来祭祀、拜祖、朝会穿用的鞋，一直延续到清朝。

图 0-4　楚墓鞋

在奴隶社会末期，制鞋的工艺技术逐渐成熟，典型的代表当属楚墓鞋，见图 0-4。这款鞋出自于长沙楚墓，距今有两千多年，所用的材料属于植鞣皮革，鞋帮材料毛被层朝里，鞋底材料毛被层朝外，鞋底鞋帮有了明显的区别。楚墓鞋的造型属于方头方口矮帮鞋，以后出现的秦朝步兵鞋履、汉朝的双尖翘头鞋履，都是在楚墓鞋的基础上演变的。鞋帮与鞋底的结合工艺属于反绱缝制，反绱工艺比正绱工艺要复杂一些，成鞋后外观显得精致、整齐。

在汉朝以前，所用的靴鞋材料包括皮、麻、草、木以及葛布等。到了汉朝，养蚕缫丝盛行，丝绸纺织业发达，出现了丝织物。在公元 59 年的汉文帝时期发明了织花机，可以在丝绸上织出锦缎花纹，这对服饰鞋履的发展起到了极大的促进作用。在汉乐府《孔雀东南飞》中有“足下蹑丝履，头上玳瑁光”，说明使用丝质材料制作鞋帮，在当时的小官吏人家已经普遍。

盛唐时期的经济、手工业比较发达，使得鞋靴的发展也达到一个鼎盛时期，此时的鞋履不仅品种多、式样多、色彩多，就连使用的材料也比较多，例如皮、锦、绒、丝、草、木、麻等包罗万象，在装饰上也出现了用金箔、金线、珍珠等做装饰。其中的佼佼者当属这种云头锦鞋。见图 0-5。

图 0-5　云头锦鞋

锦是一种有花纹的丝织品，很贵重，贵如金，所以使用从金从帛的“锦”字。云头锦鞋是 1969 年从新疆阿斯塔纳的唐墓中出土的，长 29.7cm、宽 29.8cm、高 8.3cm。这双鞋造型别致，做工精细，通体富丽堂皇，显得十分高贵，应该是达官贵人的家眷所穿。

云头锦鞋的材料，使用了三种锦。鞋面锦由黄、绿、青、茶、蓝五种丝线织成，图案是具有盛唐气魄的宝相纹，象征吉祥如意。鞋里是由白、绿、褐、蓝、蛋青、浅红六种丝线织成，图案为彩条花鸟纹。其中蓝、绿以及浅红色均施晕润，据考古专家讲，这是所知唐代最绚丽的一种晕润。鞋头锦使用有大红、粉红、墨绿、草绿、黄、蓝、白、紫八种丝线织成，图案是红地五彩花，以大小花朵组成的花团为中心，四周环绕飞鸟、引云、各种小花，外侧杂置折花以及山石、远树。从这双云头锦鞋不难看出唐代丝织技术的高超水平，以及制鞋工匠选择材料的精明头脑。

中国种植棉花是公元 7 世纪自印度经西域传入我国的，在唐朝中期向中原推广，到了宋朝种植棉花比较普遍，于是有了棉纤维，所以用棉布材料制作鞋履相对比较晚。宋朝时期的手工印染工艺兴起。北宋初期皇家仪仗队都穿锦绣服装，后来就改为印花代替。因为国力衰弱、财力空虚，大量织锦用于向异族进贡或贸易。宋代刺绣工艺已得到高度发展，一般的衣服都用刺绣花边沿边，题材以花卉为主，将一年四季的花卉组合成“一年景”的花饰。把刺绣工艺应用在鞋帮上，就形成了绣花鞋，绣花鞋是中国鞋的典型代表。

女性对于鞋靴的消费有着很大的潜力，对鞋靴的发展有着不可估量的推动作用。但是自南唐以后就出现了强迫女子裹小脚现象，把裹成的小脚变成一种私密的玩物，使得我国鞋靴的发展受到抑制。由于裹脚的出现，于是就产生了适于小脚穿着的尖足鞋，见图 0-6。

图 0-6　尖足鞋

尖足鞋大多是绣花鞋，绣花女用丝线绣着自己的心愿。

宋代的汉族统治地区，裹小脚的陋习已经普遍推广，至明代已成为一种习俗。元代对缠足没有产生影响，在清代康熙年初曾诏禁裹脚，后又罢禁，致使缠足之风越演越甚，连一些满族女子也偷偷裹脚，而且越裹越小。辛亥革命时期曾禁止缠足，但不彻底，直至新中国成立后才完全杜绝。缠足消失了，被缠成的小脚并不会马上消失，在民国时期还有为小脚人群制作的皮鞋，不过此时所用的材料是现代皮革材料，见图 0-7。

图 0-7　皮革尖足鞋

如图所示，使用现代皮革制作的小脚鞋，与传统织物制作的小脚鞋有着明显的时代差别。所谓现代皮革是指用铬盐鞣制的皮革，这种材料丰满柔软有弹性，是制鞋的高档材料。铬盐鞣革是一种现代鞣制技术，产生于 18 世纪欧洲，它不同于早期的植物鞣、油鞣、醛鞣等革材，具有较好的使用性能。

新中国成立后的制鞋业得到长足的发展，先是从个体经营走向公私合营，解放了生产力。继而扩大生产，走向机械化、自动化。目前许多企业的规模大小不再是以人数确定，而是以有多少条流水线为依据。经过改革开放 30 年，中国已经成为世界鞋类生产的大国。主要的品种有皮鞋类、布鞋类、胶鞋类、塑料鞋类、运动鞋类，在国内以广东的广州、福建的泉州、浙江的温州、四川的成都为中心形成了鞋类的生产基地。在使用的材料上，现代皮革、橡胶、塑料、人造革、合成革、超纤革等接踵而来。随着人们对审美的追求，与鞋款造型相匹配的鞋钎、鞋扣、饰件、亮片、水钻等异彩纷呈。

材料是靴鞋加工的物质基础，是靴鞋型色质的承载体，是鞋靴设计必不可少的素材。

第一章 天 然 革

本章提要 通过学习生皮组织结构、天然革的来源、皮革的生产加工等内容，掌握天然面革的种类、性能，并能在靴鞋设计与生产中加以应用。

天然革是指利用自然界动物皮鞣制成的皮革材料。天然革的传统叫法是皮革，为了与现在人工制造的革材有区别，所以又叫天然革。皮与革是两个不同的概念，皮是动物体表的一层组织，剥下来后叫做生皮，这是制革用的原料皮。生皮经过鞣制作用，也就是经过一系列的化学和物理机械作用后，变成具有一定使用性能的产品，这就是皮革，或简称革。自从人工革问世以后，市场上常把人工革简称为“革”，把天然革叫做“皮”。为了不至于造成混淆，把天然革叫做皮革，这样就与生皮、人工革有了区别。

在动物皮的表层往往会有一层毛被，在制革的生产过程中，这些动物毛要清除干净。带毛的皮也能进行鞣制，所得的产品叫做毛革，也称为裘皮，现在常叫做皮草，这些属于毛皮工业的产品。

皮革的种类繁多，采用不同种类的原料皮、不同的鞣制方法以及不同的后期加工整饰操作，就可以得到适合各种用途的皮革。在制鞋生产中，常用的皮革材料有鞋面革、鞋底革、鞋里革等。皮革的分类见表 1-1。

表 1-1 皮革的分类

序号	分类方法	主要品种	
1	按原料皮来源划分	家畜皮类	黄牛革、水牛革、牦牛革、山羊革、绵羊革、猪革、骡马驴革、骆驼革、鹿皮革等
		稀有动物皮类	鳄鱼皮革、蜥蜴皮革、蛇皮革、蟒皮革、鱼皮革、鸵鸟皮革、鹈鹕皮革、海豹皮革、袋鼠皮革等
2	按制革方法划分	有机鞣剂鞣制	植鞣革、油鞣革、醛鞣革、合成鞣革等
		矿物鞣剂鞣制	铬鞣革、锆鞣革、铁鞣革、钛鞣革等
		结合鞣剂鞣制	结合鞣革
3	按生产习惯划分	重革	
		轻革	
4	按皮革产品用途划分	工业革	传动带革、皮圈革、皮辊革、煤气表革等
		鞋用革	鞋面革、鞋底革、鞋里革等
		服装手套革	服装革、手套革、表带革、帽子革等
		箱包革	软硬箱革、手袋革、钱包革、腰带革等
		球革	足球革、篮球革、排球革等
		家具革	沙发革、床头革、汽车座革等
		乐器革	鼓皮、调音革、琴风箱革、胡琴革等
		车马具革	马鞍革、皮带革、缰绳皮、鞭鞘皮等
		其他用革	假肢革、擦镜头革、过滤航空汽油革等

第一节 生皮的组织结构与蛋白质

皮革具有许多优良的使用性能，这与生皮的组织结构有着重要关系。认识皮革、了解皮革以及使用皮革，要先从生皮开始。

一、生皮的组织结构

生皮是一种复杂的生物组织，在动物生活期间起着保护机体、调节体温、排泄分泌物和感触外界的作用。制革的任务就是把生皮转变成皮革，所以皮革的性质、用途、鞣制机理等都与生皮的组织结构有直接关系。

生皮的外观会因动物皮的品种不同有很大的区别，但除了鱼类、爬虫类以外，哺乳动物皮的组织结构基本上是一致的。

1. 生皮的构成

从外观上看，一般动物皮分成毛层和皮层两大部分。毛皮工业首先注重的是毛被质量，较好的动物毛皮用来制作皮草，而制革工业首先注重的是皮板质量，皮毛在生产中要被除去，较好的毛仅作为副产品回收。

在显微镜下观察生皮的切片组织，可以看到生皮的结构明显地分为三层。最上面一层叫做表皮层，比较薄，是一些角质蛋白。最下面一层叫做皮下组织层，是动物皮与动物体相连接的疏松组织，有一些脂肪、血管以及平行编织的纤维束等。表皮层和皮下组织层在制革生产过程中都要被清除干净。中间一层叫做真皮层，比较厚也比较致密。真皮层的厚度占生皮的90%以上，是制革加工的对象，见图1-1。

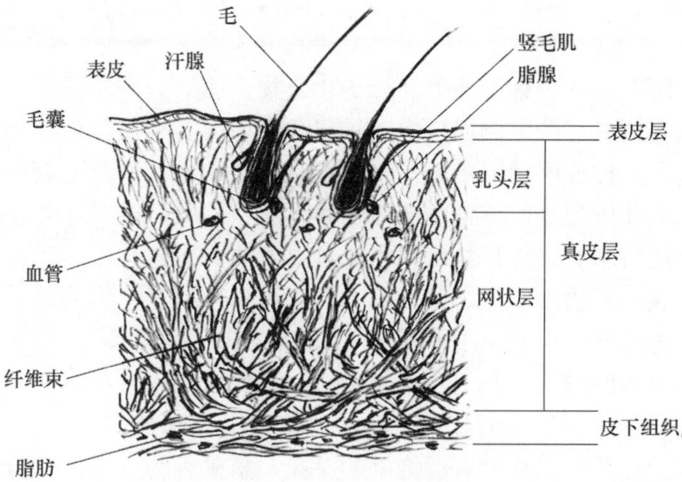

图1-1 生皮纵切面示意图

如图所示，生皮除了有毛层、表皮层、真皮层、皮下组织层以外，还附有毛囊、汗腺、脂腺、血管、竖毛肌等成分。

2. 真皮层构成

真皮层组织是由纤维成分和非纤维成分构成的。纤维成分包括胶原纤维、弹性纤维和网状纤维；非纤维成分包括毛囊、汗腺、脂腺、血管、肌肉、淋巴管、神经、纤维间质和脂肪细胞等。在制革时要除去非纤维成分，只保留纤维成分，而其中的胶原纤维占纤维总量的95%～98%，这是生皮的基础物质。

胶原纤维是由胶原蛋白质组成的，经水煮后分子降解，产生一种胶状物（皮胶），故叫做胶原纤维，表示胶之来源。

胶原纤维的分子链叫做肽链，由肽链结合成初原纤维、纤维丝、原纤维、微纤维、纤维，最后结合成纤维束。胶原纤维束互相穿插，编织成不同的形式。较粗的纤维束有分支，可以分成几股较细的纤维束，细纤维束又会与其他的细纤维束互相合并，形成另一支粗大的纤维束。如此不断地分而合、合而分，纵横交错，编织成一种特殊的立体网状结构。生皮或者皮革之所以有较高的机械强度，这与纤维束编织的网状结构是分不开的。

胶原纤维编织的形式和紧密程度，与动物的种类、性别、年龄、饲养状况以及身体的部位有关。

如果从生皮的断面看，真皮层的结构又分成网状层和乳头层两部分。

网状层位于真皮层的底部，是由较粗的纤维束编织而成。由于纤维束是编织成立体的网状结构，所以叫做网状层。胶原纤维束越粗壮，皮层越厚；纤维束编织得越紧密，机械强度就越高，延伸性就越小。由于不同动物体的纤维束粗细不同、编织状态不同，所以不同动物原料皮的性能会有很大区别。即使是同一动物体，由于不同部位纤维束的粗细与编织状态不同，也会造成部位差异。

乳头层位于真皮层的顶部，是由较细的纤维束编织而成，编织也较疏松。越靠近表皮层，纤维束越细，织角越小，逐渐与水平方向平行，但纤维束间的紧密度却由疏松趋于紧密，最终形成致密的粒面层。由于在真皮的顶部有乳头状的凸起，故叫做乳头层。乳头状突起的程度越大，成革后表层越粗糙，形成一粒粒的花纹，所以成革的乳头层改叫做粒面层。

网状层与乳头层的区分只是一种纤维束粗细不同，形成外观上的不同，而并非像人造革那样是由两层不同材质组合而成。在两层交接的位置，也就是粗纤维逐渐变细、编织变得较疏松的位置，分布着大量的毛囊、汗腺、脂腺、血管、肌肉等非纤维成分。在制革过程中，一旦除去了这些非纤维成分，该部位就会变得空松，网状层与粒面层的连接被削弱，极易造成“松面”这一质量问题。质量比较好的皮革在鞣制时，利用鞣料填充这些空隙，并与胶原纤维发生化学作用，加强乳头层与网状层的连接，从而解决松面的问题。

真皮中的弹性纤维和网状纤维数量较少。弹性纤维具有较大的弹性，很细，形态上有分支但不成束，水煮后不会变成胶。主要分布在乳头层和毛囊、汗腺、脂腺、血管、竖毛肌周围，在真皮中起着支撑和骨架的作用，对成革的柔软性会有影响。网状纤维存在于表皮与真皮层交界的位置，形成稠密的网膜，并在胶原纤维束表面形成疏松的网套，对乳头层和纤维束有着保护作用。在形态上有分支、有联合，性质与胶原纤维相似。

二、生皮蛋白质

蛋白质是一种天然的高分子化合物，相对分子质量由几千到几百万，结构复杂、品种繁多，是一切生物的基本组成部分。例如构成表皮层和毛被的是角质蛋白，构成胶原纤维的是胶原蛋白，构成弹性纤维的是弹性蛋白，构成网状纤维的是网硬蛋白，构成纤维间质的有白蛋白、球蛋白、类黏蛋白等。

从新鲜生皮的化学组成看，除了有60%～75%的水分以外，含量比较多的是蛋白质，占30%～35%，此外还有脂类、无机盐、碳水化合物等成分。

蛋白质借助于酸、碱、酶的作用可以水解，水解后的最终产物是α-氨基酸。α-氨基酸的结构是在端位碳原子上分别结合着一个氨基（—NH_2）和一个羧基（—COOH）。在生皮的鞣制过程中，鞣料中的活性基就会与氨基酸的活性基发生化学反应，从而改变生皮的性质，使生皮转变成皮革。

所有的α-氨基酸都是白色的晶体，熔点高达200～300℃。如果加热至熔点，就会分解成氨，放出CO_2气体。皮革在燃烧时有股烧毛的臭味，就是因为氨基酸的分解，这是鉴别天然革与人工革的一种基本方法。

大多数氨基酸都溶解于水，但不溶于乙醇、乙醚等溶剂。强酸和强碱能溶解所有的氨基酸。生皮经过鞣制以后大大提高了耐酸碱的性能，所以皮革有较好的耐化学作用。

胶原纤维在热水中加热到一定的程度就发生卷曲、自行收缩的现象，产生这种变形时的温度叫做收缩温度。胶原纤维的收缩温度会随原料皮的品种不同略有变化，大致范围在59～68℃。

胶原纤维受热收缩时，急剧缩短而变粗，显得有弹性，但是纤维的强度则大大减弱。虽然受热时纤维的化学组成没有变化，但是分子链的构型发生变化，原来的定向排列的分子链发生位移，形成较稳定的弯链结构，使得结合不牢固的交联键被破坏，从而降低了胶原纤维的强度。

收缩温度是检验皮革质量的一项重要指标，鞣制合格的皮革都会有一定的耐温性，使得收缩温度变高。例如一般要求铬鞣革达到95～120℃，植鞣革达到70～85℃，油鞣革达到60～70℃，醛鞣革达到70～85℃，都比生皮的收缩温度高。

从表观上看，胶原纤维束的编织状态决定了生皮的乳头层和网状层，从微观上看，胶原蛋白质的化学性质决定了生皮的性能。制革的鞣制作用，就是利用鞣剂等化学材料与生皮胶原蛋白发生化学反应，改善生皮的性质，从而得到具有一定使用性能的皮革材料。

三、皮与革性质比较

生皮除了做鼓皮、鞭梢等用品外很少直接使用，这与生皮的结构性质有关。生皮经过鞣制以后转变成革，在结构上和性质上发生了变化，具有良好的使用性能。生皮与皮革两者在性质上有很大的差别，通过比较就可以看出它们的区别，见表1-2。

表1-2　　皮与革性质比较

序号	比较项目	生　皮	皮　革
1	耐温性	较低，一般在59～68℃	较高，铬鞣革达到95～120℃ 植鞣革达到70～85℃
2	卫生性	较差，不透气	较好，具有透气性和透水汽性
3	耐化学性	较差，不耐酸碱盐的作用	较好，具有一定耐酸碱盐作用

续表

序号	比较项目	生 皮	皮 革
4	耐微生物性	较差，易于腐烂	较好，不易腐烂
5	软硬性	生皮较柔软，干燥后变硬	可进行控制，铬鞣革丰满柔软有弹性 植鞣革坚实硬挺有弹性
6	机械作用	对干燥生皮作用易发生断裂	对干燥皮革作用易变得柔软

从表中可以看出，皮革具有许多橡胶、塑料不能比拟的优良性能，从而在人类的生活和生产中得到广泛的应用，成为一种制作鞋靴的高档材料。

思考与练习题

1. 胶原纤维束编织的特点是什么？
2. 生皮的网状层和乳头层是如何区分的？
3. 收缩温度指的是什么？生皮与皮革的收缩温度有何不同？

第二节　天然革的来源

用于皮革工业加工的动物皮叫做原料皮。原料皮的来源比较广泛，几乎皮张比较大、有一定经济价值的哺乳动物皮都可以用做制革原料皮。最常见的就是牛皮、羊皮、猪皮等家畜皮，此外还有一些野兽皮、海兽皮、鱼皮、鸟皮等稀有动物皮可以利用。

一、常见的家畜皮

常见的家畜皮包括黄牛皮、水牛皮、牦牛皮、山羊皮、绵羊皮、猪皮、骡马驴皮、骆驼皮等。

（一）牛皮

牛皮是制革工业的主要原料皮。据统计，牛皮轻革的67%用于制造皮鞋，其余的33%用于制造服装、手套、家具、皮件等产品。牛皮重革除了制作高档皮鞋的外底，还可以制作各种工业用革和马具革等。较好的牛皮革应该是伤残少、张幅大、皮板肥厚，这与饲养条件和气候条件有直接的关系。

我国牛皮年产量2000多万张，有黄牛皮、水牛皮、牦牛皮等品种。

1. 黄牛皮

我国黄牛产于全国各地，根据黄牛皮品质近似程度，可大致分为北牛皮、南牛皮和中牛皮三种类型。

北牛皮属于蒙古牛种，产于内蒙古、东北、西北、华北地区。北牛皮毛被粗长，底绒多，张幅小，板质薄，油性小，胶原纤维编织较松，伤残与虻害较重。南牛皮属于华南牛种，产于华南各省，其品质特征是胶原纤维编织紧密，但张幅小、皮板厚薄不均匀，大部分皮前身薄、后身厚，虱叮等小暗伤较多。

中牛皮属于华北牛种，产于黄河下游、长江中下游、淮河流域。皮张特点是张幅大，毛被短、细、有光泽，皮板肥壮，胶原纤维编织紧密，厚薄均匀，粒面细致，伤残少。主要的品种有鲁西牛皮、秦川牛皮、南阳牛皮、晋南牛皮、大别山牛皮、巴山牛皮等。其中以鲁西牛品质最佳，全国闻名。

较大的黄牛皮面积可达到5m^2左右，干皮重量9kg，厚底达9mm。黄牛皮的组织结构特征表现在以下几方面：

（1）粒面细致　黄牛皮毛孔细密，以单根形式无规则排列，粒面乳头细小，凸起不明显，所以粒面层非常细致。

（2）粒面层与网状层界限分明　黄牛表皮层较薄，约占皮厚的0.5%。毛皮和汗腺等组织长入真皮不深，所以乳头层约占皮厚的25%。乳头层的纤维束较细，编织比较紧密；网状层较厚，纤维束粗壮，编织也比较紧密。而处于乳头层与网状层交界位置，有大量的毛囊汗腺等组织，纤维束略粗，但编织却比较疏松。所以使得粒面层与网状层的界限明显。

(3) 脂肪含量少　黄牛皮的皮下组织主要由较疏松的胶原纤维、肌肉以及筋膜组成，脂肪含量少。皮内的脂腺也不发达，游离脂肪细胞较少。

(4) 部位差异小　黄牛皮颈部皮层最厚，臀部次之，腹部较薄，肷部最薄。最厚与最薄部位之比为2∶1，这种差异比猪皮小得多。胶原纤维束在臀背部编织紧密，在腹肷部编织疏松，形成了部位质量差异，这种差异比猪皮和牦牛皮也小得多。

(5) 皮张较大　黄牛皮的张幅大，外形比较完整，可以保留的部位比较多，见图1-2。

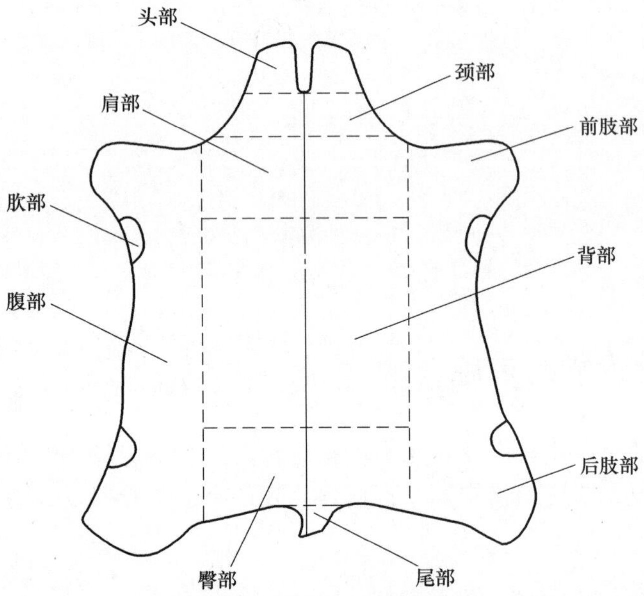

图1-2　黄牛皮外形示意图

如图所示，黄牛皮张上保留有尾部、臀部、背部、肩部、颈部、头部、腹部、前肢部、后肢部、肷部。为了加工的方便，有时需要对整张的生皮进行分割，可以分成两个半张皮，或者通皮与边皮，或者把通皮分割成皮心和前肩皮，见图1-3。

面革常见的是整张皮和半张皮，底革常见的是半张皮、通皮、边皮，一些工业用革常见的是皮心，剩下的前肩做底革。

黄牛皮以其纤维粗壮、编织紧密、张幅大、皮层厚、皮板较均匀，成为最好的原料皮。黄牛皮的品质除了受品种、性别、兽龄、气候、饲养条件等影响因素外，还会受到屠宰季节的影响。一般以秋板皮最好，冬板皮较好，春板皮较差，夏板皮最差。

我国的牛皮资源主要来自于役牛，会影响到原料皮的品质。随着改革开放政策的深入贯彻，人民生活水平的提高，以及农业机械化的快速发展，劳役用牛逐渐减少，而肉用牛、奶用牛不断增加，这些牛皮相对比较均一，这必然使我国的牛皮品质和产量大幅提高。

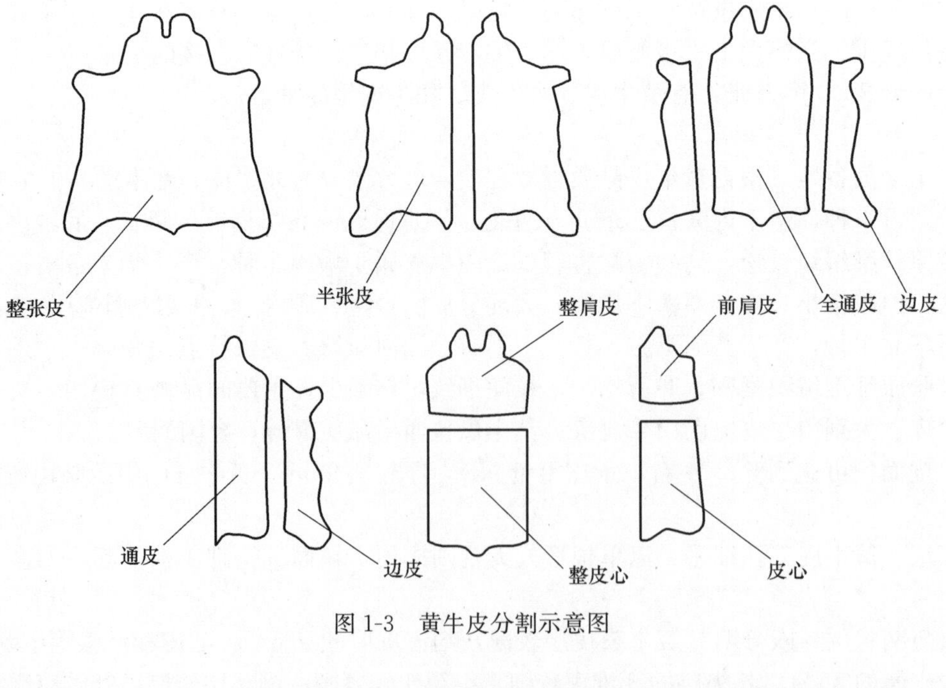

图1-3　黄牛皮分割示意图

2. 水牛皮

我国是水牛资源丰富的国家，仅次于印度，居世界第二位。我国水牛产地主要分布于长江和珠江流域，以两广地区的水牛皮品质最好，但皮板较薄。夏季和秋季屠宰的水牛皮品质优于冬季和春季的，冬春皮板枯瘦、癣癞重，故品质较差。我国水牛都是役用牛，故皮张伤残多，颈部皱纹多。

水牛的张幅也比较大，皮板面积与黄牛皮相似，干皮重量在7.7～18kg，背部厚度达10mm以上。水牛皮的组织结构特征表现在以下几方面：

(1) 粒面较粗　水牛皮毛孔粗大、毛稀疏，呈不规则点状排列，粒面乳头凸起明显，尤以颈部和腹部突出，所以粒面层比黄牛皮要粗糙，构成一种特殊的粗花纹。

(2) 粒面层与网状层界限不太明显　黄牛表皮层较厚，可达到占皮厚的0.5%～2%。乳头层比较薄，占皮厚的4%～12%，网状层比较厚，占皮厚的80%以上。乳头层的纤维束较细，编织十分紧密，但比较薄，所以成革后粒面容易脆裂；网状层很厚，纤维束粗壮，编织却疏松，所以水牛革的强度低于黄牛革。水牛的汗腺不发达，数量少，所产生的空隙减少，从乳头层过渡到网状层界限不太明显，一般以毛囊底部的水平面作为乳头层与网状层的分界线。由于在分界线位置空隙比较少，相应增加了胶原纤维的数量，使得乳头层与网状层的连接牢固，减少松面现象发生。

(3) 脂肪含量少　水牛真皮层内无游离脂肪细胞存在，只是在绒毛的脂腺有油脂存在，故脂肪含量少。

(4) 部位差异大　水牛皮颈部皮层最厚，腹肷部较薄。最厚与最薄部位之比为(2.2～2.9)∶1，这种差异比黄牛皮大。胶原纤维束在臀背部编织紧密，在腹肷部编织疏松，形成了部位质量差异，这种差异比黄牛皮也大。此外在水牛的背部有一条“脊沟”，厚度比臀部薄，但纤维束的编织却比臀部更加紧密，造成较大的质量部位差异。

(5) 皮张较大　水牛皮的张幅比较大，外形与黄牛皮相似。

水牛皮由于成革后在强度、弹性、耐磨性、丰满性上都不如黄牛革，所以传统的产品是制作鞋底革和工业革。近年来也开发了家具革、鞋面革、包袋革等产品。

3. 牦牛皮

牦牛又名犁牛，是亚洲中部高原的特有牛种，我国的资源丰富，约占世界总存栏数的85%，年产牦牛皮200万张左右，占牛皮总量的10%，是重要的制革原料。我国牦牛主要分布在海拔3000m以上的青藏高原地带，牦牛全身毛被丰厚，四肢、胸、腹侧下及尾部长有20～60cm的粗毛，形似围裙着地，负重力强，善走高山险路，被称为“高原之舟”。

牦牛皮的组织结构特征表现在以下几方面：

(1) 粒面较细致　牦牛皮上长有针毛和绒毛，绒毛较细，占毛被的80%以上。针毛中有粗针毛和细针毛的区别，而细针毛又占针毛的90%，所以毛孔较细，粒面乳头细小，凸起不明显，使得粒面层比较细致，接近于黄牛皮。

(2) 粒面层与网状层界限分明　牦牛表皮层较厚，占皮厚的0.5%～1.5%，介于黄牛皮和水牛皮之间。毛皮和汗腺等组织长入真皮较深，在腹部乳头层占皮厚的25%～35%，在背部占皮厚的15%～25%。乳头层的纤维束较细，编织比较紧密；网状层纤维束粗壮，编织比较疏松，类似于水牛皮。由于毛被发达，在乳头层与网状层交界位置有大量的毛囊汗腺等组织，使得粒面层与网状层的界限分明，使得上下两层的连接被削弱，成革容易产生松面现象。

(3) 脂肪含量较少　牦牛皮的游离脂肪细胞极少，但脂腺很发达，数量多，所以脂肪含量比较黄牛和水牛多，但远远低于猪皮和绵羊皮。

(4) 部位差异大　牦牛皮颈部皮层最厚，臀部次之，腹部肷部较薄。最厚与最薄部位之比为(2.0～2.8)∶1，差异程度类似于水牛皮。胶原纤维束在臀背部编织紧密，在腹肷部编织疏松，形成了部位质量差异。特别是在腹部以下，长有长长的牛毛，使得腹线变得明显。腹部皱纹多而深，背部基本无皱纹，但虻害严重。

(5) 皮张较大　牦牛皮的张幅比较大，略小于黄牛，外形比较完整。

牦牛皮的组织结构介于黄牛皮和水牛皮之间，但皮伤和虻眼、虻底较多，使得皮板品质较差。牦牛多用于鞋面革和其他轻革。

（二）羊皮

制革所用的羊皮分为山羊皮和绵羊皮，分别叫做山羊板皮和绵羊板皮。

1. 山羊板皮

我国山羊板皮资源丰富，年产量约为 4000 万张。根据山羊板皮产地的不同，大体上可分为四川路、汉口路、济宁路、华北路、云贵路五个路分。其中以四川路和汉口路板皮在国际市场上享誉盛名。例如四川的铜羊，毛被呈棕黄色，犹如赤铜。铜羊体型大，皮板厚薄均匀，粒面光滑细致，纤维编织紧密，强度高、弹性好，品质居于国产山羊板皮首位。

山羊皮的组织结构特征表现在以下几方面：

（1）粒面比较细致　山羊皮上长有针毛和绒毛，针毛 3～4 根一组排列形成瓦楞状粒纹，这是识别山羊皮花纹的重要依据。山羊皮毛孔较细，粒面乳头凸起不明显，使得粒面层比猪皮和水牛皮细致，但不如绵羊皮和黄牛皮。

（2）粒面层与网状层界限分明　山羊表皮层较厚，占皮厚的 2%～4%。毛皮和汗腺等组织长入真皮较深，达到一半的位置，所以乳头层占皮厚的 40%～65%。乳头层的纤维束较细，编织比较紧密；网状层纤维束较粗，编织比较疏松。由于毛被发达，在乳头层与网状层交界位置有大量的毛囊汗腺等组织，使得粒面层与网状层产生明显的界限，成革也容易产生松面现象。

（3）脂肪含量少　山羊皮的脂腺不发达，游离脂肪细胞极少，所以脂肪含量比较少，比黄牛皮略多，但远远低于猪皮和绵羊皮。

（4）部位差异大　山羊皮的厚度差异主要表现在颈部和腹部上，厚度比为（1.7～3）∶1，差异程度比较大。颈部特别厚，毛孔也大，粒面略比其他部位粗。颈部胶原纤维束编织很紧密，臀部次之，在腹肷部编织疏松，形成了部位质量差异。

（5）皮张较小　山羊皮的张幅比较小，外形上除掉了影响皮革质量的尾部、头部等组织，见图 1-4。

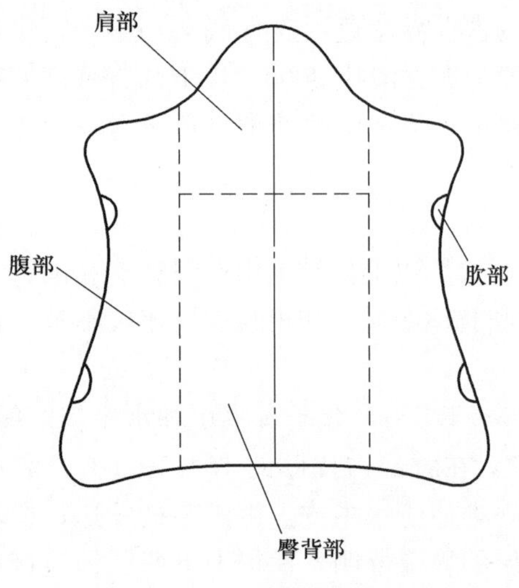

图 1-4　山羊皮外形示意图

山羊皮板的面积比黄牛小，平均面积接近于 1m^2；山羊皮的厚度也比黄牛皮薄，大约在 1/3；山羊皮的纤维束也远比黄牛皮细，所以山羊革的强度是不能与黄牛革相比的。但山羊革的柔软性好，适合于生产软面革、高档女鞋面革和其他轻革。初冬季节开剥的山羊板皮最好，冬季板皮次之，春季板皮最差。次等的山羊板皮用于制作服装革和手套革。

2. 绵羊板皮

绵羊的资源比山羊要充足，但大部分是毛用羊、毛皮用羊和肉用羊。按照羊毛粗细程度划分，有细毛羊、半细毛羊和粗毛羊类型。绵羊板皮主要来源于粗毛羊。例如蒙古羊、哈萨克羊等。

绵羊皮的组织结构特征表现在以下几方面：

（1）粒面细致　绵羊皮上的毛孔细密，没有乳头凸起，使得粒面层比山羊皮细致。绵羊皮的粒面花纹与山羊皮是相同的，呈瓦楞状。

（2）粒面层与网状层界限分明　绵羊表皮层略低于山羊皮，约占皮厚的 2%。毛皮和汗腺等组织长入真皮较深，达到一半以上，所以乳头层占皮厚的 50%～70%。乳头层的纤维束较细，编织比较紧密；网状层纤维束较粗，编织比较疏松。由于毛被发达，在乳头层与网状层交界位置有相当多的毛囊汗腺等组织，使得粒面层与网状层产生明显的界限，成革也容易产生松面现象。

（3）脂肪含量高　绵羊皮的脂腺发达，皮下脂肪和游离脂肪细胞也发达，所以绵羊的脂肪含量高达鲜皮重量的 30%。油脂集中分布在粒面层下层和皮下组织中，在制革过程中要注意脱脂操作。

（4）部位差异小　绵羊皮在厚度差异、纤维束编织差异、粒面粗细差异上都比山羊皮小。

（5）皮张较小　绵羊皮的张幅比较小，外形与山羊皮相似。

绵羊皮板的强度低于山羊皮板，主要是绵羊的胶原纤维束比山羊皮细、编织疏松、网状层的厚度小以及纤维编织走向比较平。但是绵羊皮的柔软性、延伸性比山羊皮要大，适于生产服装革、手套革、衬里革。一般说来，毛越细密，毛被品质越好，使皮板的纤维组织越疏松。细毛羊皮板一般用于生产裘革，粗羊毛皮板用于生产皮革。绵羊皮很少用于制作鞋面革。

（三）猪皮

我国生猪的饲养量大，饲养地区遍及全国，品种多，资源多，存栏数量一直居于世界第一位。猪皮年产量 8000 万张，是我国制革工业的重要原料。

我国幅员辽阔，地形和气候差异大，使得猪种十分复杂。包括本地猪种（主要包括华北猪、华南猪、华中猪、西南猪、高原猪），从国外引进的猪种，以及引进猪种与本地猪种杂交后的新品种。

目前猪种的分类大多考虑的是出肉率、繁殖率、坐胎率等因素。例如浙江金华的“两头乌”猪种，繁殖力强，出生七八十天就开始发情，体重 60kg 就能生育。一般每胎平均产仔 13 只，一年可产两胎，一生可产 20 多胎。肉猪早熟易肥，出肉率高，一般八九月龄体重就达 150kg 以上。这种猪的后腿皮薄骨细，肉质饱满，以它为原料腌制的金华火腿誉满中外。

对于猪皮来讲，各类品种的猪均可按体型大小划分为大型、中型和小型猪。大型猪属于晚熟品种，生长期 1.5～2 年，耳大过头，体重在 100kg 以上，皮厚多皱褶，适合于生产底革、工业革等重革。小型猪属于早熟品种，生长期 8～10 个月，耳小皮薄皱褶少，体重在 50kg 左右，适合于生产服装革、鞋面革等轻革。中型猪的生长期介于早熟与晚熟猪种之间，生皮的性质也介于大型与小型猪种之间，适于生产带子革、箱包革等中厚革。

一般的家猪是圈养猪，皮板伤残较少，但是对于放养猪来说皮板伤残比较多。典型的品种是“藏猪”，毛黑、长脸、体型偏长，爱活动，属于瘦肉型猪种。每天随羊群一起被赶到山上去吃草、啃草根，只在后期增加点精饲料。藏猪生长慢，一般需要 3 年才能长成，产仔率也比较低。但藏猪的肌肉发达，瘦肉率高，受到现代人的青睐。

猪皮的组织结构特征表现在以下几方面：

（1）粒面粗糙　猪毛多以三根一组呈“品”字形排列，毛粗，尤其是颈部的鬃毛特别粗壮。毛孔在表层出口呈喇叭形，特别粗大，乳头凸起明显，使得粒面层变得粗糙。毛孔呈“品”字形排列，这是识别猪皮粒面花纹的标志。

（2）粒面层与网状层界无明确界限　猪毛贯穿整个真皮层，很难以毛根位置区分乳头层与网状层的分界。但猪皮纤维束的粗细变化依然是越接近表层越细，所以常把表层细小纤维束编织的组织作为乳头层，而由粗壮纤维束编织的组织叫做网状层。猪皮的网状侧与乳头层界限不明显，也就不容易造成松面问题。但是猪皮网状纤维的编织角度比较直立，成革后会比牛皮的延伸性大。

（3）脂肪含量高　猪皮的皮下脂肪特别发达，皮下组织几乎全由脂肪细胞组成。毛根穿过真皮层后，在根部形成许多大小不一的脂肪锥，脂肪锥随着毛根嵌入真皮层。臀背部的脂肪锥高而小，分布密集；腹部和颈部的脂肪锥矮而大，分布稀疏。油脂含量的增加，使得猪皮的脱脂工序变得尤为重要。

（4）部位差异大　从厚度差异看，猪皮臀部最厚，腹部比较薄，肷部更薄，厚度比可达到 4.5∶1，差异程度很大。从纤维编织差异看，臀背部纤维束粗壮，呈十字形编织，编织很紧密；腹肷部纤维纤细，多为波浪形编织，编织疏松。不同部位的纤维束编织状况不同，就形成了猪皮革不同部位的软硬不同。从粒面粗细看，臀部比腹部要平细。

（5）皮张较小　猪皮的张幅大小不一，主要是受猪体差异影响，俗话说“有千金猪、没有千金牛”，小张的猪皮小过羊皮，大张的猪皮近似于小牛皮。由于猪皮的厚度差异太大，皮板保留的部位就少，主要是臀部、背部、肩部和腹部，见图 1-5。

猪皮与其他动物皮相比较，部位差异大、油脂含量高、臀部纤维束编织紧密、乳头层与网状层无明显界限、皮张大小不一等，都成了猪皮的特性。这些特性反而使得猪皮的用途更加广泛：利用薄猪皮可以加工成柔软的服装革，利用厚猪皮可以加工成坚挺的鞋底革，利用厚猪皮还可以加工成二层革。就连不能用于制革的猪皮边角废料，也能提炼油脂、加工成皮胶。

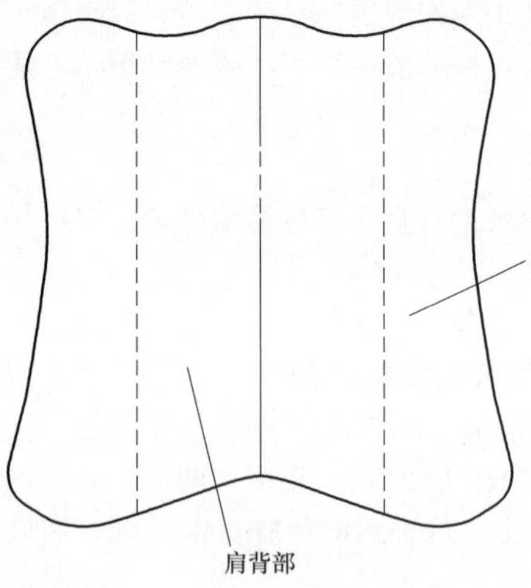

图 1-5　猪皮外形示意图

（四）其他杂皮

除了常见的家畜皮以外，有些大型动物皮也可用于制革，例如马皮、驴皮等，统称杂皮。

1. 马皮

马皮的乳头层占皮层的 40%左右，由于毛囊脂腺的存在，以及发达的汗腺，使得乳头层与网状层界限分明。乳头层的胶原纤维束较细，编织紧密度不如黄牛皮。

根据马皮的部位特点，可以分为前身和后身两部分，分界的位置在马长的 3/4 处。马皮前身较薄，纤维编织比较疏松，制成的皮革较柔软，粒面平细，常用于加工成鞋面革、箱包革、棒球革等。马皮后身较厚，纤维编织比较紧密，常用于加工成防水鞋面革、底革等。

在马皮臀部两侧各有一块纤维编织特别紧密的部位，刀割时有软骨之感，俗称“股子皮”。股子皮的透水性和透气性较小，耐磨性特别大，可作磨刀革用。

与马皮相近的还有驴皮和骡皮。驴皮是熬制“阿胶”的上等原料，很少用于制革。骡皮与马皮的组织结构基本相似，但股子的面积比马股子大。

现在市场上比较流行一种胎马毛革，是利用带毛的胎马皮鞣制成的皮革。皮板薄而柔韧，毛被细软，毛色光亮，还经常被染成各种颜色或花纹，有极强的视觉效果。

2. 骆驼皮

骆驼皮的乳头层与网状层没有明显的界限，故成革后松面现象少。骆驼皮的脂腺不发达、油脂含量低，但汗腺发达。驼毛较细，大小毛囊集中成束，成革后皮革透气性良好，粒面显示出深深的“麻眼”，粒面花纹呈弧状，类似羊皮的花纹，比黄牛面粗，但比猪皮面细。

骆驼皮张幅大而且厚，但厚薄不均匀。颈部薄，驼峰处厚，而且多脂肪，呈鼓包状。生皮大多是半张，并挖去驼峰部位。利用骆驼皮可以生产鞋面革、沙发革、服装革等。

3. 鹿皮

鹿皮是指家鹿皮、野鹿皮、麂子皮等一类兽皮。这类皮的毛被由粗糙性脆的针毛和细而短的绒毛组成。在真皮中，乳头层的厚度超过网状层，存在大量的毛囊和脂腺，纤维束编织疏松。所以鹿皮制成的皮革松软，孔率大，延伸性大，不太结实，常用于加工成油鞣革、绒面革、服装革。

二、稀有动物皮

稀有动物皮是指比较少见的动物皮，例如鳄鱼皮、蜥蜴皮、蛇蟒皮、鱼皮、鸟皮等。这些动物的表层往往具有特殊的花纹，利用这些特殊的花纹生产的制品外观奇异，经济价值比较高，所以也是制革的常用原料。

1. 爬行动物皮

常用的爬行动物皮主要是指鳄鱼皮、蜥蜴皮、蛇蟒皮等，大多产于南方温暖潮湿的地区。由于这类野生的爬行动物是受保护的稀有物种，所以现在取皮主要是来自于人工养殖的动物。

爬行动物皮是由表皮、真皮、真皮衍生物和肌肉组成，鳞片、骨质板、甲板等是真皮的衍生物。爬行动物的表皮通常有 5～10 层细胞组成，可分为生发层和角质层。颜色颗粒逐渐沉积在角质层的角质细胞内，赋予这些细胞特有的颜色。角质细胞是由角质化的死亡细胞组成，大多数爬行动物都是脱落表皮，同时角质层随着脱落，叫做蜕皮。蜥蜴只是在几个部位蜕皮，仅仅失去角质鳞甲。

爬行动物真皮层的胶原纤维编织状态在许多方面与哺乳动物皮相同。真皮乳头凸起嵌入表皮层，而且含有色素细胞，使爬行动物具有体色，并产生颜色变化。在许多爬行动物皮内有骨质板，起附加的保护作用。骨质板由碳酸钙和磷酸钙在结缔组织中沉积而成，鳄鱼就有骨质板，中美洲、南美洲的大型鳄鱼，连腹部也有相当数量的骨质板。爬行动物的鳞片形状变化各异，鳞片及其隆突是由真皮层生长出来的，而不是表皮层。

蟒皮、蛇皮都比较薄，腹部略厚。背部有菱形鳞片，形成菱形花纹，腹部是横向大条纹鳞片，形成大的条纹。鳞片从真皮中生长出来，由前向后覆盖在表皮之上。蟒蛇革的纤维组织松软、延伸性大、韧性大，很容易拉伸变形。使用时一般要贴衬进行补强。

蜥蜴皮表的鳞甲为真皮表面的角质化，与真皮紧密相连，比较厚实。蜥蜴的真皮组织比较薄，在鳞甲的周围形成深浅不一的沟纹，这是蜥蜴特有的花纹。背部花纹较小，多为圆角方形、圆角矩形、六边卵圆形等，腹部花纹多为横向带状条纹。蜥蜴革比蟒蛇革抗张力大，略显坚韧。

泰国的鳄鱼繁殖力强，是国际鳄鱼皮的主要来源。我国饲养的扬子鳄属于小型鳄鱼，形似大蜥蜴。一般体长 1.5～2m，体重可达 40kg，寿命在 100 年左右。扬子鳄鱼皮的表面均披角质鳞，纵横排列成行，形成天然独特的图案，并有深浅不一的色素斑块，非常精美好看。扬子鳄的角质鳞按形状分为锥状、脊状、板状和圆鳞状四种，开剖时从脊背两侧开始，可以得到较完整的皮形。在尾部有一个洞，这是排泄孔。鳄鱼皮革厚实、坚韧，开发利用鳄鱼皮制革，能够增加鳄鱼皮革制品的高附加值。

2. 鱼皮

常用于制革的鱼皮有草鱼皮、鲑鱼皮、珍珠鱼皮、鳗鱼皮、鲷鱼皮、鲨鱼皮等。

草鱼等属于淡水鱼，选择体重在 1.25kg 以上的鱼取皮制革，保证鱼皮张幅较大。鱼皮的外层有鱼鳞，鱼鳞的下面是鳞衣，鳞衣的上端与皮层分开，给人以“飘起来”的感觉。鳞衣下端与皮连接，形成鳞窝，排列成网状，这是鱼皮所特有的花纹图案。

草鱼皮的组织结构也分为粒面层和网状层。粒面层很薄，但很细致，大部分粒面被鳞衣所覆盖。网状层纤维的编织有部位差异，脊椎线和腹底线部位编织比较紧密，其他部位纤维编织较松，腹部两侧纤维编织更松。

鲨鱼属于海鱼。鲨鱼皮的组织结构相当紧密，纤维粗壮，网状层发达，纤维呈规则的斜交叉，交互成层。鲨鱼皮中含有大量易氧化的不饱和脂肪酸，鲨鱼皮的色素渗透较深，鲨鱼皮中没有汗腺和脂腺。由于鲨鱼皮鳞中矿物质含量比较高，所以异常坚硬，类似沙粒，俗称为“盾鳞”，具有耐温、耐酶和耐碱性质。

鲨鱼皮革的粒面具有较强的自然缩纹效果，纹路均匀清晰，有立体感。革身柔软，延伸性和回弹性好，有发泡的感觉，不用涂饰，可充分显示真皮特性。一般成革厚度 1.1～1.3mm。

3. 鸟皮

大型的鸟皮也可用来制革，例如鸵鸟皮、鸸鹋鸟皮。

鸵鸟主要生长在南非、美国等地，我国也有养殖场饲养。鸵鸟皮的张幅在 1.5m² 左右，真皮厚度达 2～3mm，毛孔大部分呈凸起刺状，毛根深入皮层很深，脂肪组织异常发达。成品革柔软、丰满，天然凸状毛孔清晰，立体感强，表面光亮，适于生产高贵的包袋制品。

鸸鹋俗称食火鸟，外形类似鸵鸟，广泛产于澳大利亚，多为人工饲养，我国也开始引进养殖。鸸鹋皮的真皮层比较薄，一般为 0.3～0.5mm，粒面层非常薄，纤维束编织紧密，网状层相对较厚，占真皮层的 80%～90%，纤维粗大、编织疏松，走向几乎与皮面平行。所以成革具有较高的抗张强度和撕裂强度。网状层与粒面层连接较弱，极易造成松面和分层。鸸鹋皮下脂肪发达，脂肪层很厚，可达 5～8mm；毛孔粗大，单根排列，毛囊贯穿整个真皮层，毛根深入皮下脂肪 3～5mm，毛孔凸起形成特殊的花纹。鸸鹋皮的部位差异较大，颈部比较平坦，纤维束较细，编织较疏松；脊部及两侧毛孔凸起，纤维束较粗，编织较紧密。用鸸鹋皮生产的包袋革、票夹革、服装革等产品具有特殊的外观风格。

利用鸟爪子皮制革也很常见，例如鸡爪子表带革、鸵鸟爪子鞋面革等。

4. 海豹皮

海豹皮属于海兽，皮层较厚，皮下脂肪发达。海豹皮的粒面层较厚，表面平滑，没有太大的凸起。海豹皮的胶原纤维编织较为紧密，纤维束粗壮，皮板强度好。海豹皮毛呈黑色或黑褐色，毛囊几乎贯穿整个真皮层，毛干较粗、毛孔紧密。海豹皮的张幅较小，外形完整圆滑，适于生产鞋面软革和服装革。

5. 袋鼠皮

袋鼠皮毛孔细而疏，呈均匀点状分布，粒面平滑细致，花纹与黄牛皮相似。毛根穿入真皮层较深，网状层与粒面层无明显界限。胶原纤维编织紧密、均匀。袋鼠皮的外形成三角形，厚度一般为2～3mm，臀部较厚、边腹部较薄，但差异较小。袋鼠皮的伤残较多，特别是头颈部粒面多细状伤痕。适于制作鞋面革、票夹革、服装革，特别是制作足球鞋帮面，适脚性很好。

对于天然革的原料皮来说，不管是常见的家畜皮，或者稀有的动物皮，由于皮板的实质是一种蛋白质，与人体的蛋白质相同，所以穿着起来感觉舒适，特别是透气性、透水汽性、吸湿性等卫生性能良好，也就深受消费者的喜爱。同样是由于蛋白质的缘故，天然革材料耐温性、耐化学性、耐腐蚀性都有一定的限度，如果把皮革燃烧，都会散发出“烧毛”的味道。天然皮革是一种高档的原材料，一个动物从出生到喂养成熟，再到开剥制革，需要一定的时间周期，因此用天然革制作的成品价格必然也会高，用稀有动物皮制作的包袋往往称做奢侈品。所以在选择材料和应用材料时要做到“物尽其用”，用高档材料生产高档产品，这样才不会造成对资源的浪费。

思考与练习题

1. 黄牛皮的组织结构特点是什么？
2. 列表比较黄牛皮、山羊皮和猪皮的组织结构特点。
3. 制革常用的稀有动物皮有哪些？

第三节　铬鞣鞋面革

鞋面革是一种轻革。按照生产的习惯，把皮革分成轻革和重革两大类型。轻革是指张幅比较小、材质比较轻、成品革以面积进行计量的一类革。例如鞋面革、服装革、手套革、家具革、箱包革、球革等都属于轻革。鞋面革一般都采用铬盐进行鞣制，所以叫做铬鞣鞋面革。

了解鞋面革的生产过程，可以加深对面革材料的深入了解，可以知道面革优良性能的来源以及可能造成的缺陷，便于鞋面革的选购与应用。采用同样工艺而使用不同的原料皮所生产的鞋面革会有差异，下面是以黄牛鞋面革为例介绍主要生产过程。

一、鞋面革的生产流程

1. 鞣前准备工段

组批称重→浸水回软→去肉脱毛→浸灰膨胀→分割片剖

2. 鞣制工段

称重→水洗→脱灰→软化→浸酸→铬鞣→搭马静置

3. 鞣后湿加工工段

挑选组批→挤水削匀→修边水洗→铬盐复鞣→中和水洗→染色加油→搭马静置

4. 干燥及整理工段

揩油平展→真空干燥→挂晾干燥→回潮拉软→绷板干燥→修边→净面→涂饰→熨平→分级、量尺、入库

从上面的工艺流程中可以看到制革生产的复杂性，如果所生产的品种有特殊的要求，工艺还会有所增加，特别是后期整理工序的变化可以改变皮革的外观。

二、工艺过程分析

1. 准备工段分析

鞣前准备工段是为鞣制打基础的，便于鞣料进入皮内。由于受加工设备的限制，每一批量的投料是有限制的，所以要把原料皮进行组批，按照批量依次投料。在处理生皮时所用化学材料的量是有比例要求的，所

以要对原料皮称重，按皮重进行用料量的控制。把原料皮投入水池内进行浸水，是为了回软，也就是使厚料皮恢复到鲜皮的柔软状态。原料皮大多是盐腌保存，皮内的纤维间质会把胶原纤维粘接起来，皮变得坚硬。浸水时可以洗去泥土血污，可以溶解出纤维间质，使干皮变软。

肉和毛不能用于制革，在生皮回软后用去肉机刮去皮下组织，这道工序叫做去肉。采用酶脱毛或者灰碱脱毛等方法，把动物毛也除去，这道工序叫做脱毛。有些比较好的动物毛是要回收的，例如羊毛、猪鬃等。把脱毛去肉的皮放在熟石灰的灰池内浸泡，利用蛋白质在碱性溶液中充水膨胀和溶解的原理，使胶原纤维束得到适当的疏松，为将来的鞣料进入皮内并与蛋白质结合做好准备。对于胶原纤维束的疏松程度是有严格要求的，疏松程度过大，皮板颓软；疏松程度过小，皮板僵硬，都会影响皮革的质量。

把浸灰后的裸皮进行分割，便于按部位差异分别进行鞣制，生产整张皮时不用分割。生皮浸灰膨胀后变得很厚，有利于剖层。生皮剖开后，带有粒面的一层叫做头层皮，没有粒面的一层叫做二层皮。更厚的皮还可以剖出三层皮。

2. 鞣制工段分析

经过浸灰剖层后的裸皮转入鞣制工段。所谓鞣制，是指用鞣剂处理裸皮并使之成革的过程。铬鞣革使用的鞣剂是六价铬盐，例如重铬酸钾、重铬酸钠，这些材料有剧毒，但不具有鞣革性能。六价铬盐经过用葡萄糖和硫酸还原后转变成三价铬盐，三价碱式铬盐才具有鞣性。生产中用三价铬盐配制成铬鞣液进行鞣制操作。铬鞣液是蓝绿色的，鞣出的皮呈蓝色，被称为蓝板或蓝湿坯革。

鞣制开始之前也要称重，作为用料的计量基础。然后是水洗和脱灰，水洗操作可以洗去裸皮表层的灰分，然后再用化学材料进行脱灰，除去与蛋白质结合的灰分。常用的脱灰材料是铵盐，作用温和，操作安全。皮内如果存在大量的灰分，会使成革变硬，所以要进行脱灰处理，但对脱灰的程度有严格的要求。例如生产鞋面革脱灰程度要求在皮厚的2/3～3/4，使成革既有柔软性又有挺括性；生产服装革则要求把灰分全都脱掉，使成革柔软性非常好。通过脱灰操作可以消除裸皮的膨胀状态，可以降低裸皮的酸碱值，便于后面的软化、浸酸和鞣制的操作。

软化可以消除皮垢、破坏脂肪细胞壁、断裂弹性纤维，使胶原纤维进一步松散。对成革的柔软性、丰满性、延伸性、透气性、弹性以及粒面的光滑细致有着重要的作用。酶软化操作所用的材料是蛋白酶，酶的活性对温度、pH 非常敏感，国内软化操作的一般温度在 36～40℃，pH 7.5～8.5，达不到这些条件酶的活性发挥不出来。对于软化程度来说，目前仍依靠“手摸眼看”来判断。软化良好的裸皮洁白细致、光滑柔软、完全消除膨胀，表面有丝绸感。要注意不同品种皮革对软化程度要求是不同的。软化结束后应立即水洗降温，防止酶的继续作用。通过水洗，洗净裸皮中各种残留的污物，这样才能保证革粒面干净、粒纹清晰、毛孔清爽。水洗后要立即浸酸。浸酸是用酸和盐的溶液处理裸皮，目的是降低 pH，使之适合后面的鞣制操作。

鞣制是制革生产的重要工序，是生皮转变成革的关键步骤。胶原纤维经过碱膨胀、酶软化后，纤维变得疏松，活性基团暴露出来，鞣剂分子进入皮内能够与胶原蛋白的活性基结合，产生化学交联作用，从而改变了生皮的性质，使之变成革，并且具有一定的物理强度和耐湿热、耐化学药品等使用性能。所用鞣剂的种类很多，习惯上分为有机鞣剂和无机鞣剂。铬盐就是一种目前广泛用于轻革生产的无机鞣剂。由于鞣液是铬盐配制的，所以把这种用铬鞣液鞣革的方法叫做铬鞣法。

三价碱式铬盐在 pH 较低时分子变小，很容易渗透进皮内，但与皮蛋白结合的能力弱。在适当提高 pH 后，三价碱式铬盐与皮蛋白结合的能力加强，而且分子间可以相互结合形成络合物，使分子变大，不容易从皮内反渗透出来，也就是不会脱鞣。

鞣制操作的设备是“转鼓”，从水洗、脱灰、软化、浸酸以及后面的鞣制操作，都是在同一转鼓内进行。转鼓的外形类似于一个庞大滚筒洗衣机，转鼓的轴眼是加料的入口。裸皮在浸酸水洗后继续留在鼓内转动，然后将配好的铬鞣液自轴眼徐徐加入。转鼓不停转动，起到搅拌均匀作用，使鞣液渐渐渗透进皮内。初鞣时的 pH 在 2～3，鞣剂的分子比较小，容易渗透进皮内；2～3h 后，开始从转鼓轴眼向鼓内加碱液，提高 pH，增加鞣剂分子与蛋白质的结合能力。碱液用 $NaHCO_3$ 配置，分成几份，每隔 20min 缓慢加入一份，防止局部碱花或表面过鞣。随着 pH 的提高，铬络合物分子逐渐变大，与胶原纤维“多点”结合，使结合能力增加，使铬的固定量提高。裸皮的鞣制过程不是瞬间完成的，从渗透到结合、再到固定，大约需要 8h 才能初步完成，考虑到皮革的质量，实际生产中需要 18～20h。

鞣制完成后废液的 pH 按品种不同应控制在 3.6～4.0 范围。鞣制后的蓝湿坯革颜色应该均匀一致、清爽、呈湖绿色；革身丰满、舒展、有弹性，粒面细致，无过鞣或未鞣透现象。检查收缩温度应该在 95℃以上。出鼓后把鞣成的蓝湿坯革搭在结实的长木凳上放置叫做搭马静置，控去水分，同时继续增加铬盐的固定与沉积。

3. 鞣后湿加工工段分析

鞣后湿加工是针对蓝湿坯革的一系列加工。首先是挑选组批，按照不同产品的需要，根据蓝湿革的厚度、颜色、伤残、皮张大小等重新组批，分别按照不同品种进行加工。例如挑选全粒面鞋面革，粒面上应无各种缺陷；挑选半粒面鞋面革只允许有轻微伤残；不能挑做全粒面革、半粒面的才用来生产修饰鞋面革或压花鞋面革；粒面伤残较多用作绒面革。

接着是挤水片削，利用挤水机除去革内大量水分，控制含量在 45%左右，然后利用削里机片削蓝湿皮的网状层，使革身厚度均匀。接着把革的边沿修剪整齐、水洗干净后进行复鞣。复鞣就是再鞣制一次，可以改善革的感观品质和皮革的特性，提高柔软度、紧密度、丰满度、耐湿热稳定性等。

复鞣后的革呈酸性，带有很强的正电荷，后面进行染色和加油时，带有负电荷的染料会很快沉积在革的表面，造成革面色花和油腻等问题，所以需要先进行中和操作。中和使用强碱弱酸盐来中和革中的自由酸，为染色创造条件。中和后必须水洗，洗去中和后所生成的盐分。如果水洗不完全，这些盐存在革内，穿鞋时会随着脚汗渗透到革面，形成白色的碱花，俗称反碱。

中和水洗后进行染色和加油。染色可以增加革的花色品种，满足市场对外观色彩的要求。皮革染色使用的是皮革染料，例如酸性染料、直接染料等。染料可以直接与纤维发生反应，固定在皮革上。染色后皮革色泽应该鲜艳、清晰、美观；染色效果应该均匀一致，无色花、条纹；染料与皮革结合要牢固，不掉色、不褪色。

提到染色就不得不提到 2002 年的欧盟指令，规定“可释出被禁用芳香胺浓度超过 30mg/kg 的偶氮染料”，不得用于可与人体、口腔接触的制品，其中就包括鞋类。“偶氮”是指在分子结构中含有的—N ═N—双价键，存在于可致癌的芳香胺中。被禁用的 22 种芳香胺存在于 118 种染料中，其中直接染料占了 77 种，酸性染料占了 26 种，为禁用染料总数的 85.2%。这对我国皮革和皮革制品的出口造成很大的压力。近几年来，我国已经研制和生产了无致癌的安全染料，例如皮革黑 GN、皮革棕 M、皮革黄 GN、皮革红 B 等。但品种较少，目前还不能满足皮革染色的要求。所以在选择皮革材料时，检测染料的成分也是一个不可忽视的问题。

染色后可直接进行加油操作。生皮中的油脂经过浸灰碱、酶软化等工序，几乎全被除去，没有油脂的皮革会干枯、僵硬。加油的目的就是在纤维之间增加润滑作用，使皮革柔软耐折有韧性，提高革的抗张强度和崩裂力，延长革的使用寿命。所用的油脂包括动物油、植物油、矿物油等。加油要求少量油脂集中在皮革的表层，中间层油脂要少，这种铬鞣革才能柔软有弹性，而且粒面紧密。如果大量油脂均匀进入革内，铬鞣革虽然柔软有延伸性，但粒面松散、失去弹性，革身颓软无力。如果油脂渗透到革外，就形成透油。完成加油操作后，依然是搭马静置，使鞣剂和染料有时间与革均匀结合，使油脂有时间在纤维中扩散。

4. 干燥及整理工段分析

进入干燥及整理工段，是皮革从湿态加工转为干态的加工过程。首先是揩油，如果革的臀部柔软度不够，需要对局部擦涂油脂，然后静置，待油脂渗透后进行平展。平展也叫做扩展，在轻革平展机上进行，可以消除革面的皱纹，使粒面细致、革身平整，减少延伸性、增加革的面积。

接下来就是干燥操作，由于在干燥过程中要固定皮革纤维的编织形态，所以干燥的操作显得尤为重要。对成革物理性能影响较大的工序除了鞣制以外就是干燥，加油只是对物理性能的调节和修正。

染色加油后皮革含水量在 70%左右，经过平展后含水量在 50%～55%，而成革的含水量要求是 14%～18%，这些多余的水分要在干燥过程中除去。干燥的方法有多种，例如挂晾干燥、绷板干燥、贴板干燥、真空干燥、热泵干燥、辐射干燥等。不同的干燥方法各有各的特点。

真空干燥是在真空干燥机内进行，将密闭容器抽成真空、产生负压，使水的沸点降低、迅速蒸发，又被迅速抽走，因此干燥速度快、生产效率高。干燥时湿革平铺在抛光的钢板上，能改善粒面的平整细致度；热量直接供给坯革，减少了热量损失；抽真空达到94.6kPa时，水的沸点是30℃，皮革不易过热，也不易发生其他化学变化。真空干燥的得革率低于贴板干燥、高于挂晾干燥。一般干燥程度控制在含水量25%～30%，接下来再进行挂晾干燥。

挂晾干燥是把皮革搭在竹竿等物件上自然干燥，方法简单，不需要贵重的设备，干燥作用温和，干燥后的革坯手感较丰满柔和。但是单纯的挂晾干燥会使粒面粗糙，而且得革率较小。前面经过真空干燥后再进行挂晾干燥，两种干燥方法相结合可以克服这一缺陷。

挂晾干燥后皮革含水量较少，在拉软前需要回潮，控制革身含水均匀，含水量在30%左右。拉软操作在拉软机上进行，通过对革坯的弯折和拉伸作用，削弱革纤维间的粘接作用，使革柔软。除了拉软以外，还有振软、刮软、铲软、摔软等操作，都是使革身柔软的整理操作。

拉软后进行绷板干燥，除去多余的水分。绷板干燥时要将革的周边拉紧绷平，防止干燥后面积收缩，得革率比较高。干燥后剪去毛边，使皮形完整。

如果是生产全粒面鞋面革，革面的修饰比较简单。首先是用净面液净面，将全张皮革都擦到，不得遗漏。带有弱碱性的净面液可以增加革的润湿能力，便于涂饰剂的渗透，有利于后期的涂饰效果。净面液配制质量比例为：氨水：酒精：水＝5：10：85。

涂饰是针对皮革表面的颜色、光泽、透明度、各种效应、花纹图案等进行整理的过程。涂饰可以美化皮革外观，提高使用性能，掩盖缺陷瑕疵，增加花色品种。简单地说，涂饰是一种美容，是皮革从成品走向商品的一道重要工序。

涂饰所用的材料叫做涂饰剂，要根据不同皮革的要求来配制。涂饰剂的主要成分包括成膜剂、着色剂、溶剂和助剂。例如现在常用的聚氨酯涂饰剂，它的成膜物质就是聚氨酯树脂。常用的涂饰方法有刷涂法、揩涂法、淋涂法、喷涂法、辊涂法等，总之是要把涂饰剂附着在皮革的表面。

涂饰层的结构一般是三层。第一层是底层，要求黏着力强，能渗入革内产生牢固结合。第二层是中层和效应层，是改善底层着色不足、使颜色均匀分布、或者产生特殊效应的关键层，例如金属效应、擦色效应、梦幻效应等都在第二层完成。第三层为顶层，是产生光亮的表层。涂饰层的结构与革坯的品质有关，高质量的革坯只需要着色均匀后，喷上顶层涂饰即可。品质较低的革坯，为了遮盖其缺陷，在涂饰中包括更多加工，一般为三层结构。如果是二层修饰面革，由于本身没有粒面层，生产二层修饰面革时就需要“制造”出粒面层，所以涂饰方法最复杂。要注意涂饰层结构的层数，并非涂饰操作喷涂的“遍数”，具体喷涂多少遍要以达到要求为止。涂饰遍数越多，涂层会越厚，会影响到皮革透气性、透水汽性等一些物理性能。

轻革的涂层应该据有较好的黏着力，不能出现掉浆；涂层的伸长率和耐弯折性能应该与皮革性能一致，不能出现散光或裂浆；涂层应该具有一定的耐温性和耐寒性，热天不发黏，冬天不发硬、不发脆；涂层应有较好的稳定性，能承受强烈的拉伸作用，不易老化；涂层应保持良好的卫生性能，透气性、透水汽性优越的皮革使人穿着舒适。

对于全粒面革来说，由于粒面层品质好，完成涂饰后直接进行熨平操作。现在普遍采用平板式熨平机，把涂饰后的皮革铺在熨平机上，开动机器后上压板向下移动并压合。控制温度在60～70℃，平板压力9.8MPa。熨平后革面光亮，粒面细致滑爽，成革紧实，涂层黏着牢固。

熨平操作完成后的革开始进行分级、量尺和入库。分级是针对皮革伤残的多少进行品级确定，面革一般是分成4级。量尺是测定每张皮革的面积尺寸，手工测量叫做“打尺”，采用光电式测量机测量的效率高、准确性高。皮革的品级和尺寸都标记在革的背面。最后将成品革入库。

以上是以黄牛全粒面鞋面革为例进行的介绍，从中可以了解制革生产的概貌。如果是生产山羊鞋面革或者猪皮鞋面革，操作工艺大致相同，但在具体环节上有区别。在后期的操作中，同样是黄牛鞋面革，由于蓝湿革品质不同，或者后期干燥整理的不同，还可以衍生出不同品种的变化。

三、鞋面革的主要性能

不同品种的鞋面革虽然有不同的性能要求，但在大体上都具有鞋面革的基本性能。

（1）革身丰满、柔软、有弹性，厚度均匀。

（2）粒面细致、光滑平整，没有松面、裂面、色花、透油等缺陷。

（3）有良好的透气性和透水汽性，提高鞋腔卫生性。

（4）有一定延伸性和可塑性，适应工艺制作要求。

（5）有一定抗张强度和耐曲挠性，耐穿耐用。

（6）有较好防污性，不易粘灰尘和油污，易清理。

（7）对于高档材料来说，还具有防水性，晾干后不易变形。

思考与练习题

1. 铬鞣革生产的主要工段有哪些？
2. 皮革涂饰层结构有何特点？
3. 鞋面革的主要性能是什么？

第四节 鞋面革的种类与性能

鞋面革是指用于制作鞋帮面的皮革材料。鞋面革也叫做轻革，种类比较多，为鞋材的应用提供了更多的机会。特别是现在为了满足市场的需求，又增添了许多具有特殊效应的鞋面革。

生产鞋面革的原料皮，主要是黄牛皮、水牛皮、牦牛皮、山羊皮、猪皮、骡马皮以及具有特殊花纹的稀有动物皮。一般都是采用铬盐鞣法生产，也有少量植物鞣法或者铬植结合鞣法。

鞋面革的厚度因原料皮和成革要求不同，有薄、中、厚的区别。山羊正面革的厚度一般在0.7～1.0～1.2mm。黄牛正面革薄型厚度在1.0～1.2mm，中型厚度在1.4～1.6mm，厚型厚度在1.8～2.0mm，特厚型厚度在2.0mm以上。

鞋面革的品种可以按照表面状态、涂饰方法、革身个性来划分。

一、按鞋面革表面状态分类

鞋面革的表面状态，是指粒面层的变化状态。主要有全粒面革、半粒面革、修饰面革、绒面革、二层面革等类型。

1. 全粒面革

全粒面革是指粒面保持完整的、具有天然毛孔和粒纹清晰可见的革。也称为正面革、光面革，俗称头层革。在蓝湿皮中挑出品质最好的蓝板制作全粒面革，因此全粒面革也是各类革中品质最好的革。

2. 半粒面革

半粒面革是指用磨革机把表面的轻微缺陷磨掉的革。半粒面革的品质略低于全粒面革。由于磨革的程度很轻，仍然可见天然的毛孔和清晰的纹理，所以半粒面革也叫做轻磨革或称为轻饰革。如果成革保留磨革后的一层类似桃皮绒的小绒毛，就成了磨砂革。

3. 修饰面革

修饰面革是指用磨革机将部分粒面磨掉以减轻粒面伤残、然后再经涂饰的革。修饰面革所用的蓝湿皮是挑出全粒面、半粒面革后剩下的坯革，革面的伤残比较多并且严重，需要进行重修饰，用专门的整饰方法造出一个假粒面，以模仿全粒面革或特殊效应粒面革。从皮革的断面看，依然有粒面层和网状层，只不过粒面的花纹和毛孔不是天然形成的。

对全粒面革、半粒面革和修饰粒面革来说，都要求粒面层紧实，无松面和裂面现象，革面平滑细致，涂层黏着牢固，没有散光、裂浆、掉浆等问题，颜色均匀一致，耐干湿擦牢度好。

4. 绒面革

绒面革是指在革的表面经过磨绒处理所生产的革。绒面革的粒面伤残比较多而且较深，是挑剩下的蓝湿皮。绒面革有正绒革和反绒革的区别。如果是在粒面层磨出天鹅绒般细绒的绒面革就叫做正绒革，如果是在网状层磨出细绒的绒面革就叫做反绒革，由于网状层的纤维比较紧密，磨出的短绒毛也非常细致。无论是正绒革或反绒革，都要求绒毛细密、均匀，颜色纯正、鲜明、不褪色，并且不油腻、有丝光感。

生产绒面革时是先磨绒、后染色，可以使外观颜色均匀。染色后同时加油、挤水、干燥、拉软、平展。之后要增加“铲绒”、或者“摔绒”、或者“刷绒”等工序，使绒毛均匀地直立蓬松起来。经过除尘后就进行分级、量尺和入库。

5. 二层面革

二层面革是没有粒面的、经过深加工后制成的鞋面革，包括二层修饰面革、二层贴膜鞋面革、二层移膜鞋面革、二层绒面革等品种。生产二层修饰面革需要经过专门的整饰方法造出一个假粒面层，然后在假粒面上进行修饰。在制造贴膜革时，是将 0.3～0.5mm 厚的聚氨酯薄膜贴于二层剖层革上。在制作移膜革时，是将聚氨酯-脲醛树脂材料注塑成有一定花纹图案的薄膜，在树脂膜仍然处于柔软状态时，转移到二层革上。尽管在外观上二层面革与修饰面革相差不大，但由于缺少粒面层，所以从品质上来说比较低，二层革易吸水，强度低，易松弛变形，产品销售价格也低。

二、按鞋面革整饰方法分类

鞋面的整饰方法不同，可以衍生出具有不同外观效果的鞋面革。例如苯胺革、打光革、花纹革、效应革等类型。

1. 苯胺革类

这里所说的苯胺是一种合成染料，用苯胺染料涂饰剂进行涂饰的革就叫做苯胺革。由于在苯胺涂饰剂中没有颜料，所以涂饰的效果成透明状。透过透明的涂饰层，可以看到粒面的天然毛孔和清晰的粒纹，后来就把这种透明涂层产生的效果叫做“苯胺效应”。即使不用苯胺染料，凡是能达到苯胺效应的革现在都叫做苯胺革。苯胺革有以下几种主要产品。

全苯胺革：是指用不含有颜料膏而只能用含金属络合染料为着色剂的涂饰剂进行涂饰、并具有苯胺效应的鞋面革。也就是说涂饰剂中不一定非有苯胺染料，涂饰后只要能产生苯胺效应的鞋面革就叫做苯胺革。全苯胺革常选用粒面无伤残的坯革制作。

半苯胺革：是指以金属络合染料为主，掺有少量颜料膏的涂饰剂涂饰，仍部分保留苯胺效应的鞋面革。也就是说由于少量颜料膏存在，透明度降低，但是还能透过涂层看清革的粒面花纹。半苯胺革常选用粒面伤残较少而浅的坯革制作。

充苯胺革：是将部分粒面磨面，再用专门的方法制造出一个模仿全粒面的假粒面，然后对假粒面进行涂饰而达到苯胺效应的鞋面革。这里的“充”是指充当。充苯胺革常选用粒面伤残较多而且较深的坯革制作。

各种苯胺革的共同特点是有透明的涂层，使粒面毛孔和粒纹清晰可见。

2. 打光革类

打光革是指通过打光操作处理的鞋面革。包括打光鞋面革、仿打光鞋面革和打光苯胺鞋面革。

打光鞋面革：通过打光操作处理的鞋面革，革身变得紧实、粒面光滑并产生高度的光泽。所谓打光是一种操作工艺，是指用光滑的玻璃圆辊在革面上进行快速冲打。打光的操作在打光机上进行，打光机的机械手臂上镶着玻璃圆柱体，圆柱体的光滑表面不断对革面打磨，产生的压力使革身变得紧实。皮革厚度减少 8%～16%，增加了抗张强度。由于打光时会产生热，所以涂饰剂中成膜剂要选用蛋白质类型材料，例如酪素蛋白成膜剂，受热后凝固，加强了涂层的防水性，以及耐干湿擦性能。如果使用树脂型成膜剂，由于耐温性差，打光时容易造成涂层脱落。

仿打光鞋面革：仿打光鞋面革并不使用打光机来操作，而是用蛋白类涂饰材料和聚氨酯涂饰剂相结合的熨平涂饰，模仿出打光效果的鞋面革。在熨平过程中，蛋白质受热凝固，使革身紧实，聚氨酯涂饰剂产生透明光亮的涂层。仿打光革既保持了打光革粒面清晰、革面平滑细致、涂层透明、光洁度高的特点，而且又在涂层的硬脆、不耐水、不耐曲挠和易散光裂浆方面有所改善。这种革又叫做“水晶鞋面革”。

打光苯胺鞋面革：是指结合了苯胺革效应和打光效应的鞋面革。采用轻涂饰的打光操作，其特点是涂层透明度高，革身紧实，光亮感强。

3. 花纹革类

花纹革是指在革面上产生各种花纹效果的一类鞋面革。花纹革具有立体感，例如压花革、搓纹革、皱纹革、摔纹革、压花摔纹革等。

压花革：压花革也是一种修饰鞋面革，用机器在革面上压成凸凹的花纹图案，或者是其他动物皮的皮纹。例如鳄鱼皮纹革、鸵鸟皮纹革等。

搓纹革：用手工搓皮板或用搓皮机在革的粒面上搓出花纹。搓皮的方向不同，产生花纹的效果也不同。例如菱形花纹、方形花纹等。

摔纹革：把坯革装在转鼓内进行干摔，也会在粒面层产生自然的皮纹效果，例如大象皮纹。

皱纹革：用收敛性强的鞣剂处理蓝湿皮的粒面层，会引起出皱的现象，以这种皱褶作为粒面层的花纹。

压花摔纹革：先对皮革进行压花处理，然后再装入转鼓内进行干摔所产生的花纹效果。

4. 效应革类

效应革是指在革的表层能产生各种光泽色彩变化效果的一类革。在涂饰的中层完成后，还要涂饰一层效应层，效应层所用的材料不同，会产生不同的效果。例如疯马革、变色革、梦幻革、擦色革等。今后随着市场需求的增加，这类效应革还会有更多的新品种出现。

疯马革：疯马革的英文名是 Crazy Horse Leather，采用制作黄牛软鞋面革的坯革，底涂层为深棕色，再以专用的蜡类、油类继续涂饰，使革面产生变色效果的一种鞋面革。

变色革：变色革也叫做普拉普（Pull-up）效应革，是以特制的油和蜡处理革面，使成革在拉伸、顶伸、弯曲、折叠的作用下表现出深浅不一的变色效果，外力解除后，表面的颜色又恢复原色。

梦幻革：在底涂层颜色为黑色基础上，采用化妆变色蜡和彩色染料进行梦幻效应涂饰。这里的梦幻效应是指革在折、拉、顶、伸时产生变色效果，并且变色效果比变色革更持久。

擦色革：擦色革也叫做抛光变色革，是在修饰鞋面革涂饰的基础上，再涂饰一层擦色效应层，在成革后擦去效应层的一部分，就会形成深浅不一、层次逐渐过渡的双色或多色效应。擦色革的底色多为紫红色、黄色、红黄棕色，效应层的颜色多为深棕色和黑色。

珠光革：用含有珠光材料的涂饰剂进行效应层涂饰，使革面呈现珍珠光泽的鞋面革。

金属闪光革：用含有金粉或银粉的涂饰剂进行效应层涂饰，使革面具有闪光发亮的金属光辉。由于金粉或银粉的遮盖力较强，可利用低质坯革制作金属闪光革。革身以染色为好，革面和革里的颜色一致，外观效果更好。

金色银色革：制作金色鞋面革时，使用金箔贴于革面，或者使用金属氧化铝等材料进行涂饰，使革面呈现出金色光泽。制作银色鞋面革时，使用含铝粉的涂饰剂进行涂饰，使革面呈现出银色光泽。

漆革：早期采用硝基纤维漆作涂层，现在采用聚氨酯漆进行涂饰，可以使涂饰层光亮如镜。漆革不是依靠打光或熨平产生光亮，而取决于成膜物质本身的特性。

三、按革身特殊性分类

在鞋面革的品种中，还有一类皮革的革身具有特殊的性能，例如革身很柔软、油脂多、能防水等。

1. 纳巴革

纳巴革的英文名叫做 Nappa Leather，以前是指铝铬结合鞣、经过染色的全粒面柔软绵羊和小山羊手套革。现在泛指由其他动物皮制作的全粒面柔软鞋面革、服装革、家具革等。纳巴革的手感极其柔软，丰满而又有弹性，延伸性小，粒面细致紧密，涂层薄，毛孔和粒纹清晰可见，真皮感强。

2. 油浸革

油浸革又叫多脂革，一般采用猪皮或牛皮制作，经过植物鞣制或铬植结合鞣制，浸渍加油，加油量比较大，并在网状层磨绒。这种鞋面革的特点是绝热性能好，在寒冷的气候中有较好的保温作用；透气性好，在炎热的气候中穿着也不闷热，同时不易受潮，潮湿后变形性小。这种革多用于生产劳保鞋、工作鞋等。

3. 防水革

防水革是指具有防水性能的皮革。在鞣制过程中加入防水性材料可制成防水革。关于防水性的概念有三个层次，一个是不润湿性，即皮革表面不被水浸润的性能；另一个是不吸水性，即皮革阻止吸收水分和向革内渗透的性能；最后一个是不透水性，即皮革在任何状态下都能阻止水分透过横截面的性能。选用不同的防水材料可以制得具有不同性能的防水革。在登山鞋中，常使用优质的防水革材料。

思考与练习题

1. 按照鞋面革的表面状态分类有哪几种鞋面革？
2. 按照鞋面革的整饰方法分类有哪几种鞋面革？
3. 按照鞋面革的革身特点分类有哪几种鞋面革？

第五节 植鞣鞋底革

鞋底革习惯上叫做重革，用来制作外底、内底等部件，与轻革的性能有很大的不同。

前面曾经讲过，能与胶原蛋白质结合并使之成革的物质叫做鞣质，鞣质的工业制品则叫做鞣剂。鞣剂的种类很多，有无机鞣剂和有机鞣剂两大类。无机鞣剂也叫做矿物鞣剂，前面用到的三价碱式铬盐就是最常用的矿物鞣剂，此外还有铝盐、锆盐、钛盐、铁盐等鞣剂，但都不如铬盐鞣剂鞣革性能好，目前主要的矿物鞣剂是铬盐。在有机鞣剂中，主要是指植物鞣剂、油鞣剂、醛鞣剂、合成鞣剂等。例如生产擦拭汽车和镜头的“麂子皮”，就是用鱼油做鞣剂鞣制而成，生产假肢革就是用甲醛做鞣剂鞣制而成，而生产鞋底革，主要是用植物鞣剂来鞣制。

由于鞣剂的性质不同，虽然都属于“鞣”的概念，但鞣制机理却不同。所以用铬盐鞣成的革叫做铬鞣革，用植物鞣剂鞣成的革叫做植鞣革，用两种不同鞣剂结合使用鞣成的革则叫做结合鞣革，例如轻铬重植革、重铬轻植革。

植物鞣质存在于许多植物的根、茎、叶、皮、果等组织中，味道发涩，有收敛性。在茶叶中、青柿子中都有这种鞣质。但只有少数植物具有生产鞣剂的工业利用价值。将含有大量鞣质的植物有关部分采集后，经过粉碎、浸提、净化、浓缩，可制成块状或粉状的植物鞣剂，俗称栲胶。植物鞣质是多元酚的衍生物，含有多个活性酚羟基，可以与蛋白质中的氨基、羧基等发生化学反应，从而达到与胶原纤维牢固结合、改变胶原纤维性质的鞣制作用。

植物鞣剂的品种有许多，例如红根栲胶、荆树皮栲胶、漆叶栲胶、橡碗栲胶等。由于来自的植物种类不同，所含鞣质的化学成分和结构也不同，对成革的影响也会不同。栲胶是从植物中浸提的，所以在鞣剂中除了具有柔性的鞣质外，还会有非鞣质成分。

将鞣剂配置成不同浓度的鞣液即可进行鞣制操作。下面以植鞣黄牛皮外底革为例介绍外底革的主要生产过程。

一、外底革的生产流程

皮革的生产过程都要经历 4 个生产工段。

1. 鞣前准备工段

组批称重→浸水回软→去肉脱毛→浸灰膨胀→分割片剖

2. 鞣制工段

称重→水洗→脱灰软化→浸酸→滚硝→植鞣→堆置

3. 鞣后湿加工工段

退鞣→漂洗→挤水→加油→挂晾→伸展→干燥

4. 干燥及整理工段

回潮→头遍压光→干燥→回潮→二遍压光→干燥→分级、称重、入库

从上面的工艺流程中可以看到植鞣底革比铬鞣面革的生产工序要少，主要是后期整理比较简单，因为植鞣底革的粒面不用过多地修饰。

在鞣前的准备工段，生产不同品种皮革的工艺流程大体相似，但在控制程度上有差别。由于底革比较重，一般采用分割鞣制，整张的裸皮经过分割，可以得到通皮、边皮、前肩皮、皮心等部位，按照不同的厚度、不同的产品，分别进行加工。由于底革比面革厚，其中的片剖主要是片去浮肉，使网状层平整。

在鞣制工段，增加了一道“滚硝”的工序。传统的植物鞣制的生产周期比较长，为了缩短加工时间，采用滚硝预处理的办法可以大大缩短加工时间。滚硝的实质是用硫酸钠盐固定裸皮的孔隙，便于鞣剂的渗入。

目前生产中采用的是转鼓快速鞣制的方法，总鞣制时间在 3 天左右。而早期的鞣制方法是先进行吊鞣、再卧鞣、后热鞣，鞣制时间在 40 天左右。可见快速鞣制可以大大缩短生产周期，提高生产效率。为何鞣制周期有如此大的反差？这与鞣制机理有关。

鞣质在鞣液中以胶体微粒形式存在，向裸皮内渗透的速度很慢，但与胶原结合的速度较快，因此鞣制的速度取决于胶体微粒渗透的速度。裸皮经过鞣前准备工段处理后，纤维得到分散，具有多孔性，这些孔隙就是鞣质微粒向皮内渗透的通道。只有当鞣质微粒直径小于孔隙直径时，才能渗透进皮内。由于裸皮孔隙的成型性比较差，如果鞣制时鞣液的浓度比较高，会在皮内产生较高的渗透压，引起裸皮脱水，孔隙缩小，使得鞣质微粒很难渗入皮内，甚至造成“死鞣”。因此，为了保证裸皮的孔隙不缩小，使孔隙直径大于鞣质微粒直径，就成了鞣剂进入裸皮的必要条件。

早期的鞣制，是通过降低鞣液浓度来控制孔隙的。初鞣时几乎用的是废鞣液，把裸皮吊在鞣皮池内，称为吊鞣。吊鞣池一般 10～12 个为一组，初池浓度在 6～10°Bk（Bk 叫做巴克，是鞣液浓度单位），末池浓度在 25～30°Bk，每天移动裸皮，逐渐增加浓度。经过 15～20 天，待裸皮孔隙稳定后改为卧鞣，也就是把皮平放在鞣池内。卧鞣池一般 6～8 个为一组，初池的浓度在 30°Bk，到达末池的浓度在 80°Bk，隔天移动卧鞣皮，逐渐增加浓度。卧鞣一般需要 6～10 天，待初步鞣成革时改为热鞣。所谓热鞣是指鞣制的温度相对较高，吊鞣时为常温，卧鞣时为 30～35℃，热鞣时增加到 38～43℃。热鞣池一般 5～7 个为一组，初池的浓度在 80°Bk，到达末池的浓度在 110°Bk，隔天移动热鞣皮，逐渐增加浓度，一般需要 3～10 天完成。所以传统的鞣制方法时间比较长。

随着科技的进步，现在通常采用的是快速鞣法，使用的设备是转鼓。采用转鼓快速鞣制的方法是在转鼓内将经过滚硝预处理的裸皮控干水分，把皮重 35%～50%的粉状栲胶分 3～5 次分别加入，间隔 1～12h 不等。总鞣制时间在 3 天左右。关键的工序裸皮要经过滚硝，对胶原纤维进行了预处理，增加了孔隙的成型性，使孔隙稳定，在遇到较高浓度的鞣液时也不收缩，保证了鞣剂进入裸皮畅通，所以能大大缩短鞣制的时间。

鞣制完成后进行堆置，也就是堆积放置，增加鞣质在皮内的进一步结合。

接着是退鞣操作，是将坯革表面的鞣质、革内没有结合的非鞣质清洗出去，防止出现“反栲”问题。反栲是指栲胶自坯革内部迁移到皮革表面的现象，会造成革面发黑、粒面发脆的质量问题。后面漂洗操作是通过合成鞣剂作用使革面干净、颜色好看，也具有“复鞣”的作用。接下来是挤水、加油、挂晾、伸展、干燥等常规操作。

底革的颜色是由栲胶颜色决定的，在红棕黄褐色系范围，俗称栲胶色。底革表面的光亮层不是涂饰出来的，而是依靠滚压机滚压出来的。压光分两次进行。压光前先回潮，控制适当水分，第一次压光是要把皮革压得坚实、平整，把皱纹压开。经干燥后再回潮，第二次压光，增加革的硬度，提高防水性能时并产生光亮。底革表面不进行涂饰，所以底革粒面上的毛孔、花纹清晰可见。接下来是分级、称重、入库。

二、鞋底革的品种

鞋底革是指用于制作鞋底部件的皮革材料。制作鞋底革的原料皮大多选用张幅大、质地重、纤维编织紧密的黄牛皮、水牛皮、猪皮等。一般采用植鞣法加工，也有铬植结合鞣底革。铬植结合鞣底革比纯植鞣革硬

度低。

尽管鞋底部件比较多，但鞋底革的品种并不复杂，主要是外底革和内底革两大类，在外底革中还有软底革的品种。

外底革、内底革、软底革的生产流程相似，只是在控制程度上有区别。比如外底革，要选择粒面伤残较少的裸皮，因为外底粒面层没有涂层修饰，而伤残较多的用来生产内底革。

生产软底革，除了粒面伤残较少外，还要适当增加碱膨胀、脱灰、软化的程度，而后采用铬植结合鞣等措施进行鞣制。在压光阶段的处理也很重要，例如第二次压光时革内含水量，如果按常规控制，压出的皮革坚挺、表面光亮，如果把水分控制得少一些，虽然革面也能光亮，但是革身却变得柔软一些，就形成了软底革。因为干燥的胶原纤维在机械的作用下会使纤维松散。

在制鞋生产中所用的包头主跟革、条子革、掌面革、跟面革等，并非另外鞣制，而是采用内底革或外底革制作。

三、鞋底革的主要性能

鞋底革使用的部位与鞋面革不同，所以表现出的性能也不同。

(1) 革身紧密坚实有弹性，有一定的强度和硬度，但不僵硬。

(2) 粒面光滑细致，颜色均匀，没有松面裂面和反栲现象。

(3) 吸水性小但不能透水，在干或湿条件下都具有耐磨性。

(4) 革内部完全鞣透，切口光滑饱满，便于外底加工。

对内底革的主要性能要求是耐汗性好和耐湿热稳定性好。

对软底革的主要性能要求是与一般的底革相比较，有一定的柔软性；革身紧实、耐磨、抗张强度高；富有弹性、柔韧性，厚薄均匀。

鞋底革适于制作高档线缝鞋。采用工艺精致、材料精良，可以提升产品档次，产生较高的附加值。

四、鞋底革与鞋面革比较

鞋面革与鞋底革是制鞋所用的主要材料，通过两者的比较可以更好地掌握皮革材料的性能，见表 1-3。

表 1-3　鞋底革与鞋面革比较

序号	比较项目	鞋面革	鞋底革
1	习惯叫法	轻革	重革
2	鞣制方法	铬鞣	植鞣
3	鞣后颜色	淡蓝色	栲胶色(红棕黄褐色系)
4	成革颜色	可加染和修饰成各种颜色	栲胶本色
5	视密度/(g/cm^3)	较轻(0.42～0.72)	较重(0.99～1.24)
6	真密度/(g/cm^3)	较轻(1.26～1.42)	较重(1.4～1.9)
7	耐温性能/℃	较高(95～120)	较低(70～85)
8	延伸性能	较大	较小
9	手感触觉	丰满柔软有弹性	坚实硬挺有弹性
10	成革厚度/mm	0.8～1.0、1.2～1.4、1.6～1.8、1.8～2.0	4～5～5.5
11	成革计量	按面积计算	按重量计算

注：密度是材料的重量与体积之比，由于皮革材料中有许多的空隙，所以测量时会有两种情况。如果不将微孔的体积排除在外，测得的结果叫做视密度，如果将微孔的体积排除在外，测得的结果叫做真密度。

面革是制作鞋帮的重要材料，底革是制作鞋底的重要材料。皮鞋的底部件比较多，例如外底、内底、半内底、中底、沿条、鞋垫、主跟、包头、掌面、跟面、跟里等，在早期全都是用皮革材料制作，而现在几乎都被其他材料所代替。而制作高档鞋时，依然以真皮材料为主。

思考与练习题

1. 底革的快速鞣法是如何缩短生产周期的？
2. 鞋底革的主要性能是什么？
3. 鞋面革与鞋底革的主要区别有哪些？

第六节　皮革的缺陷与品级

由于皮革来源于自然界的动物皮，不会像人工革那样越来越完美，所以必然会有这样或那样的缺陷。所谓缺陷是指降低皮革使用价值的损伤。伤残是其中的一种缺陷。研究缺陷可以改进皮革的加工操作，改善皮革的品质，同时也是选购皮革材料、使用皮革材料所要注意的重要问题。

一、皮革的缺陷

皮革的缺陷来自于原料皮和制革生产过程两方面。

（一）来自原料皮的缺陷

由于原料皮受到地域、气候、饲养条件的影响，会造成动物体的伤残，成革后仍不同程度保留在革上，形成革的缺陷。

1. 机械伤

动物体受到外力的作用会造成伤害，形成各种机械伤。例如鞭伤、鞍伤、剪伤、刺伤、咬伤、刮伤、烙印等。轻者造成伤疤，在成革上留下亮斑，重者掉毛形成硬疤。

2. 病虫害伤

动物体受到病虫害侵蚀也会造成缺陷。例如痘伤、虱疔、癣癞、虻眼、虻疔等。轻者形成亮斑，重者造成麻面、缺面。其中的虻眼是指牛虻或叫做牛蝇的虫子在牛皮内产卵，成虫长大咬破牛皮钻出来后在皮上留下的孔洞。如果虻眼愈合，则会结疤形成虻疔。虻眼虻疔大多出现在臀背部等皮质较好的部位。

3. 剥皮伤

动物皮在开剥过程中也会造成缺陷，例如剥洞、描刀、削薄、皮形不正等，降低了革的使用价值。

4. 防腐伤

动物皮在保存过程中必须进行防腐处理，由于处理不当也会致伤，例如腐烂、掉毛、霉斑等。

由于原料皮造成的缺陷是无法挽回的，所以生产不同品种皮革要对原料皮进行挑选。

（二）来自生产操作不当的缺陷

在制革生产过程中，由于原料皮每批与每批之间、每张与每张之间，以及同一张皮的不同部位，都存在着很大差异。原料皮的规格不统一，使生产工艺变得复杂，也就容易造成各种质量问题。

1. 松面与管皱

松面是革的粒面层纤维松弛，或粒面层与网状层连接被削弱，甚至两层轻微分离的现象。这是由于粒面层或两层连接处纤维组织遭受严重损伤的结果。检验时将革面向内弯曲 90°，如果粒面出现较大皱纹、放平后皱纹仍然不消失，即为松面。

管皱是革的粒面层和网状层之间连接被严重削弱、甚至出现分离的现象。管皱是一种严重的松面。检验时将铬鞣正面革、修面革、皮辊革、篮排球革等向内弯曲 90°，若出现较大管状皱纹，放平后且不消失即为管皱，放平后皱纹能消失不算管皱。检验植鞣外底革采用革面向内围绕直径为 5cm 的圆柱体弯曲 180°的方法。

2. 裂面与裂浆

革面经弯曲、拉伸或折叠强压时，粒面上出现裂纹的现象叫做裂面。由于胶原纤维受到微生物或化学材料的侵害、腐蚀，使纤维组织受到破坏，强度降低，容易造成腐朽性裂面。如果在粒面层内积蓄了过多的杂物，例如石灰、肉质、污泥等会引起脆性裂面，常在脆裂时发生爆响声，裂纹长而深。面革检验时将革面朝外，折成四折，用拇指和食指用力捏住距顶角 1cm 处，如果革面出现裂纹则属于裂面。检验植鞣外底革将革面朝外，环绕 3cm 直径的圆柱体弯曲 180°，革面产生裂纹者属于裂面。

对于鞋面革的强度，可以通过崩裂试验检测，要求崩裂强度≥350N/mm，要求崩裂高度≥8mm。也就是在每 1mm 的厚度上，起码要能承受 350N 的上升顶力，顶心的上升高度在升到 8mm 时也不会被顶裂。

裂浆是指涂层出现裂纹，与裂面不同。检验时一手将面革按牢，另一手拉伸革面，并用食指由革里向上顶，来回移动一次。如果涂层裂开即为裂浆。如果将革面拉伸，涂层虽没有裂纹出现，但颜色发生改变，这种现象称为散光。散光与裂浆造成的原因大致相同，主要是涂饰层过厚，或者涂饰层的延伸性比较小。裂浆比散光的缺陷程度更严重些。

3. 油霜与盐霜

在革面上出现白色粉状物质的现象叫做反霜，如果粉状物是油脂类，则叫做油霜，如果粉状物是盐分，则叫做盐霜。区别油霜和盐霜的方法是用热熨斗熨烫，熨烫后能够被吸收的是油霜，不能被吸收的是盐霜。

造成油霜的原因是革内含有高熔点的硬脂酸类物质，在放置过程中会渗出到革的表面，凝结成霜，擦去后不久仍会出现。解决的办法是在革面涂一层矿物油，可避免再出现油霜。

造成盐霜的原因是中和操作后的水洗不充分，革内含有大量可溶性盐，会随着脚的湿气逐渐渗到革的表面，擦去后仍然会再出现。

4. 僵硬与颓软

僵硬的革与颓软的革是通过手触的感觉得到的。僵硬是指革身扁平、板硬，铬鞣革在晃动时会发出抖动牛皮纸的声响，植鞣革呈木板状，革身无弹性。干燥受热胶化、鞣制不足、加脂不良等都会造成僵硬。

颓软是指革身松软如棉，失去应有的弹性。过度的浸灰、软化，会使纤维组织过分松散而颓软无弹性，油脂加入量过大也会造成颓软。

5. 色花与掉浆

色花是由于染色不均匀而造成的浓淡不一致或色调不同而染花的现象。绒面革等不需要涂饰的革如果染色不均匀，也会出现色花。

对于涂饰革或绒面革来说，应该着色牢固，不能掉色。检查是否掉色的方法是耐干擦和耐湿擦试验。用白色的干纱布在革面上擦拭，如果掉色，则为染色不牢，属于不耐干擦。然后将白纱布弄潮，重新在革面上擦拭，如果掉色，也为染色不牢，属于不耐湿擦。

掉浆是涂层不牢固从革表面脱落的现象。主要原因是涂饰的底涂层与皮革结合力弱，造成涂饰层结合不牢固。

6. 生心与反栲

生心与反栲是植鞣底革的缺陷。

鞣质没有完全渗透到革内会造成生心，从切口断面可以看出颜色不均匀，中层浅淡，甚至出现一层胶状物。

革内未结合鞣质以及结合不牢固的鞣质从革内渗透到革的表面，经氧化后变黑的现象叫做反栲。反栲往往是由于湿革干燥过急所致，可以通过用草酸等液体擦洗干净而进行补救。

7. 粒面粗皱与粗绒露底

如果粒面层与网状层膨胀不一致，或者粒面收缩，就会使得成革表面出现条形或圆形粗纹，称为粒面粗皱，也叫做龟纹。

粗绒露底发生在绒面革上，如果胶原纤维松散过度，或者磨革的砂布不够锋利，造成绒面革绒毛粗长的现象就属于粗绒。如果绒面革底绒不紧密，可直接看到底层显出光亮的现象就属于露底，绒毛不细致或纤维分散不良都会造成露底。

除以上所述缺陷外，在生产过程中也会由于机械操作不当造成厚薄不匀、去肉伤、剖层伤、削匀伤、磨面伤、熨压斑痕、不平展等缺陷，这些多属于机械操作问题，比较容易发现和解决。

二、皮革质量的评定

评定皮革质量就是评定皮革的优劣好坏。

评定皮革质量的方法主要有感官检测法、理化指标检测法、显微结构检测法和试穿检测法。常用的方法是感官和理化指标检测法。显微结构法主要用于研究，通过切片在显微镜下进行观察，以胶原纤维束排列状态、编织的角度、弯曲度、紧密度等因素作为评判皮革质量的依据。试穿法主要用于新品种的开发，以穿用的结果作为评判皮革质量的依据。

一般的皮革质量检测，包括内在质量和外观质量两部分检测。通过手摸眼看的方法用来检测皮革的外观质量，比如革身丰满柔软、有弹性、粒面光滑细致等，目前还只能依靠感官检测方法来实现。而内在质量，是通过物理指标和化学指标进行检测控制，比如油脂含量、铬含量、pH、收缩温度、抗张强度、延伸率、耐曲挠性等。其中的耐曲挠性，鞋面革可以达到100万次以上，这是其他材料所无法比拟的。

评定皮革质量的操作采用打分的办法，其中理化指标占40分，感官检测占60分。总分在90分以上属于一类产品，在75～90分之间为二类产品，75分以下为三类产品。

（一）鞋面用革相关标准

该指标选自行业标准QB/T 1873—2004，适用于制革用猪、牛、羊及其他各种动物皮，采用各种工艺、各种鞣剂鞣制加工的各种鞋面用皮革。

1. 对感官检测要求

（1）全张革厚薄基本均匀，无油腻感。无异味。

（2）革身平整，柔软、丰满有弹性，不裂面、无管皱，主要部位不得有松面。

（3）涂饰革涂饰均匀，涂层黏着牢固，不掉浆、不裂浆。

（4）绒面革绒毛均匀，颜色基本一致。

2. 对理化性能要求（表1-4）

表1-4　　鞋面革物理性能指标

项　　目		一型	二型	三型
		厚度>1.5mm	厚度为1.2～1.5mm	厚度<1.2mm
撕裂强度/(N/mm)	≥	35	30	25
在10N负荷作用下的伸长率/%	≤	55		
崩裂高度/mm	≥	8		
崩破强度/(N/mm)	≥	350		
涂层耐折牢度		正面革20000次无裂纹，修面革5000次无裂纹		
颜色耐擦牢度/干/湿等级	≥	4.0/3.0		
收缩温度/℃	≥	90（硫化鞋面革收缩温度应大于100℃）		
pH		3.5～6.0		
稀释差（当pH为3.5～4.0时检验该项目）	<	0.7		
猪牛鞋面革厚度在1.2～1.5mm时，抗张强度在15～20MPa				

（二）鞋底用革相关标准

该指标选自行业标准QB/T 2001—2009，适用于制革用猪、牛、羊及其他各种动物皮及各种工艺、各种鞣剂鞣制加工的各种鞋底用皮革。

1. 对感官检测要求

（1）革面平整，不裂面，颜色均匀一致，无明显色花。

（2）革身坚实，丰满而有弹性，厚薄基本一致，革里无显著操作伤。

（3）切口颜色一致，无生心。

2. 对理化性能要求（表 1-5）

表 1-5 鞋底革物理性能指标

项 目		内 底	外 底
厚度/mm	⩾	2.0	3.0
抗张强度/MPa	⩾	15	
耐折牢度/(棒号码)	⩽	6(注)	
颜色摩擦牢度/(干/湿等级)	⩾	3.0/3.0	—
吸水性(24h)/%		⩾20	⩽40
收缩温度/℃	⩾	70	
二氯甲烷萃取物/%		2～10	⩽10
鞣制系数(纯植鞣革)/%	⩾	40	50
水溶物含量/%	⩽	16	20
pH		3.5～5.0	
稀释(pH 低于 4.0 时检验该项目)	⩽	0.7	

注：检测耐折牢度采用弯折方法，将皮革粒面向外，沿着一个已知直径圆棒进行弯曲，使皮革弯曲所施的力是最小的，只要能使皮革与圆棒接触即可，然后观察里面是否产生裂纹。其中 6 号棒的直径为（10.38±0.03）mm。

抗张强度是皮革坚牢程度的重要指标之一，是指皮革试样在拉力机上被拉断时单位横切面所承受的最大负荷。它的单位是 MPa。测量抗张强度的试样裁切成哑铃型，被测量部位宽 10mm，通过测量试样厚度可以计算出它的横截面积。将试样固定在拉力机上，以（100±10）mm/min 的速度均匀拉动夹头。当试样被拉断时，读出刻度盘上的拉力值。计算出拉力与横截面积的比值即得到抗张强度。

用拉力机也可以测量伸长率。当革受到拉伸作用时，纤维束在作用力方向上发生了形变，被拉直和延伸，使革的长度增加。这种形变包括弹性形变和永久形变两部分。伸长率即变形后所增加的长度与原来长度之比。单位负荷伸长率是用来对不同厚度的革进行比较，它是单位面积上受到 10N 的负荷（10MPa）时的伸长率。断裂伸长率是试样在拉断时的伸长率。

撕裂强度也是皮革坚牢程度的重要指标之一，但与抗张强度不同。撕裂强度是指在撕裂器上试样被分离时单位厚度上所承受的撕裂力，它的单位是 N/mm。测量撕裂强度的试样用刀模裁切出中间有孔洞的形式，孔洞宽 5mm，两头成尖状，总长 20mm。将试样孔洞放入撕裂器的两个弯钩部位，勾住孔洞并压紧固定。开动机器，弯钩拉伸，直到试样撕裂为止。记录下撕裂过程中最大的撕裂力。计算出撕裂力与试样厚度的比值，即得到撕裂强度。这种撕裂强度属于切口撕裂强度。

在抗张强度的测定中，所有断面上的纤维都受到均匀的应力，而在切口撕裂强度的测定中，只有少数在裂口上的纤维受到了应力。当发生撕裂变形时，张力在纤维束上分布很不均匀，纤维束依次一根根地受到最大负荷而被撕破。

在进行批量材料选购时，应该进行产品的抽查检测，否则无法保证产品质量。

（三）鞋里用革相关标准

1. 鞋里革的主要性能

鞋里革是用于制作皮鞋衬里和鞋垫的革材，也叫做夹里革、内里革。鞋里革往往要与鞋面革配套使用。

鞋里革与鞋面革的生产过程大体相似，但是比较简单。制作鞋里革一般使用品质较次的山羊皮、猪皮，以及猪二层皮、牛二层皮、牛三层皮等来加工。鞋里革分为本色里革和修饰里革两类。

本色里革在鞣制完成后，适当加脂、晾干、平整后即成。用铬盐鞣剂鞣制的里革呈淡蓝色，也叫做蓝里革，例如猪蓝里革、猪二层蓝里革、牛二层蓝里革等。用植物鞣剂鞣制的革呈淡栲胶色，也叫栲里革，常用于带有粒面层的山羊革，是高级鞋里革。

涂饰里革在干燥整理过程中要对革的表层进行简单涂饰，使表面具有均匀的色彩和光泽。一般涂饰成灰色、米色、肉色等色彩。

由于鞋里的作用是增加鞋帮的强度、提高鞋腔的卫生性，所以对鞋里革的基本要求是柔软、干净，厚度均匀，颜色一致。

毛里革也是一种鞋里革，主要用于冬季穿用的靴鞋里。毛革的鞣制工艺多用铝盐鞣制，与鞣制皮革的最大区别就是要保护好毛被层。一般的毛里革采用粗羊毛皮、狗皮来生产。也常使用兔毛皮来制作鞋口的装饰材料。

鞋里用革的相关标准，选自行业标准 QB/T 2680—2004，适用于用各种动物皮加工生产的鞋里用皮革。

2. 感官检测要求

全张革厚薄均匀，无油腻感，无异味。革身柔软而有弹性，主要部位不得有松面。经涂饰的鞋里革涂层应黏着牢固。绒面革绒毛均匀，颜色基本一致。

3. 物理性能要求（表 1-6）

表 1-6　　鞋里革物理性能指标

项　目			指　标	
			头层革	二层革
抗张强度/MPa(或 N/mm²)		≥	7.0	4.0
规定负荷 10MPa 伸长率/%		≤	55	
撕裂强度/(N/mm)			18.0	12.0
摩擦色牢度/级(测试头质量 1000g)	干擦 50 次	≥	4	
	湿擦 10 次	≥	3	
收缩温度/℃		≥	90	
pH			3.5～6.5	
稀释差(当 pH<4.0 时检验稀释差)		≤	0.7	

三、皮革品级的评定

天然革的质量与品级是两个不同的概念。一般评定皮革的优劣，是指它的质量，而在市场上选购皮革遇到的级别差异，则是指品级。

皮革的品级是指皮革产品经检验合格后，根据全张革可利用面积的比例进行的分级。皮革的品级越高，则利用率也就越高。计算利用率是以皮张的总面积减去伤残缺陷后，所剩的面积与总面积的百分比值。在制革生产操作的最后环节是“分级、量尺、入库”或者“分级、称重、入库”，这里的分级就是指确定皮革的品级，这需要检验人员有着丰富的经验。

根据行业标准 QB/T 1873—2004 规定，鞋面革分为四级（表 1-7）。

表 1-7　　鞋面革分级

项　目		等　级			
		一级	二级	三级	四级
可利用面积/%	≥	90	80	70	60
整张革主要部位(皮心、臀背部)		不应有影响使用功能的伤残			
可利用面积内允许轻微伤残/%	≤	5			

注：轻微缺陷，指不影响产品的内在质量和使用。只略微影响外观的缺陷，例如轻微的色花、革面粗糙、色泽不均等。

皮革的可利用面积，这是由检验人员来确定的，可以用百分比表示，并规定在可利用面积内允许轻微伤残≤5%。

对于购买产品的客户来说，比较关心的是伤残率问题。因为在皮革的利用中可以根据伤残率确定划料开料的损耗率。由于皮张上有缺陷，不可能百分之百地利用，所以在制定用料定额时需要多增加损耗量，损耗量用损耗率来表示。自一级至四级，损耗率的参考值依次为≤5%、≤10%、≤15%、≤20%。采用损耗率的大小是定额管理中的重要环节，损耗率过大会导致成本加大，损耗率过小会失去管理的意义。

一般使用的损耗率都低于伤残率，这是考虑到有些缺陷是可以利用的，而且鼓励操作工人在不影响产品质量的前提下尽量多利用各种缺陷。上述提供的损耗率一般作为上线值，仅作参考，因为缺陷的实际利用率与操作者的技术水平有直接的关系。

制鞋企业是制革的下游企业，需要得到品质较高、品种丰富的皮革材料。在皮革生产的后期经过磨革、涂饰、压花等技术操作，都可以掩盖一些缺陷，提升皮革的品级，但皮革内在的质量问题是无法掩盖的。多了解一些相关的皮革知识，有利于皮革的利用。比如主纤维束方向问题、质量部位差异问题、伤残的利用问题等。

思考与练习题

1. 由于生产操作不当所造成的缺陷主要有哪些?
2. 抗张强度与撕裂强度有何不同?
3. 鞋面革的品级是怎样规定的?

第七节 天然革的应用

在天然革应用中，首先要通过它们的来源、加工和品种变化，来了解它们的性能。由于天然革是一种高档的材料，为了做到物尽其用，不浪费资源，还要注意使用天然革的特性。

一、天然革在特性上的应用

天然革材料具有特殊性，例如主纤维束方向，部位质量差异，伤残的合理利用，成品鞋外观等都必须引起注意。

1. 天然革主纤维束方向

天然革是由胶原纤维束编织而成的，对于每条纤维来说，它的方向是前后左右、上上下下不断变换和互相交织穿插的。经过复杂的编织后形成了主纤维束组织，主纤维束比较集中地倾向于某一方向，这就形成了主纤维束方向。

皮革具有较好的抗张强度和延伸性，这除了与纤维组织紧密程度分不开以外，还与主纤维束组织方向有密切关系。因为在主纤维束方向上皮革的抗张强度最高，延伸性最小，而在与主纤维束方向成角度时则强度降低、延伸性增大。

一般说来，皮革臀背部和腹部的主纤维束方向与脊椎线平行，而其余部位的主纤维束方向向外延伸，与脊椎线大约成45°角，见图1-6。

如图所示，在颈部、四肢主纤维束方都与脊椎线成一定角度。

利用皮革的主纤维束方向，就如同利用纺织材料的经纬向。鞋帮部件划料裁断时，要把部件的主要受力方向安排在皮革的主纤维束方向上。这样可以减少部件的变形，增加部件的强度。

延伸性是皮革的一种优良性能，在皮革受到外力的作用时会出现长度增加的现象。纤维束会因为受力形变会产生应力，这种应力力图使纤维束恢复其原来的位置和形状。当外力消除后，如果纤维束延长部分在很大程度上恢复了原状，这就构成了“弹性形变”；如果因主纤维束方向与作用力方向不同并且超过了它的弹性极限，在外力消除后不能恢复到原来位置，这就构成了“永久变形”。弹性变形和永久变形都是皮革很珍贵的性质，永久变形可以增加皮革的可塑性，使皮革具有成型能力，弹性变形可以保持成型后的鞋靴造型稳定。

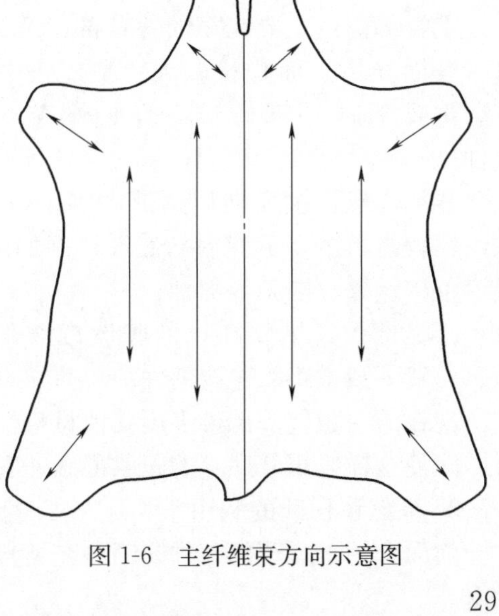

图1-6 主纤维束方向示意图

延伸性常用伸长率来表示。行业标准规定鞋面革在10N负荷下的伸长率为≤35%。如果小于15%，靴鞋在穿用过程中经过多次弯曲以后，鞋面容易断裂。

2. 天然革质量部位划分

由于生皮的部位不同，胶原纤维束的编织状况不同，造成了部位差异。在成革后这种部位差异仍然存在，使得不同部位的强度、延伸性等性能各有不同，这就形成了皮革的质量差异。皮革的质量差异是客观存在的，不同原料皮之间有差异、不同鞣制方法之间有差异、不同批量之间有差异、不同皮张之间有差异、同一皮张的不同部位之间也有差异。

在鞋面革的划料和裁断时，需要将重要的部件套划在质量较好的部位。为了便于皮革的应用，所以将面革的质量按照抗张强度和延伸性的不同，大约划分出4个区域，便于鞋帮部件开料的安排，见图1-7。

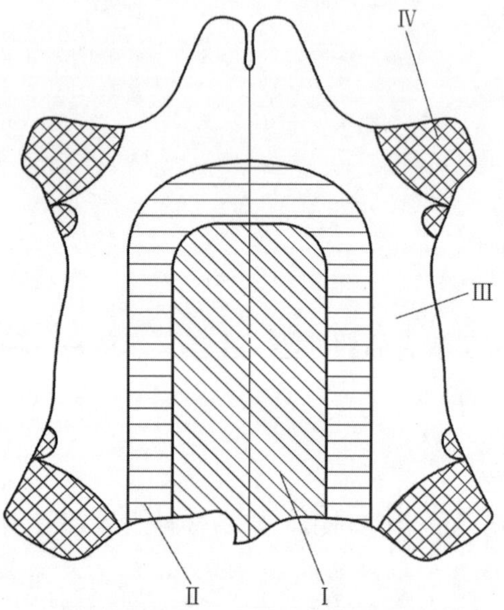

图1-7　鞋面革质量部位示意图

如图所示，Ⅰ类部位质量最好，Ⅳ类部位质量相对较差。

Ⅰ类部位：主要在革的臀背部，纤维粗壮、编织紧密，是皮张中质量最好的部位。该部位的抗张强度最大、延伸性最小。以该部位的抗张强度为100%计算，在22.5MPa的荷重下，伸长率小于20%。

Ⅱ类部位：环绕在Ⅰ类部位外围，质量稍次于Ⅰ类部位。抗张强度在74%～100%，伸长率在20%～26%。

Ⅲ类部位：主要在革的颈部腹部，质量稍次于Ⅱ类部位。抗张强度在49%～74%，伸长率在26%～60%。

Ⅳ类部位：主要在革的四肢和肷部，质量相对较差。抗张强度小于49%，伸长率大于60%。

有了质量部位的划分，在划料裁断时一般把前帮部件安排在Ⅰ类部位，后帮安排在Ⅱ类部位，受力较小的部件安排在Ⅲ类部位，次要部件安排在Ⅳ类部位。这样不仅加工操作方便，而且有利于节约原料资源。随着皮革资源的紧缺，目前帮部件安排的范围也相应扩大，但前帮优于后帮、外怀优于里怀的原则不变。有关开料的各种操作方法详见《现代制鞋工艺》（高士刚编著，中国轻工业出版社，2010）一书。

同样植鞣底革也有质量部位的差异，但一般分为3类区域，见图1-8。

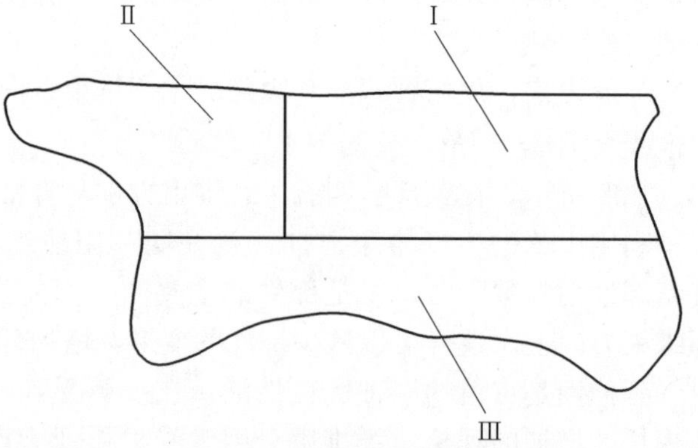

图1-8　鞋底革质量部位示意图

如图所示，Ⅰ类部位质量最好，Ⅲ类部位质量相对较差。

Ⅰ类部位：主要在革的臀背部，纤维粗壮、编织紧密，表面光滑、面积比较大，是皮张中质量最好的部位。主要下裁外部底件，例如外底、前掌、后掌等底件。

Ⅱ类部位：主要在肩颈部，质量稍次于Ⅰ类部位，皱纹比较多，主要下裁内部底件，例如内底、半内底以及沿条、盘条、围条等部件。

Ⅲ类部位：主要在革的腹肷四肢部，质量相对较差。一般下裁主跟、包头部件。

现在的主跟包头部件多用其他材料代替，而不用底革材料。出于同样原因，底部件安排的范围也相应扩大。即使这样，用外底革的腹肷部做外底，其耐磨性依然较差。

3. 天然革伤残的利用

前面介绍了成革的各种缺陷，在划料裁断过程中往往关注的不是缺陷的类型，而是缺陷能否利用。为了使用方便，就把各种缺陷都统称为伤残，而且划分出表伤、轻伤、重伤三种类型。

（1）表伤　表伤是一种“只伤及表面、未伤及实质”的缺陷，只会影响轻微的外观质量，不会影响革身的强度，例如轻度松面、色花、虱疔、鞭花、血筋等都属于表伤。表伤往往使用在鞋的次要部位或次要部件上，例如里怀腰窝部位。

（2）轻伤　轻伤是一种“面积小、轻度伤及表层”的缺陷，伤的深度不超过革厚的 1/4，对强度影响较小，对外观质量影响较大，例如癣癞、伤疤、菌伤、虻疔、裂面、龟纹等都属于轻伤。轻伤往往使用在被覆盖的部位上，例如压茬量、绷帮量、折边量等位置。

（3）重伤　重伤是一种“面积大、伤及革身”的缺陷，伤的深度超过革后的 1/4，严重影响到部件的外观质量和强度，例如虻眼、管皱、烂面、重伤疤等。重伤一般不使用，只有在重型鞋靴的重叠部件之下才有利用的机会。

研究伤残的目的不是为了躲伤，而是要合理利用伤残，既要保证产品质量、又要提高皮革的利用率。同样伤残程度的皮张、用同样的帮部件样板、套划同样数量的部件，有的人用料不够，有的人用料合适，有的人会有剩余。为什么呢？关键在于是否能够尽量多地利用伤残。

4. 成双鞋部件的适配

生产皮鞋需要成双成对，在选用材料时需要成双部件搭配合适，如果左右脚选用的材料不同，就无法搭配成双。在对成品鞋外观质量要求中有具体规定：要求同双皮鞋相同部位的颜色光泽、皮板厚薄、皮纹粗细、绒毛长短应该一致。

由于皮革存在着部位质量差异，要想达到左右脚鞋完全相同是不可能的，但是要达到同双鞋的“同部位”基本一致则是完全可行的。例如左右脚鞋的包头用亮光皮革、中后帮用亚光皮革，也能组成一双鞋。但是如果左脚鞋用亮光皮革、右脚鞋用亚光皮革，则就不能算是一双鞋。

在实践操作中，采用的是“翻板”的办法。也就是在某一部位套划出一只部件后，利用翻转样板在相邻的部位套划出另一只脚的相同部件，就可以保证达到同双鞋的同部位基本一致。

二、天然革在造型上的应用

作为皮鞋的结构款式与造型，总是要随着时代的变化而变化，但是在穿鞋的大环境条件下，又具有可遵循的规律。所以在设计正装鞋时要侧重于皮革材料的品质，在设计休闲鞋时要侧重于皮革材料的舒适性，在设计职业鞋时要侧重于皮革材料的功能，在设计时装鞋时要侧重于皮革材料视觉上的色彩、光泽、纹路的变化。

前面所讲述的各种鞋面革，从质地上说都属于皮革范围，但有的是全粒面，有的是半粒面，有的是真粒面，有的是假粒面，这就形成了材料品质的不同。设计和制作高档鞋要选择品质好的皮革材料，才能保证成鞋不变形、不走样。

从手感上触摸皮革，纳巴革极为柔软，绒面革温暖，软面革丰满，打光革坚实，漆光革挺括，不同触摸感会引起不同的舒适感。设计休闲鞋就是要营造一个舒适、温馨、无拘无束的小环境，所以要从触觉上选择舒适性材料。

不同原材质的皮革、不同鞣制方法的皮革，都会带来自己的特殊功能，不同职业、不同的工作环境会使对穿鞋产生不同要求。比如同样是室内工作，护士穿鞋的功能与收银员穿鞋功能不会相同，同样是坐着工作，司机与会计的穿鞋功能也不会相同。所以设计职业鞋、工作鞋、劳保鞋等要考虑职业特点，从皮革的功能上入手。

如果从视觉上观察革面表层，会发现有的革面光亮如镜，有的革面绒细如丝，有的革面涂饰清澈，有的革面色彩变换，有的是金光银光珠光闪烁，有的是搓纹皱纹花纹斑斓。这些视觉上的冲击，为设计时装鞋提供了丰富的资源。时装鞋要有时代感，随着时代、季节、穿着场合的变化，人们对皮革外在美的追求也是在不断变化。所以设计时装鞋要抓住最让人心动的那一点，以最适宜的材料表现出来。

选择皮革材料应用，不一定是最好的，但一定是最适宜的。

思考与练习题

1. 画图并标出鞋面革的主纤维束方向和质量部位。
2. 如何合理利用皮革的伤残？
3. 在鞋类造型上如何应用天然革材料？

实训一　鉴定鞋面革

皮革的种类比较多，使用比较普遍，尤以鞋面革为甚。鉴定鞋面革具有代表性，一方面可以把所学过的知识串联起来，另一方面具有实用性。通过第一章的学习，应该对任何一种鞋面革都能够做出品质的初步鉴定，以便于皮革材料的应用。

一、目的要求

通过手摸眼看的方法来掌握鞋面革的鉴定要点。

二、内容

鉴定正面革、修面革、绒面革、二层面革等不同类型天然鞋面革的品质。

三、操作步骤

（1）将几种不同类型的皮张编号，将学生分成若干组，平均每组 3～5 个人，皮张共用。

（2）要求学生采用手摸眼看以及简单测量的方法对皮革进行鉴定。

（3）准备卡尺和一平方市尺或一平方英尺测量板。

（4）每小组鉴定 3～4 张皮革。

（5）按照小组的形式，经过研究、探讨后填写出鉴定报告，见表 1-8。

表 1-8　　**鞋面革鉴定报告表**　　填表时间：　　年　　月　　日

皮张编号			皮革品种		
小组成员					
序号	鉴定项目	鉴定结果	序号	鉴定项目	鉴定结果
1	原料皮种类		7	是否松面	
2	有无粒面层		8	是否裂面	
3	颜色均匀度		9	是否裂浆	
4	革面的特征		10	是否掉色	
5	涂饰层特征		11	测量出厚度	
6	手感的特征		12	估算出面积	
使用建议					

四、考核标准

（1）评定成绩的标准采用优、良、及格、不及格四个等级。

（2）鉴定项目中每出现一项错误降半级。

（3）没有鉴定结果按不及格处理，鉴定结果不准确或不完全酌情降级。

（4）教师在课前要做出标准答案，在考核结束后公布以供学生参考。

第二章　人　工　革

本章提要　通过学习人工内底革、人造革、合成革、超细纤维革等内容，掌握人工革的种类、性能以及与天然革的区别，并能在靴鞋设计与生产中加以应用。

人工革是相对于天然革而言，是指通过人工制造的方法生产的仿革制品。随着人类对皮革制品需求量的增加，天然皮革供不应求，于是就想出用人工制造的方法来生产“皮革”，作为真皮材料的代用品。比如仿制内底革的再生革、纤维革、纸板革，仿制鞋面革的人造革、合成革、超纤革等。早期把这些材料都叫做“代用革”，它们是以代替天然革材料的面貌出现的。

经过多年的潜心研究，人工材料的性能大大改进，有些优良性能甚至超过了天然革。比如高级运动鞋，大多选用超细纤维革材料，鞋身的轻盈是真皮材料无法相比的，同样具有透气性和透水汽性，而且可以用水清洗。从原料到产品，人工革在市场上已占据相当的份额，“代替”的功能已逐渐消失，人工革正以自己特有的性能来满足市场的需求。所以本文把这类以人工方法制造的仿革制品统称为人工革。

因为人工革是仿革制品，所以从外观来看越来越接近天然革，不同色彩的、不同光泽的、不同花纹的、不同手感的材料应有尽有，但是从结构来看，产品类型目前还比较少。主要有模仿内底革的再生革、纤维革、纸板革，模仿鞋面革的人造革、合成革、超纤革等类型。

第一节　人工内底革

内底革使用在鞋的内腔底部，对内底革的使用要求主要表现在强度、吸湿、耐汗、耐折等性能上。再生革、纤维革、纸板革在使用上各有所长，下面将分别加以介绍。

一、再　生　革

再生革是指将皮革废料经过粉碎、磨浆、黏合等处理操作而制成仿内底革的片状材料。

虽然叫做再生革，但不具有天然革的优良性能。因为再生革的原材料都是植鞣革、铬鞣革的废革屑，所以会有一定的吸湿性、耐温性、耐磨性和弹性。由于皮革纤维是经过粉碎后再黏结的，所以再生革抗张强度比较小，抗撕裂性较差。

再生革有硬质型和软质型两种规格。硬质型材料有较好的硬度和厚度，可用来做车座革、硬箱衬里革，在制鞋生产中用来做内底革。软质型材料质地较柔软，在表层经过涂饰后，可做包件等面层或衬层材料。

1. 再生革原料

生产再生革需要准备废旧纤维材料和一些化学助剂。

(1) 纤维材料　生产再生革所需要的纤维材料包括皮革纤维以及植物纤维等。

皮革纤维主要是植鞣革和铬鞣革的边角废料，来源于制革厂削里的废屑、磨革的粉末、修剪的皮边，也来源于制鞋厂的裁断废料等。这些边角废料的纤维都经过了鞣制作用，纤维状态稳定。

植物纤维包括棉纤维、麻纤维、木质纤维，是用来配合皮革纤维使用。来自于服装厂的边角废料、纺织厂的废花、造纸厂的废浆以及收购的棉麻旧物等。

把这些废料经过筛选、粉碎，然后上磨研磨，磨成浆液后再进行纤维的黏合。

(2) 化学助剂　化学助剂包括橡胶乳黏合剂、橡胶配合剂、稳定剂、加脂剂、聚凝剂等。

黏合剂：对纤维进行黏合选用橡胶乳作黏合剂，包括天然橡胶乳、合成橡胶乳等。胶乳与纤维浆液混合，在适当的 pH 条件下胶乳发生凝聚作用，可以把纤维聚集在一起并黏合起来。

橡胶配合剂：单纯的橡胶黏合强度不高，需要加入与橡胶共同使用的配合剂，提高制品的抗张强度。橡胶配合剂主要是硫化剂、促进剂、活性剂、防老化剂等物质，主要的作用是使橡胶发生硫化作用，硫化后的橡胶才具有较好的机械物理性能。

稳定剂：也叫做保护剂，可以使黏合剂在浆液中成稳定的分散状态。胶乳加入到浆液中不能马上产生凝聚作用，否则生产无法正常进行。胶乳保存时的pH在10～11，产生凝聚作用时的pH在4.7左右。所以稳定剂选用碱性物质，常用泡花碱（Na_2SiO_3）材料，控制浆液pH在7～8，与黏合剂的pH接近，防止黏合剂过早凝聚。

加脂剂：也叫做乳化油，用来提高革纤维的韧性和柔软性，减少干燥后革的收缩程度。常使用硫酸化蓖麻油做加脂剂，外观呈乳白色，俗称奶子油。硫酸化蓖麻油具有亲油性和亲水性双重作用，有助于不溶于水的材料进行分散。

聚凝剂：用于调节pH，使胶乳产生凝聚作用。聚凝剂是硫酸铝及其同系盐类，水解后显酸性。在适当的时候加入，调节pH在3～6.7，会使胶乳凝聚。

2. 再生革生产过程

再生革的生产流程如下：

选料→称重→破碎→粗磨→细磨→加乳化油→加稳定剂→加配合剂→加橡胶乳→配纤维混合浆→加聚凝剂→上网→挤水→热硫化→干燥→再生革成型

首先对原材料进行挑选，除去泥沙、石块、橡胶、塑料等杂质，特别是要挑出铁钉等有害物质。然后是称重，作为加入化学助剂的计量标准。破碎在粉碎机上进行，把大块的原料碾成细小的碎料。接下来需要上磨加水湿磨，使原料继续粉碎，经过粗磨和细磨两道工序后得到的是纤维浆液。把纤维浆液放入储料池内，控制浓度在1.4%～1.8%，并加入乳化油搅拌均匀。

生产再生革需要配制“纤维混合浆”，也就是把橡胶乳、橡胶配合剂与纤维浆液按比例混合在一起。注意要先加入泡花碱，调节pH在7～8，然后再加入橡胶配合剂，最后加入胶乳黏合剂。可以使胶乳悬浮在纤维浆液中，并均匀地吸附在纤维的表面。

在混合浆成型之前再加入聚凝剂，使pH下降到3～6.7，促使胶乳凝聚。由于在天然橡胶乳中的橡胶粒子表面，吸附着具有两性离子的蛋白质，在水中会发生电离作用，在碱性溶液中具有负电性。加入泡花碱后，橡胶粒子之间的相同电性相互排斥，不会产生凝聚作用。加入聚凝剂后，pH下降，使粒子表面吸附层电性受到破坏，开始聚集成小基团，小基团继续靠紧，便形成凝胶团。随着时间的延长，凝胶团进一步脱水，并牢固地吸附在一起，把皮纤维黏合起来。因此，加入胶乳聚凝剂后的混合浆液要马上进行加工成型。

加工成型的第一步是要除去多余的水分，上网就是把混合浆放在金属网上，从网眼中滤出水分。再生革成型的方法有两种，早期是小车成型法。把混合浆装入类似小车的框架内，下面是金属网进行滤水，并在上面施加压力帮助挤水，经过一段时间便得到一块块湿态的再生革。湿态再生革经过挂晾、加热干燥，便得到片状再生革。然后使用生产鞋底革的滚压机进行压实，增加再生革的密度和柔韧性。

现在成型的方法叫做长网成型法，用金属网制作成传送带的形式。传送带不停地运转，混合浆不断地铺在传送带上，可以形成连续生产。浆液通过水泵导入到金属网上，可以滤出大量水分。通过“拍浆”的装置把浆液铺平，水分不断地从网眼滤出，浆液不断地产生凝聚作用，同时在传送带上被自动切割成块状。到达传送带尾端，纤维逐渐被黏合剂黏住，接着进入挤水机挤出多余的水分，便可得到一张张再生革坯。将再生革坯放入硫化机内，经过温度、时间、压力的控制，便得到再生革片材，最后进入干燥室进行干燥。干燥后得到再生革成革。橡胶乳经过硫化以后，使皮纤维之间牢固黏合，物理机械性能大大提高。

3. 再生革的性能及应用

再生革具有一定的物理机械性能，所以可用来代替内底革使用。

再生革的厚度一般在2.4～2.8mm，密度在0.8～1.1g/cm^3，抗张强度在10MPa左右，吸水性＜60%（24h）。由于再生革内部含有橡胶成分，所以透气性较差，但延伸率较大，可达到40%，耐折裂性能较好，环绕直径1cm圆柱体180°不发生折裂。

内底革使用在鞋腔的内部，会受到脚汗的作用。脚汗中的尿素加速了植鞣纤维的氧化作用，长期作用会使再生革变硬发脆。脚汗中的乳酸会使铬鞣革脱鞣，铬盐被释出，铬鞣纤维变硬变脆。也就是说脚汗的作用会使再生革变质，强度变得更低，最后出现破碎的现象。

目前再生革主要有三类产品。一类是铬鞣纤维再生革，以铬鞣革废料为主，外观为蓝色或深蓝色，该产品的特点是耐温性好、强度高，适用制作于各种工艺鞋的内底。另一类是植鞣纤维再生革，以植鞣革废料为主，外观为红棕色，该产品的特点是耐磨性好、耐温性差，适用制作于胶粘、线缝工艺鞋的内底。最后一种是铬植混合再生革，是由铬鞣革废料和植鞣革废料按一定比例混合而成，外观为淡红色，特点介于前两种再生革之间，由于耐温性差而不适于作模压工艺鞋内底。

无论是制革厂还是制鞋厂，每天都会有大量的边角废料产生，发展再生革的生产，不仅解决废料再生的作用，环境污染问题，而且符合低碳环保、节能减排的经济发展战略。

二、合成内底革

合成内底革是指以合成纤维为原料，经过成网、收缩、浸胶等处理操作而制成仿内底革的片状材料。

生产合成内底革的前期过程也是生产无纺布的过程，一般把较厚的无纺布叫做无纺毡。无纺毡经过热收缩增加密度，经过浸胶黏合增加硬度，再经过后期整理可以得到合成内底革或主跟包头革。

无纺布是一种不经过纺织而得到的薄片状或毡状结合物，也叫做不织布，1942 年在美国开始商业性生产。关于无纺布的定义，各个国家都不一样，1984 年我国原纺织工业部按产品特性定名为“非织造布”。

非织造布的生产方法有多种，常见的有机械法、气流法、液流法和纺丝直接成布法。非织造布的产品种类也很多，例如棉絮、台布、衬布、餐巾、过滤布等。在制鞋的生产中，柔软的非织造布可以直接制作为鞋里、鞋衬、鞋垫材料，经过浸胶后变硬可以制作内底、主跟、包头等材料，表层经过涂饰后具有仿真粒面可以制作人造革、合成革等。

1. 生产非织造布的原料

生产非织造布的原料是纤维材料，生产不同品种的非织造布所需要的纤维材料是不相同的，不同的原料会对产品的性能产生影响。国内生产合成内底革选用的纤维材料有锦纶、涤纶、氯纶、丙纶、维纶以及黏胶等纤维。

(1) 锦纶　质地轻，光滑，耐磨，耐酸碱，强力高，断裂强度较高，结实耐穿用。但锦纶耐光、耐热性能较差，在日光下长期暴晒会变黄，而且强度下降。

(2) 涤纶　弹性好，尺寸稳定性好，不皱、不缩、不易变形，耐磨性好，强度高，断裂强度与锦纶相当。但涤纶吸湿性差、不易染色。

(3) 氯纶　化学稳定性好，耐酸碱、耐腐蚀，遇火不易燃烧，保暖性好，而且生产工艺简单、原料丰富。但氯纶的收缩温度低，75～85℃软化，会发生收缩现象。

(4) 丙纶　质地特别轻，强度高，耐磨性好，弹性好，尺寸稳定性好。但丙纶吸湿性小，耐光性、耐热性、染色性差。

(5) 维纶　有一定的吸湿性，强度高，耐磨，耐酸碱。但维纶的弹性较差、不耐热。

(6) 黏胶　吸湿性好、透气性好、质地柔软、易于染色。但黏胶湿强低，吸水易变性，尺寸稳定性差。

制备合成内底革纤维原料，需要进行配比，利用不同纤维之间的性能差异互相弥补，使得内底革制品具有较好的使用性能。例如使用 35％的锦纶纤维、35％的涤纶纤维、20％的氯纶纤维和 10％的黏胶纤维，可以得到性能较好内底革。

2. 合成内底革的生产过程

合成内底革的生产流程如下：

纤维备料→混合→开松→成卷→梳整→铺网→合网→针刺→热收缩→浸胶→干燥→熨平整理

将纤维裁切成一定的长度，并按照一定的比例混合，然后在气流成网机上进行开松，使纤维蓬松，混合均匀，然后打成卷备用。

梳整是利用梳棉机对成卷纤维进行梳理，梳棉机上有锯齿状的钢丝，一边旋转一边把纤维钩松，并且把纤维铺在缓慢运行的传送带上，这个过程叫铺网。铺网不是一次完成的，要一层层铺，达到所需厚度要求为止。

铺网后的纤维成絮片状，纤维的排列顺序可以是平行的、交错的，或者是平行-交错结合的。平行或交错的单独成网形式，都会引起成网纵向与横向性能的差异。为了降低这种差异，还需要进行合网，也就是把已经铺好的一组絮片，按照一定的角度重叠在另一组絮片上，通过纤维排列方向的变化来缩小横向与纵向的差异。合网也需要多次进行，这些操作过程都是在传送带缓慢行进中完成的。

合网后需要进行针刺操作，针刺是利用机械方法使纤维网定型。针刺所用的钢针带有朝上和朝下的倒刺，当钢针向下穿进纤维网时，向下的倒刺便会钩住纤维向下运行，当钢针向上提升时，向上的倒刺便会钩住纤维向上运行，使松散的纤维上下纠结起来，形成类似真皮纤维的网状结构，从而增加纤维网的强度。

钢针安装在针刺机上，垂直于网面做上下往反运动，使纤维互相缠绕起来。纤维网在低张力下通过针刺机，以避免纵向拉力过大，同时针刺机还要做横向摆动，以使针刺部位均匀。掉在纤维网上的针刺碎片用磁棒吸去。针刺孔数一般要求不低于 600 孔/cm^2，每台针刺机的机针数目在 2100 根左右，提升次数为 200 次/min左右，针刺 5～7 遍。

针刺后的纤维网成毡片状，密度小，需要进行热收缩。热收缩可以采用热空气进行干收缩，适用于收缩温度较高的纤维；也可以采用热水进行湿收缩，适用于收缩温度较低的纤维。在含有氯纶纤维时，采用湿收缩，控制水温 75～85℃，收缩时间瞬间完成。纤维网收缩后变得紧密、厚实。一般的线性收缩控制在22%～28%。

纤维网经过热收缩后需要浸胶。浸胶的材料主要是天然胶乳、合成胶乳、合成树脂等起黏合作用的物质，把纤维黏结起来，同时还要加入橡胶配合剂，以及陶土、石英等填充剂，可以提高材质硬度。纤维网含胶量的多少对其抗张强度、延伸性等有很大的影响，一般要控制含胶量在 80%～90%。

浸胶后的纤维网需要进行熨平整理。在含水量较大时熨平，收缩率比较大，可以消除针孔，达到平整的效果。经干燥后即可得到合成内底革。

3. 合成内底革的性能及应用

合成内底革的用途是作鞋内底使用，代替植鞣内底革。

合成内底革一般的质量指标是：密度 0.5～0.6g/cm^3，吸水性＜55%（24h），抗张强度＞10MPa，断裂伸长率＜20%，耐温收缩率＜3%（140℃，30min）。

合成内底革的特点是外观平整，质地较轻，弹性好，耐磨性好，耐弯曲能力强，厚薄均匀，横纵向延伸性基本一致，裁断方便。由于合成内底革的纤维比再生革的纤维长，而且不怕脚汗，所以强度高于再生革。由于受橡胶乳的影响，透气性能依然受影响。

生产主跟包头革的方法与生产合成内底革大致相同，但在厚度上有区别。相关合成内底革、主跟包头革厚度见表 2-1。

表 2-1　合成底革厚度标准　　单位：mm

分　档	合成内底革	合成包头革	合成主跟革
1	2.0～2.5　±0.22	0.5～0.8　±0.05	1.5～1.8　±0.15
2	2.5～3.0　±0.27	0.8～1.0　±0.05	1.8～2.2　±0.20
3	3.0～3.5　±0.32	1.0～1.2　±0.10	
4	3.5～4.0　±0.37	1.2～1.5　±0.12	

注：卷装　每卷 30～50m、每卷段数不多于 3 段、每段不小于 4m　单张　长 1m。

生产主跟包头革一般要浸渍合成树脂，浸渍后的材料叫做“化学片”。常用的浸胶液有黏胶纤维素和聚苯乙烯树脂两种类型。浸渍黏胶纤维素后的材料属于溶剂型，在使用中需要用醋酸乙酯等溶酯类软化剂处理。浸渍聚苯乙烯树脂后的材料属于热熔型，在使用中需要用甲苯等溶芳香族软化剂处理。有关浸渍树脂的配方见表 2-2。

表 2-2　　主跟包头浸渍液配方

材料名称	用量/份	材料名称	用量/份
聚苯乙烯树脂	100	溶剂甲苯	50
氯丁胶	8	酚醛树脂	8
氧化镁	1.25	氧化锌	1.25

表中主要组分是聚苯乙烯，以甲苯等芳香族材料作溶剂，加入氯丁胶起到改性的作用，使胶膜柔韧，加入酚醛树脂起到增加黏合强度的作用。金属氧化物在这里主要起硫化剂的作用，使氯丁橡胶硫化，增加化学片的弹性。化学片在使用前质地比较硬，浸过软化剂天那水以后变软，绷帮时填在主跟和包头的位置，软化剂挥发后又会变硬。

天那水也叫做香蕉水，是一种混合溶剂，由乙酸乙酯、乙酸丁酯、苯、甲苯、丙酮、乙醇、丁醇按一定比例混合而成，无色、透明、易挥发。

三、纸　板　革

纸板革是指以棉、木纤维为原料，经过打浆、抄造、干燥等处理操作而制成的仿革片状材料。纸板是由单层纸页结合而成，定量在 $150g/m^2$ 以上、或者厚度在 0.2mm 以上者统称为纸板。纸板革的厚度为 1～3mm，具有较好的使用性能，可以满足内底革的需要。

1. 纸板革的原料

生产纸板革的主要原料是木材纤维，此外还可使用棉花、短棉绒、破布、废纸和少量禾草类植物纤维。首先要将这些原始的材料进行蒸煮磨浆处理或直接打浆，分别制成木浆、棉浆和废纸浆，使用时根据产品的性能要求进行浆料的选择和配比。

(1) 纤维浆料　生产纸板革的纤维浆料为硫酸盐木浆和废棉浆。硫酸盐木浆的特点是机械强度高，并具有较高的耐热性和耐久性。棉浆的纤维素含量高，纤维细长，质地强韧而富有弹性。两种浆料的配合可以使纸板革的耐折性能好，耐湿磨性能好，定型性能好，柔软而富有弹性，有良好的吸湿性和透气性，而且不易分层。

(2) 化学助剂

黏合剂：使用天然橡胶乳，用来提高纤维的耐磨、耐折、抗撕裂性能，提高弹性。

橡胶配合剂：包括硫化剂（氧化锌）、补强剂（高岭土）、分散剂（干酪素）。

染色剂：使用直接耐酸大红染料或其他染料。

聚凝剂：使用硫酸铝盐。

在生产再生革时，也用到了相似的黏合剂和配合剂，它们的作用原理相同。

2. 纸板革的生产过程

纸板革的生产流程如下：

纸浆配料→打浆→入精浆机→入配料池→加黏合剂→加聚凝剂→筛选→入高位箱→沉砂→入流浆箱→上纸板机→脱水→成型→压水→干燥→热压→选纸→检斤→入库

生产纸板革选用湿抄式纸板机。首先将高岭土、氧化锌和染料按一定比例加入到棉、木浆内，然后进行打浆。打浆分为两大类型，以横向切断纤维为主的打浆方式称为游离状打浆，在网上滤水速度快、抄成的纸页疏松而且吸收性能强；以纵向分裂纤维使之细纤维化为主的打浆方式称为黏状打浆，纤维柔软且有细腻感，在网上滤水速度慢，但纤维交织良好，成纸紧度大。打浆浓度控制在 3.0%～4.0%。

打浆后进入精浆机进一步精打，然后进入配料池。在配料池内要加入 29%的天然胶乳，胶乳内事先加入干酪素起分散作用，最后再加入硫酸铝盐聚凝剂，配成混合浆液。配合浆液经过筛选除去纤维结、浆疙瘩等，再进入高位箱，经过沉砂盘除去尘埃，然后再进入流浆箱。在流浆箱里调节浆液浓度，控制在 0.6%～0.9%，然后注入到抄纸机的铜网上。比较稀的浆液便于在铜网上均匀分散。铜网循环运转，浆液源源不断注入铜网，形成连续的生产形式。湿抄式纸板机（长网型）生产示意见图 2-1。

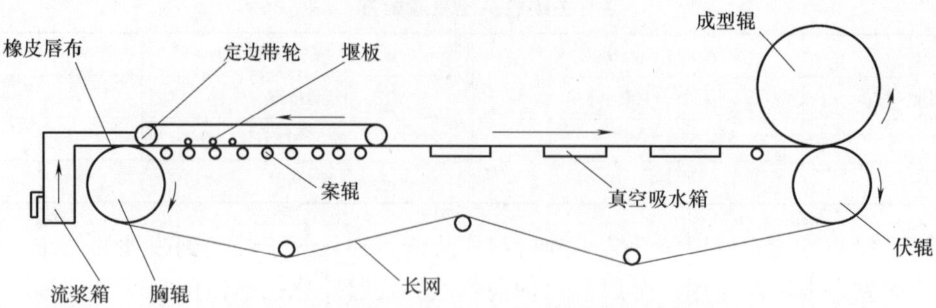

图 2-1　湿抄式纸板机（长网型）生产示意图

浆液在铜网的初始阶段通过网眼自然脱水，在第二阶段利用脱水元件进行真空脱水，使浆液中的纤维和添加剂逐步沉积到网面上，从而形成均匀的湿纸幅，此时的含水量约为 90%。在第三阶段，铜网进入成型辊和伏辊之间，借助两辊之间的压力，湿纸幅进行最后的机械脱水制成湿纸板，此时的含水量为 60%～70%。被卷在成型辊上的湿纸板用自动切割器切断后，从成型辊上自动剥离，由湿纸板运输机运往下工序。

将湿纸板码放到液压机上继续进行脱水和压紧。液压机的最高压力为 30MPa，时间为 90min 左右，压水后的含水量在 42%～52%。剩下的水分要在干燥过程中脱掉，控制成品纸板的水分在 8%～12%。在干燥过程中，随着水分的蒸发，纤维逐渐靠拢并开始紧密结合，从而大大提高了纸板的物理强度，纸板的施胶和着色作用也是在干燥过程中实现的。干燥设备采用隧道式干燥机，干燥温度 80～90℃，干燥时间 16～20h。

干燥后将纸板进行裁切，规格为 740mm×920mm。然后对纸板进行甄别选纸，挑出不合格的纸板，接着是检斤称重、包装、入库。

3. 纸板革的性能及应用

纸板革规格性能比较一致，耐热性和尺寸稳定性较好，定型性优良，有较高的耐折性、耐磨性，有良好的吸水性和透气性，轻软且富有弹性，不易起层。

制鞋用的纸板革按用途分为内底纸板、半托底纸板和主跟纸板。其中内底与主跟纸板的技术指标见表 2-3。

表 2-3　内底与主跟纸板的技术指标

指标名称		内底纸板革规定			主跟纸板革规定
		A 等	B 等	C 等	
厚度/m		1.00±0.10			1.50±0.15
		1.20±0.12			1.70±0.17
		1.50±0.15			2.00±0.20
		1.80±0.18			
		2.20±0.22			
		2.50±0.25			
		3.00±0.30			
紧度/(g/cm³)		0.70±0.20	0.70±0.20	≤1.00	≤0.90
层间剥离强度/(kN/mm)	≥	0.4	0.33	0.27	0.40
曲挠指数		2.9	2.5	1.9	—
弯曲性能		—	—	—	弯曲 90°不裂
浸水 4h 抗张强度/(kN/cm²)	≥	0.55	0.35	0.30	—
浸水 1h 伸长率/%	≤	1.5	1.6	1.7	1.5
定型能力变形/%	≤	—	—	—	75.0
高温干燥 1h 收缩率/%	≤	0.8	1.0	1.2	1.0
交货水分/%	≤	10.0	10.0	10.0	10.0

从表中可以看出内底纸板和主跟纸板的技术指标有些区别，这是因为两种部件使用的位置不同，对功能的要求也不同。内底的规格比较多，可以满足男鞋、女鞋、童鞋、凉鞋、厚重筒靴等不同品种的需求，而主跟的防护作用可以用薄、中、厚三种规格解决。主跟在使用时需要弯曲成类似脚后跟的形状，所以要求检测定型能力和弯曲指数。而内底主要是走路的频繁弯折，所以要测定曲挠指数，而且对紧度的要求比较低。脚出汗主要浸湿鞋内底，所以内底纸板还要求测定浸水后的抗张强度。内底纸板和主跟纸板的生产过程相似，只是控制的程度有所不同。

测定伸长率和收缩率时，采用画线的方法，在一定长度的试片上画出 20cm 以上的一条直线，经过浸入 20℃水中 1h 或者 100℃高温干燥 1h 后，再测量画线的长度，最后计算出变化长度的百分比，得到的就是浸水 1h 伸长率和高温干燥 1h 收缩率。控制这两个指标是为了控制纸板的变形性。

从使用的角度看，半托底纸板起到的是支撑作用，要承受人体的重量，往往还要固定钢勾心，所以对半托底的强度要求和紧度要求会更高一些。半托底纸板的技术指标参见表 2-4。

表 2-4　　半托底纸板的技术指标

指标名称		规定	指标名称		规定
厚度/mm		2.00±0.20	抗张强度/(kN/cm²)	≥	1.40
		2.40±0.24	弯曲性能		弯曲 90°不裂
		3.00±0.30	交货水分/%	≤	10.0
紧度/(g/cm³)	≤	1.10			

较硬的半托底纸板属于钢纸板类型，与内底革的生产过程有些区别。生产钢纸板需要先生产出原纸，然后用浓氯化锌溶液处理原纸，使纤维素发生剧烈润涨，直至发生胶化，并具有一定的黏着能力。然后再将纸页在胶化烘缸上层层黏合起来，再经老化、脱盐、干燥、整形，即可得到钢板纸。这里的胶化，是指纤维润涨成“胶”的状态，具有黏性。后边提到的老化，是指提高胶化的成熟度，而并非一般意义上的性能变差。脱盐是指把多余的氯化锌浸出，氯化锌的含量大于 0.2%会使钢板纸发脆、吸收性增大、绝缘性降低。

比较再生内底革、合成内底革和纸板内底革会发现，三种内底革中都使用了橡胶乳。其中纸板革使用量比较少，所以纸板革的透气性、吸湿性比较好，较多地保留了棉、木纤维的卫生性能。其中以合成内底革的强度最高，这是因为合成内底革的纤维比较长，而且合成纤维本身的强度比较高，而纸板革、再生革的纤维很短，主要是依靠黏合剂起作用。现在企业中使用纸板革比较普遍。

思考与练习题

1. 再生革、合成内底革、纸板革在应用上各有何特点？
2. 生产化学片使用何种浸胶液？
3. 半托底纸板与内底纸板在紧度和抗张强度上有什么区别？

第二节 人 造 革

人造革是指以纤维织物作底基，以合成树脂为涂层的仿面革制品。

人造革起始于硝化纤维漆布。在 20 世纪 20 年代初期，以硝化纤维溶液涂覆布料，并压印花纹制成漆布，用于制作钱夹、手袋、装帧书皮。由于制品的涂层易变硬、变脆，所以没有应用在制鞋上。自 40 年代开始用聚氯乙烯作为涂覆材料，大大改善了产品的外观和性能，形成了聚氯乙烯人造革，以后逐渐代替了硝化纤维漆布。

说人造革是仿革制品，是因为人造革的涂层模仿真皮的粒面层，底基层模仿真皮的网状层，这只是从外观上进行模仿。

一、人造革的结构

人造革的结构分成底基层和涂饰层两部分。底基层在人造革的底部，涂饰层在人造革的表层。通过底基层和涂层的变化，会产生出许多不同品种的人造革。

1. 涂层

聚氯乙烯人造革是以聚氯乙烯树脂（PVC）为主要原料进行涂饰，所以叫做聚氯乙烯人造革，或叫做PVC人造革。如果改变涂层的材料，例如用聚乙烯树脂为涂层，就形成了聚乙烯（PE）人造革。如果是以聚氨酯材料为涂层，就形成了聚氨酯（PU）人造革。目前人造革的产品主要是PVC人造革。

PVC树脂在底基的表面形成一层致密的薄膜，使产品失去了透气性和透湿性。根据用途的需要，涂层厚度为0.25～0.8mm，鞋面革的涂层厚度为0.3～0.4mm。这是最普通的人造革，所以也简称为普革。普革在经济上虽然有优越性，但是手感比较差。

为了改善人造革的手感，可以在树脂中加入发泡剂，在涂层塑化时分解放出气体，使涂层凝胶后形成微小的封闭式气孔，这就形成了泡沫人造革。相比之下，泡沫人造革手感丰满柔软，而且质量轻、用料少。发泡人造革涂饰层有三层，中间层是发泡层，厚度在0.5～0.8mm，密度为0.45～0.5g/cm^3，表层是致密层，厚度约0.1mm。发泡层泡孔的数量为400～4000个/cm^2，封闭式泡孔没有透气性，如果采用特殊的发泡剂，还可以使泡孔呈开放状态，那么产品就具有一定的透气性。

根据产品的需要，也可以在底基的两侧都进行涂饰，这就形成了双面人造革。普通人造革是两层结构，双面人造革和发泡人造革都属于三层结构。

人造革的涂层除了有各种色彩和光泽的变化外，还可以进行压花装饰，例如仿牛皮花纹、羊皮花纹、蛇皮花纹、鳄鱼皮花纹等，形成了压花人造革。

2. 底基层

人造革的底基层对人造革的厚度、强度、延伸性等有直接的影响，选用底基的材质不同，人造革的性能会有很大的不同。人造革的基材主要是机织布、针织布和非织造布，常被叫做基布或者布基。

（1）机织布　机织布是一组互相垂直的经纱和纬纱在织机上按一定规律交织而成的织物。常用的机织布有普通市布、漂染布和帆布等。由于经纬纱交织紧密，使得机织布有较好的尺寸稳定性和较高的机械强度。以机织布为底基的人造革叫做机织布人造革，革身坚固、挺括，主要用于鞋面革、箱包革、装饰革等。

（2）针织布　针织布是一组弯曲的线圈在针织机上按一定规律相互串套而成的织物。常用的针织布有纬编织物和经编织物。纬编织物是采用一根或一组纱线沿织物纬向顺序弯曲成线圈，并由线圈依次串套而成的织物。经编织物是由一组或几组平行的纱线同时沿织物经向顺序弯曲成线圈，并互相连接而形成的织物。由于针织布是由线圈串套而成，所以针织布质地柔软，透气性、延伸性和弹性好都比较好。以针织布为底基的人造革叫做针织布人造革，革身柔软、宽松，主要用于服装革、手套革、鞋里革、坐垫革等。

（3）非织造布　非织造布是一种不经过纺织而得到的薄片状或毡状结合物。生产合成内底革时介绍的是通过针刺法使非织造布的纤维上下左右连接起来，此外还可以采用水刺法、黏合法等工艺手段使纤维相互结合。也就是说非织造布的结构有着类似于皮革纤维的立体网状结构，所以强度比较高、柔软性比较好。以非织造布为底基的人造革叫做非织造布人造革，在强度、弹性、耐折性等方面都优于普通人造革，主要用于鞋面革、服装革、沙发革，更多的是用于制造合成革。

对于基布材料的一般要求是平整，无线头、疙瘩，无孔洞和褶皱等瑕疵，有一定的物理强度和耐温性，经向和纬向编织均匀一致。

对于鞋面革所用的基布，要求有一定的厚度，以满足绷帮拉伸的机械性能要求。例如市布人造革，厚度大于0.3mm，经向断裂强度大于3N/mm，纬向断裂强度大于1.3N/mm；帆布人造革厚度可达到0.61mm，经向断裂强度可达到23N/mm，纬向断裂强度可达到12N/mm。对于经向、纬向的延伸率，要求均大于10%，以满足成型和穿着弯曲变形的要求。人造革布基纤维的质地、纱支的粗细、交织的紧密度等因素，都影响基布的延伸率。对布基也要求具有一定的吸湿性和透湿性，以增加鞋腔的卫生性。

3. 涂层的形成

把人造革的涂层附着在基布上，是通过直接涂刮、间接涂刮、压延、挤出等加工手段实现的，这几种加工手段是生产人造革常用的方法。

（1）直接涂刮法　首先将 PVC 树脂和增塑剂以及各种配合剂按配方混合，然后制成糊状胶料，再把这种胶料用刮刀直接涂刮在经过预处理的基布上，接着进行塑化、压花、冷却等工艺操作。以此种方法制得的人造革叫做涂刮法人造革。涂刮法适于生产以机织布为底基的人造革。

（2）间接涂刮法　同样是先将 PVC 树脂和增塑剂以及各种配合剂按配方混合、制成糊状胶料，再用逆辊或刮刀把胶料涂布在载体上，进行预凝胶处理。然后在基布不受张力的情况下复合在凝胶的料层上，接着再进行塑化、冷却，并从载体上剥离，进行后处理等工艺操作。以此种方法制得的人造革叫做间接涂刮法人造革。间接涂刮法适于生产以针织布和非织造布为底基的人造革。

间接涂刮所用的载体可以是不锈钢带或者是离型纸。由于涂层是从载体上转移到底基上的，所以这种工艺也叫做涂层转移法，以此种方法制得的人造革也叫做转移法人造革。在使用离型纸作载体时，离型纸上有模仿各种动物、花卉的皮纹，可以使人造革的表面同时具有花纹，省去了压花操作。这是现代工艺常用的一种方法，以此种方法制得的人造革被叫做离型纸转移法人造革。

（3）压延法　先将 PVC 树脂和增塑剂以及各种配合剂按配方混合后投入捏合机混合均匀，再转移到塑炼机进行塑炼，然后转入压延机，按照所需的宽度、厚度压延成薄膜，并与经过预热的基布贴合，接着再进行压花、冷却等工艺操作。以此种方法制得的人造革叫做压延法人造革。压延法适于生产以机织布、针织布和非织造布为底基的人造革。为了提高薄膜与底基的结合效能，通常在底基上先涂一层黏合剂，以便贴合操作时减小贴合压力，在增加产品柔软性的同时也增加了贴合牢度。

利用压延出的薄膜也可以分步进行贴合。比如在直接涂刮法的表层或者间接涂刮法的表层，也可以用贴膜的方法代替表面的涂层。以此种方法生产的人造革叫做贴膜人造革。

（4）挤出法　先将 PVC 树脂和增塑剂以及各种配合剂按配方混合后投入捏合机混合均匀，再转移到塑炼机进行塑炼，然后转入挤出机，使物料通过挤出机的扁平口模，把在热状态下的薄膜与底基经过压力辊加压贴合成人造革。以此种方法制得的人造革叫做挤出法人造革。挤出法适于生产较厚的制品，例如地板革。

鞋用人造革的生产方法主要是直接涂刮法、间接涂刮法和压延法。在第一章中介绍二层鞋面革时有移膜革和贴膜革的产品，其中的移膜革工艺与间接涂刮法相似，贴膜革工艺与压延法相似。

4. 涂层的塑化

塑化是涂层发生质变的重要操作过程。树脂与增塑剂及各种配合剂配成糊状时，只是一种简单混合物，树脂分散在增塑剂中，具有流动性能。

在加工过程中，随着温度的增加，增塑剂快速渗透到树脂颗粒内部，从而使树脂颗粒发生膨胀，直到所有的增塑剂都被树脂颗粒吸收。此时树脂糊失去了流动性，呈现出“干”的状态，而且没有任何强度，很容易崩碎。

继续加热，在 80℃左右，胶料由干转润，达到一种凝胶状态，凝胶体的强度依然很低。加热到 140℃左右，增塑剂进入到树脂分子链间，开始出现部分熔融现象，当温度达到 160～180℃时，树脂才完全成熔融状态，此时进行冷却，便会得到具有各种优越性能的涂层薄膜。

塑化实质上是指树脂的完全熔融状态与配合剂均匀共熔，这是获取涂层优异性能的重要条件。一般把树脂完全熔融的温度叫做塑化温度。

5. 发泡层的形成

泡沫人造革比普通人造革的手感要柔软，更近似于真革。生产泡沫人造革需要使用发泡剂，发泡剂有物理发泡剂和化学发泡剂两种类型。物理发泡剂是通过液体挥发、固体升华、气体压缩等物理状态的变化来实现发泡的。而化学发泡剂则是在受热时分解，释放出一种或多种气体而使塑料发泡。生产人造革常用的发泡剂是偶氮二甲酰胺，简称 AC 发泡剂。AC 发泡剂是一种化学发泡剂，外观为黄色结晶粉末，分解温度在 190～210℃，可以分解出大量的氮气、一氧化碳气和二氧化碳气。

采用直接涂刮法生产普通人造革需要涂刮两层，即面层和底层。如果只涂刮一层则还需要再贴一层薄膜。采用直接涂刮法生产泡沫人造革需要涂刮三层，即底层、中间层和面层，如果只涂刮两层则再贴一层薄膜层。也就是说，只有在中间层的胶料配方中才加入发泡剂。当发泡剂分解产生气体时，会受到底层和面层的阻隔而不会逸出，使中间层成为发泡层。

在制备树脂糊前，发泡剂是与增塑剂、稳定剂等其他配合剂一起均匀混合的，但是控制发泡剂分解时间要控制在涂层塑化阶段。虽然发泡剂的分解温度比塑化温度高，但是在稳定剂中的铅盐、镉盐的活化作用下，可以降低分解温度。如果减少发泡剂的用量，也可以提高发泡剂分解温度。总之要调节发泡剂的分解温度在160～180℃，要与树脂的塑化温度相配合。当树脂处于熔融状态时，均匀分散在树脂中的发泡剂分解，所释放出的气体也就均匀地分散在树脂中，构成了发泡层。

AC发泡剂分解后的残留物无毒、不助燃，还有自熄性，完全分解后不但对制品没有色泽污染，而且还可以使制品显得洁净。

二、PVC人造革生产流程

PVC人造革的生产随产品不同会有很大变化，下面以涂刮、转移和贴膜的三种不同工艺进行分析。

1. 直接涂刮法普通人造革生产流程

直接涂刮法是生产人造革最早、最简单的方法，很具有代表性。工艺流程如下：

树脂过筛→预热增塑剂→冲糊→加稳定剂、填充剂、着色剂→搅拌→涂布底层→塑化→冷却→涂布表层→塑化→压花→冷却→成品卷取

直接涂刮法一般使用乳液法生产的PVC树脂材料，粒径在30～70μm。粒径过大会引起沉淀，粒径过小会增加黏性，不易涂刮，所以树脂要经过筛选。由于只有制备糊状的胶料才能进行涂刮，所以要把增塑剂加热并混入树脂冷料中，同时迅速搅拌成透明的糊状胶料。其中树脂的含量在9%左右。

将糊状胶料降温至60℃左右，把其余的配合剂也加入到胶料糊中，并搅拌均匀。制备底层胶料和面层胶料的方法相同，但配方设计有所不同。

为了保证生产的连续性，先要把单匹基布拼接起来，然后进行预处理。首先是刷毛处理，除去线头、布毛等杂物，然后进行压光，使布面平整。因为任何微小的瑕疵都会影响产品的外观质量。

涂布操作在涂刮机上进行，基布由一组导辊引入涂刮机，绕过衬辊后由开幅辊引导，保持一定的张力平稳运行。在衬辊上部安置刮刀，将输入的底层胶料涂刮在基布上。通过刮刀种类的变化和涂刮方法的变化，可以调节涂层的厚度。底层胶料渗入基布的深度为基布的1/3～1/2，渗入过浅，虽然柔软性好，但涂层与布基的黏合性较差，反之则黏合性好、柔软度差。

涂刮后进入第一烘箱塑化，经冷却后再进行面层的涂刮，接着进入第二烘箱塑化，经冷却后就可以卷取，得到成卷的PVC普通人造革。操作过程见图2-2。

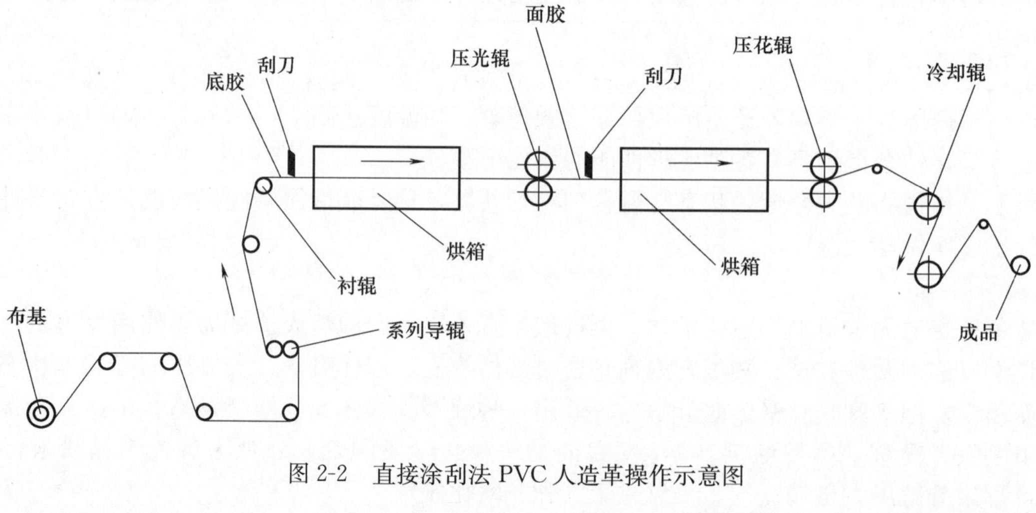

图2-2　直接涂刮法PVC人造革操作示意图

2. 转移法泡沫人造革生产流程

转移法是现代工艺比较常用的生产方法，特别是采用离型纸转移涂层法。生产泡沫人造革时，需要在发泡层配制的胶料中按比例加入 AC 发泡剂。工艺流程如下：

配置面层胶料→涂布在离型纸上→塑化→冷却→涂布发泡层胶料→预塑化（不发泡）→冷却→涂布黏结层（底层）胶料→湿态与基布贴合→塑化发泡→冷却→剥离→压花→成品卷取

转移法与直接涂刮法在操作方法上大同小异，但在生产流程上却有很大的不同。

（1）转移法首先涂布的是面层。因为胶料先涂布在载体上，转移到基布上以后自然成为面层。

（2）转移法最后涂布的是底层。因为要与基布黏结贴合，所以也叫做黏结层。胶料与基布的贴合是在湿态下进行的，涂布黏结层后立即与布基贴合。

（3）增加了剥离工序。使涂层从载体上剥离、然后与布基贴合。间接涂刮法的载体可以反复使用，以不锈钢带为载体时，钢带连续运转使用，以离型纸为载体时，离型纸剥离后也要卷曲继续使用。

在生产泡沫人造革时，采用了“三涂三烘”工艺。所谓三涂，是指第一次涂布面层胶料、第二次涂布发泡层胶料、第三次涂布黏结层胶料。所谓三烘，是指涂布面层进第一烘箱面层塑化，涂布发泡层胶料后进第二烘箱发泡层预塑化，但不发泡，涂布黏结层后先与布基贴合、然后再进第三烘箱塑化并发泡。

对泡沫人造革压花也与普通人造革有区别，叫做“间隙压花”。压花辊由上下两辊组成，下辊是在钢辊外面包裹橡胶层的胶辊，是主动辊，起到输送物料的作用。上辊是压花辊，工作面为镀硬铬的光面或者是刻有图案花纹的雕花辊。调节压花辊与橡胶辊之间的压力，可以控制花纹的清晰度。

所谓的间隙压花，是指保持压花辊与橡胶辊之间有一定的间隙。间隙过小，会把泡孔压死，人造革柔软性变差；间隙过大，压出的花纹不清晰。一般控制间隙比人造革的厚度小 15％～25％。

转移法与直接涂刮法相比较，产品质量比较好；在贴合布基时所受张力很小，胶料渗入布基的量也少，所以手感比较好；由于表面涂层是转移到布基上的，所以表层质量受布基影响小。转移法适于采用组织疏松、伸缩性大或强度较低的布基。

3. 压延法 PVC 泡沫人造革生产流程

压延法生产人造革的关键是在压延出软质 PVC 薄膜的过程中引入基布，使基布与薄膜牢固黏合到一起。由于压延法不用涂刮胶料制造涂层，所以省去了冲糊的操作，取代的是 PVC 树脂和各种配合剂混合后的柔韧物料。树脂与配合剂混合后要经过密炼机的均匀混合和开炼机塑炼的操作，把胶料进行捏合、塑化，形成“面团”状的柔韧物料，然后再通过压延机的辊隙被挤成薄膜状，接着在下一个辊隙被挤成更薄的膜。

压延法工艺流程如下：

PVC 树脂与增塑剂、稳定剂、发泡剂、填充剂、着色剂高速混合→密炼机预塑化→开炼机塑化→压延与贴合→贴面膜→进烘箱发泡→压花→冷却→成品卷取

压延法生产人造革可以选用价格低廉的悬浮法 PVC 树脂材料，也要经过筛选，控制粒径。然后按配方要求计量称重，与其他配料一起按顺序加入到高速混合机进行搅拌。高速混合机进行高速搅拌的同时，会产生较高的剪切力和热量，并使物料成旋流状运动，更有利于分散均匀。

压延操作在四辊压延机上完成。通过辊间的逆向旋转，把物料挤成薄膜。压延机的辊子数量增多，可以使制品厚度均匀、表面光滑，可以生产较薄的薄膜。在压延后期把成型的薄膜与布基贴合到一起，见图 2-3。

贴合布基的方法有内贴法和外贴法的区别。如图所示，（a）为内贴法，是在 PVC 薄膜引离前，借助于贴合辊的压力，在最后一只压延辊筒上与布基直接贴合。（b）为外贴法，是在 PVC 薄膜引离后，用另外一组贴合辊加压，把薄膜与布基贴合在一起。

内贴法增加了薄膜在辊上的停留时间，从而提高了贴合牢度，但橡胶辊在高温下工作，易发生老化变形。外贴法可以延长胶辊的使用寿命，是目前常采用的方法。现在有些制鞋企业也购买了贴合机，只需从市场上购买 PVC 薄膜和布基，就可以自己生产所需要的人造革。这也是外贴法的演变形式。

贴膜后的半成品还需要贴一层面膜，防止表面因黏性大而黏附灰尘和阻止增塑剂渗出。面膜与底层的配方有区别。在生产发泡人造革时，半成品预热到 130～140℃后再贴面膜，然后进入发泡烘箱，使压延层塑料发泡，也是表面层塑化并与底层塑料融合。出烘箱后经过间隙压花、冷却、卷取等工序制得压延法人造革。

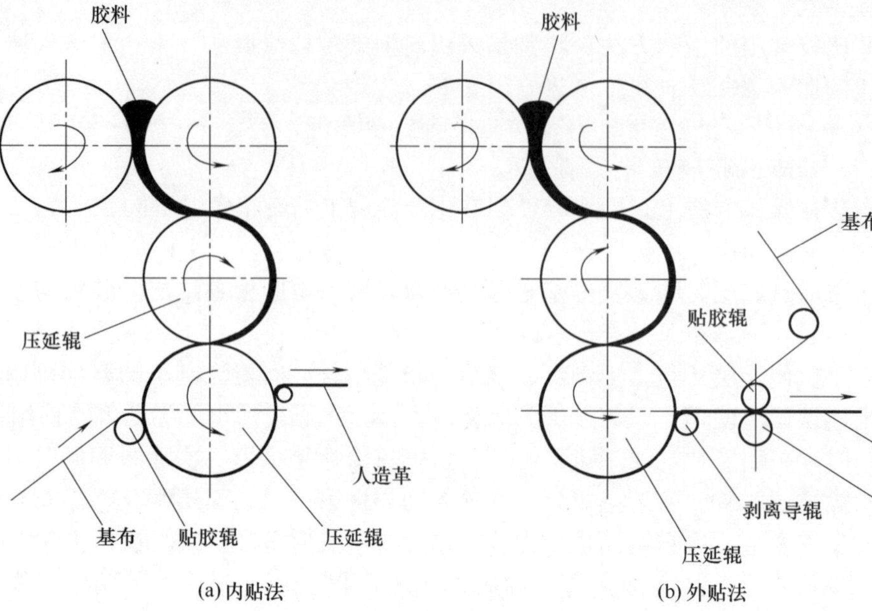

图 2-3　压延法人造革贴合布基示意图

压延法因胶料薄膜只贴在布基表面，所以手感好。但为了增加贴合牢度，一般需要对布基进行刷胶处理。压延法、涂刮法、转移法三种工艺各有所长。其综合性比较见表 2-5。

表 2-5　　压延法、涂刮法、转移法综合比较

比较项目	压延法	涂刮法	转移法
设备工程费用	大	小	较低
生产效率	最高	较高	较低
对原料要求	不高	较高	高
产品质量	较好	较差	较好

目前人造革的生产，主要是采用转移法和压延法。

三、人造革的性能与应用

PVC 人造革的外观类似天然皮革，具有色泽鲜艳、质地较轻、强度较高、耐磨、耐折、耐酸碱的优良性能。并且成本低廉、加工方便。但是人造革基布与涂层粘接牢度较差，易于剥离；耐寒性差，易于脆裂；柔软性较差，手感僵硬；透气性和吸湿性差，所用的添加剂会发出令人不悦的气味。

从另一个角度讲，人造革质量均一，表面没有伤残，也没有部位差异，便于裁断开料。人造革耐水性好、不怕水洗，便于清洁。人造革的表面涂饰非常亮丽，优于天然革。但是人造革有经纬向的区别，经向的强度优于纬向，经向的延伸率小于纬向，人造革的经向相当于皮革主纤维束方向。

对于成品人造革的外观质量，要按照国家标准进行检测，优等品要求花纹清晰、深浅一致、无色差。不允许有料快、焦疤、色点、道痕、油渍、污渍、洞眼、布接头等缺陷，一等品要求缺陷总数不多于 3 处，合格品要求缺陷总数不多于 5 处。有关人造革物理机械性能的国家标准见表 2-6。

表 2-6　　GB/T 8948—2008 聚氯乙烯人造革机械物理性能

项目			指标					
			A 类(各种市布)			B 类(帆布、斜纹布、双面布等)		
			优等品	一等品	合格品	优等品	一等品	合格品
拉伸负荷/N	≥	经向	250	200	150	450	400	350
		纬向	200	150	100	350	300	250

续表

项目		指标					
		A类(各种市布)			B类(帆布、斜纹布、双面布等)		
		优等品	一等品	合格品	优等品	一等品	合格品
断裂伸长率% ≥	经向	4			6		
	纬向	10			13		
撕裂负荷/N ≥	经向	15	12	8	24	20	18
	纬向	15	12	8	24	20	18
剥离负荷/N ≥		18	15	12	20	18	15
表面颜色牢度/级 ≥		4					
不黏着		表面无异状					
耐寒性		表面不裂					
耐老化性		表面不裂					
耐折牢度		30000次表面不裂					

注：表中耐折牢度为鞋面用人造革必测项目，其他用途人造革不做考核。鞋面用人造革物理机械性能除耐折牢度外，还有耐揉搓性、耐顶破性和低温、耐折牢度等三项须由供需双方协商确定的项目。

思考与练习题

1. 人造革涂层形成的方法有哪几种?
2. 涂层的塑化是怎样形成的?
3. 泡沫人造革的发泡层是怎样形成的?

第三节 合 成 革

合成革是指以非织造布作底基，以聚氨酯树脂为涂层的拟面革制品。合成革是继人造革之后人工面革的第二代产品，这首先得益于聚氨酯树脂材料的开发和利用。

拟面革制品与仿面革制品有区别，仿面革是指人造革从外表上仿造天然革的粒面层与网状层的两层结构，而拟面革则是从结构上仿造胶原纤维的立体网状结构、仿造粒面层的透气性以及经过浸和涂双重工艺使涂层和底基层连成一体，仿造天然革上下两层由同种纤维编织而成的效果，所以合成革的外观和性能比人造革更接近于天然革。

目前合成革大都是以聚氨酯树脂（PU）为涂层，所以也叫做聚氨酯合成革，或叫做PU革。生产PU革的方法有两种，一种是干法PU革工艺，所得产品叫做干法PU革；另一种是湿法PU革，所得产品叫做湿法PU革。干法工艺类似于人造革的生产方法，实质上是一种聚氨酯人造革，而湿法工艺则集中了合成革的特点，是新一代的拟革制品。

合成革的性能优于人造革，在拉伸强度、断裂负荷、耐折牢度、剥离负荷等物理机械性能上比人造革好，在耐化学性能、耐老化性能、耐寒性能上都超过了人造革，所以聚氨酯合成革广泛用于服装、鞋面、箱包、家具等行业。优良的合成革材料，与它的非织造布材料、聚氨酯涂层以及湿法制造工艺是分不开的。

一、合成革用非织造布

生产合成革使用非织造布作底基，可以增加革身的柔软性、通透性、延伸性。生产非织造布所用的纤维材料，主要是合成纤维以及一些黏胶纤维，这与生产合成内底革所用的原料和工艺相同。

1. 非织造布的生产过程

生产非织造布的工艺流程如下：

纤维备料→混合→开松→成卷→梳整→铺网→合网→针刺→热收缩→卷取备用

在介绍合成内底革时已经了解了非织造布的工艺过程，但由于生产合成面革和内底革的要求不同，所以非织造布产品在厚度上、手感上是有区别的。

非织造布的纤维网是由纤维铺成的，通过机械法、气流法、熔喷法、离心法、静电法以及抄纸法等都可以成网。成网后的纤维需要加固，使纤维的上下相互缠结起来。这是在模仿真皮纤维的立体交叉结构，增加纤维网的牢固性。

在前面介绍合成内底革时使用的是针刺法加固纤维网，这种方法适合生产中厚型产品。生产合成面革目前使用“水刺”加固法。水刺加固技术是利用极细的高压高速水流对纤维网进行喷射，在射流的作用下使纤维网中的纤维发生位移、穿插、缠结、抱合，达到加固的目的。水刺法的优点是加固后的纤维网密度高、表面平整、手感好、悬垂性好，外观与性能更接近于传统的纺织品。

非织造布的密度与产品的质量有关，密度高则手感柔韧、撕裂强度高。普通针刺法可以使基布的密度达到 $0.18 \sim 0.23 g/cm^3$，如果再增加密度，纤维的强度会受到破坏。而要达到仿真的手感和弹性，基布的密度必须大于 $0.25 g/cm^3$。采用水刺法可以达到较高密度要求。

2. 对合成面革非织造布的要求

由于生产合成面革是在结构上模仿天然革，所以对基布的要求比较高。

(1) 在结构上，要求纤维网具有致密的三维立体结构，呈杂乱状排列，纤维间相互缠绕、分布均匀。

(2) 在性能上，要求基布要具备透气、透湿、强度高的特点，具有优良的悬垂性、耐磨性和吸湿性。

(3) 在外观上，要求基布表面平滑，无纵横向和斜向的针眼。

(4) 在手感上，要求基布柔韧，密度均匀一致，无过松或过紧的现象。

二、合成革用聚氨酯材料

合成革的涂饰层使用的是聚氨酯树脂材料。聚氨酯是一种在分子结构主链上含有多个氨基甲酸酯基团（—NHCOO—）的高分子聚合物。简称聚氨酯，缩写成 PU。

PU 树脂材料是通过多异氰酸酯与多元醇发生化学反应而生成的。所用原材料不同，生成的聚氨酯性能也有所不同。

1. 异氰酸酯原料

异氰酸酯是生产聚氨酯的主要原料之一，品种很多。生产合成革要选用二异氰酸酯，二异氰酸酯也有许多品种，但广泛使用的是二苯基甲烷二异氰酸酯（MDI），相对毒性较小，制造的 PU 树脂力学性能好。

在二异氰酸酯分子结构上有两个异氰酸酯基团（—NCO），在这个基团上存在两个双键（—N═C═O），非常活泼，很容易和含有活泼氢（—OH、$—NH_2$）的化合物反应。所以二异氰酸酯与二元醇很容易发生反应。初始生成的是聚氨酯预聚体，分子链不够长，还需要经过扩链反应，才能生成分子链较长的聚氨酯高聚物。

2. 多元醇原料

醇类是一个大家族，多元醇是含有多羟基的化合物。由二元酸和多元醇酯化反应后的生成物叫做聚酯多醇，由氧化烯烃和多元醇酯化反应后的生成物叫做聚醚多醇。聚酯多醇和聚醚多醇都可以和异氰酸酯反应生成 PU 树脂。由聚醚多醇生成的聚氨酯叫做聚醚型 PU 树脂，它的弹性好，表面形成光滑的实心层，常用于制作鞋底材料。由聚酯多醇生成的聚氨酯叫做聚酯型 PU 树脂，它的耐热好，尺寸稳定，物理机械性能优良，是生产合成革表面涂层的主要材料。生产聚氨酯合成革要选用二元醇，与二异氰酸酯反应后可以生成线型结构的聚氨酯。

3. 聚氨酯分子结构

聚氨酯一般先由二元醇与二异氰酸酯反应，先形成预聚体，再经扩链反应，生成相对分子质量较高的聚合物。由二异氰酸酯和二元醇所生成的聚氨酯是一种线型结构，分子链柔顺，可以溶解在某些溶剂内形成涂饰材料。如果是由三异氰酸酯或者三元醇生成的聚氨酯，则生成为体型结构，不能被溶解，可以做板材、型材，但不能做合成革的涂层。

聚氨酯线型分子链实际上是由硬段和软段构成的嵌段共聚物，其中的聚氨酯基链段比较僵硬，构成了硬段，决定了树脂的刚性。而连接硬段之间的醇类单键（C—C、C—O）易于旋转，构成了软段，决定了树脂的柔顺性。硬段的间隔越大，软段的链节就越长，聚合物的柔顺性也越大，但力学强度会相应降低。

聚氨酯的用途很广泛，既可以做硬质的高强度板材，又可以做柔软的鞋面革，还可以做黏稠状的黏合剂等，这些不同的性能都与聚氨酯分子链的结构有着直接的关系。

4. 溶剂

PU 树脂的溶剂主要选用二甲基甲酰胺（DMF），这是一种无色的油状液体，有氨味，沸点为 153℃，能与水和多种有机溶剂相混溶。聚氨酯也能溶解在醋酸乙酯、甲乙酮、甲苯等溶剂中。

5. 聚氨酯浸渍液和涂覆液

浸渍是对非织造布的预处理。即使是高密度的非织造布，也避免不了其结构的松软现象，在弯折时表面受力会产生凹陷，或者有死褶出现。为了使基布具有一定的抗弯曲强度、压缩强度和瞬间恢复性，因此需要添加一些高聚物作为黏结物质，将非织造布的间隙黏结起来。浸渍的聚氨酯起到的就是黏结作用。一方面使纤维有一定的活动余地，保持布基的柔软性，另一方面形成微孔海绵体，在纤维间套串网络成一体，使基布具有类似天然皮革的网状结构和性能。

聚氨酯的浸渍液除了有 PU 树脂、溶剂 DMF 以外，还要加入一些活性剂。当聚氨酯涂层进入水中时，溶剂从膜内向外扩散，使聚氨酯凝固，同时会留下空隙。在溶剂扩散的同时水向膜内渗透，占据溶剂空隙位置。待涂层凝固以后再脱水干燥，便在膜内形成空隙，使聚氨酯涂层具有透气性。而活性剂对水浴成膜的速度和质量有着举足轻重的作用。

聚氨酯涂刮液是用来成膜的物质，是将 PU 树脂溶解在 DMF 溶剂中配制而成。此外，还要添加填充剂、活性剂、着色剂以及其他助剂。涂刮液的黏度要比浸渍液高，有利于薄膜的形成。浸渍液与涂刮液配方见表 2-7。

表 2-7　　浸渍液与涂刮液参考配方　　单位：kg

材料名称		浸渍液配方	涂刮液配方
树脂(PU)		100	100
溶剂(DMF)		400～700	80～100
填充剂	纤维素粉末	—	20～40
	轻质碳酸钙	—	0～20
表面活性剂	SB-90	0.5～2.0	0.5～2.0
	S-80	—	0.5～1.0
着色剂		根据需要添加	适量
其他助剂		—	根据需要添加
黏度/Pa·s		0.1～0.2	5～10

从表中可以看出，在溶剂用量和液体黏度上浸渍液与涂刮液都有很大区别。浸渍液比较稀，便于渗透；涂刮液比较浓，便于成膜。

表中的纤维素粉末是由棉浆、木浆水解后制得的一种很细的有机填充剂，可以改善成膜的吸水性，降低皮膜的弹性，如果成膜的弹性太大就会有橡胶感。轻质碳酸钙是一种无机填充剂，在水浴凝固中起“晶核”的作用，加快凝固的速度。轻钙是填充剂，增黏效果很小，用量过多会降低成膜的强度。

可选用的表面活性剂有阴离子型和非离子型两类。阴离子型表面活性剂能促进水的渗透和扩散，从而加快凝固的过程；非离子型表面活性剂使凝固成膜过程延长，特别是延缓了表面结膜的过程，这为 DMF 从膜内渗出赢得了时间。如果表面过早凝固，溶剂不能渗透出来，就会影响空隙的形成。在大多数配方中都使用两种不同类型活性剂，它们的协同作用会使凝固效果更好。SB-90 属于阴离子型表面活性剂，用量较多；S-80 属于非离子型表面活性剂，用量略少。此外还会用到其他一些助剂，包括消泡剂、防黏剂等，根据情况添加。

三、合成革生产流程

生产合成革的过程有干法工艺和湿法工艺的区别。比较典型的工艺是湿法工艺，生成的合成革具有较好的透气性。

1. 湿法合成革工艺过程

所谓湿法工艺过程，是指将聚氨酯浆液涂布在底基上以后，要在水浴中凝固，生成多孔的薄膜，其产品性能更接近于天然革。工艺流程如下：

备用非织造布→浸渍 PU 浆→轧压烫平→涂刮 PU 浓浆→水浴凝固→水洗→压干→烘干→定型→压花、搓纹→冷却→检验→成品卷取

备用的非织造布经过了浸渍、热辊压、辊干燥、磨面的处理，放卷后可以开始涂刮聚氨酯浆液。操作在涂料台上进行，采用辊衬涂覆法，用刮刀把聚氨酯浆料均匀地涂布在布基上。

水浴凝固是指经过涂刮的布基进入凝聚槽固化成膜的过程。槽中的凝聚液是由水和15%～25%的 DMF 组成。在凝聚槽内，浆料中的 DMF 与水发生置换，DMF 迅速往水中迁移，而水则渗入到料层中。由于水的渗透速度较慢，需要加入阴离子表面活性剂以促进水的渗透和扩散。当涂料中 DMF 的浓度下降到一定程度时，溶解的聚氨酯便发生凝固作用，形成多孔的薄膜。由于所形成的气孔是开放型的，所以聚氨酯涂层具有透气性。

凝固的顺序是按先表后里进行的，凝固发生前首先要形成一个“晶核”，凝固在晶核的四周进行，使晶核逐渐增大。添加的轻钙可以起到晶核的作用。

浆料在凝聚过程中会产生一定的收缩，使涂层变薄，而且有一定的卷边现象。为防止卷边，一方面要保证凝聚槽内 DMF 的浓度，缓解外迁速度，另一方面加入非离子型表面活性剂，延缓表面的凝固。

聚氨酯涂层在完全凝固后要进行水洗，强行脱出泡孔层内残存的 DMF，如果脱出不干净，会造成表面有麻点等缺陷。

湿法合成革有单涂法合成革（浸渍用水和溶剂而不用聚氨酯浸渍）、浸涂共浴法合成革（浸与涂同时进行）和浸渍涂刮法合成革（先浸渍后涂刮）。它们的工艺原理大同小异，关键的环节是经过水浴凝固生产出具有透气性的聚氨酯合成革面料。

2. 干法合成革工艺过程

干法合成革工艺是指将溶剂型的聚氨酯涂布于底基上，待溶剂挥发后形成聚氨酯薄膜。干法合成革的工艺过程类似于人造革的生产过程，也有直接涂层工艺和转移法工艺的区别。由于聚氨酯涂层在凝固过程中没有气泡产生，所以干法合成革没有透气性。下面以转移法工艺为例进行说明。工艺流程如下：

离型纸放卷→涂面层→烘干→冷却→涂中层→烘干→冷却→涂黏结层→预烘至半干→贴合基布→烘干→冷却→剥离→卷取→检验→成品包装

合成革的转移法工艺与人造革的转移法相似，都采用三涂三烘加工过程，但在工艺原理上有区别。生产 PU 时，在离型纸基上先涂刮面层，涂刮后并不是入烘箱塑化，而是在烘箱中干燥。因为 PVC 树脂是颗粒状混合物，必须经过塑化工艺熔融以后才能冷却成膜，而配制的聚氨酯浆液是溶液，待溶剂挥发后即可成膜。操作时要把烘箱温度控制在略高于 DMF 的沸点，便于溶剂的挥发。

聚氨酯表层烘干后冷却，可以使表面不发黏，便于下一层的涂刮。接着涂刮中层、烘干冷却，然后再涂刮黏结层，烘干到半成干时与布基贴合。最后再进行烘干冷却，与离型纸剥离，即可得到干法合成革。

干法合成革与湿法合成革相比较，透气性不如湿法合成革的透气性好。因为湿法合成革的聚氨酯膜内有微孔结构，而干法合成革聚氨酯膜是一种致密的无孔结构，一方面阻止了水的透过，具有防水性，另一方面也阻碍了水蒸气和空气的传递，降低了涂层的透气性和透水汽性。

四、合成革性能与应用

合成革的性能比人造革优越，这与树脂性能有关。PU 树脂膜的耐磨性、耐弯曲性、抗撕裂性、延伸性等都优于 PVC 树脂膜，所以合成革的性能比较好。在模仿天然革上，合成革具有类似网状层的纤维结构，

树脂膜具有一定的透气性，外观与性能更接近于天然革。

合成革的品种有很多，从布基上看，有机织布合成革、针织布合成革、非织造布合成革，还有刷毛布合成革。从表层的修饰上看，有高光合成革、亚光合成革、雾化合成革、压花合成革、搓纹合成革、磨面合成革、仿旧效应合成革、金属效应合成革、荧光效应合成革、双色效应合成革、打光效应合成革等。这些合成革的特点，都可以直接观察到。

对于合成革的透气性，是很难用肉眼区别的，所以在选择合成革时应该关注它的透气性。对于湿法合成革来说，涂层上有微孔，即使用织物作底基，也会有透气性。而干法合成革的涂层虽然是聚氨酯材料，但结构上没有微孔，薄膜很致密，可以防水但并不透气。干法合成革是从人造革演变成合成革的过渡产品，实质上属于聚氨酯人造革。

合成革具有许多优良的性能，比如说质地均匀、不怕水洗、不怕霉变等，但它毕竟不是天然革，在与人体接触时感觉不如天然革舒适。人体的皮肤是蛋白质，对蛋白质材料具有亲和性，所以在穿着化学材料时会感觉不舒服。在使用人工革材料时要根据材料的性能进行选择，以能够满足使用要求为准。把合成革与天然革做综合性比较，可以了解到不同质材料的各自的特性。有关天然革与合成革综合比较见表 2-8。

表 2-8　天然革与合成革比较

编号	比较项目	天 然 革	合 成 革	备 注
1	粒面层	正面革有天然的美丽花纹	仿真性强、可压出同样花纹	区别在于有无毛孔
		修面革可涂饰出各种效应	涂饰效果更加亮丽	
2	网状层	纤维成束状、编织紧密	非织造布为单根纤维缠结	纤维结构不同
3	伤残	会有各种不同缺陷存在	均匀无缺陷	天然与合成材料不同
4	部位差异	触摸不同部位手感有区别	质地均匀一致	
5	轻弯折	有细小纹路出现	光滑无皱	有无毛根
6	剪口撕裂	手拉伸剪口处很难撕开	易撕裂、强度低	纤维束与纤维编织不同
7	抗张强度	较高	较低	
8	耐崩裂性	好	较弱	
9	耐曲挠性	好	较差	
10	弹性塑性	既有弹性又有可塑性	弹性好	
11	气味	有鞣制材料的特殊气味	有化学材料的味道	化学材料不同
12	透气性	好	有一定透气性	纤维结构不同
13	透水汽性	好	无透水汽性	
14	耐水性	不耐水	好	蛋白质与合成纤维材质不同
15	耐酸碱性	有一定耐酸碱性	好	
16	耐微生物	不耐微生物作用	好	
17	燃烧	发出毛发烧焦臭味	发出化学材料味道	
18	燃烧后	燃烧后灰烬为粉末状	燃烧后凝结成胶球	
19	密度	密度大	密度小	

通过比较可以看出合成革具有许多自己的优势。比如在外观的色彩、光亮度、花纹变化上，合成革薄膜的修饰要比天然革漂亮，许多时髦的女浅口鞋都是用合成革或者人造革生产的；合成革的耐水性好，制品便于清洗，在生产运动鞋时得到普遍的应用，这是天然革所不能相比的；合成革密度轻，制作包袋使用要很灵巧；合成革的材质均匀一致、表面无缺陷，便于裁断，出材率高于天然革。上述特点使得合成革的应用范围越来越广泛。

对于以针刺非织造布为底基，经聚氨酯树脂浸渍、涂覆、湿法凝固等工艺所制成的合成革，已经制定了相关的企业标准。一般把这类产品分为三种类型，各有不同的用途和物理机械性能指标。

Ⅰ类产品：主要用于制作女鞋、童鞋、箱包、手袋等产品，厚度要求≥1.10mm，宽度≥1000mm，每卷面积≥35m^2。

Ⅱ类产品：主要用于制作球类产品，厚度要求≥1.40mm，宽度≥1000mm，每卷面积≥35m^2。

Ⅲ类产品：主要用于制作鞋、照相机和仪器等各种外套，厚度要求≥1.45mm，宽度≥1000mm，每卷面积≥35m^2。

这三类产品的区别在于厚度不同，根据不同产品选择不同厚度的合成革可以减少操作上的片削加工。

在外观检测中，要求合成革的花纹深浅一致，色差、绒毛不明显，没有熔融、孔洞、脏污、浮斑、褶皱等缺陷，没有线道、涂覆不良等明显连续缺陷。其中的“绒毛”是指用刷毛布做底基时，如果涂饰层掩盖不严就会露出绒毛。相关的物理机械性能指标见表 2-9。比较表 2-6 和表 2-9 可以看出合成革与人造革之间的显著差别。

表 2-9　　合成革物理机械性能指标

序号	项目			指标					
				Ⅰ类		Ⅱ类		Ⅲ类	
				优等品	一级品 合格品	优等品	一级品 合格品	优等品	一级品 合格品
1	表观密度/(g/cm^3)		≤	0.70	0.80	0.70	0.80	0.70	0.80
2	拉伸负荷/N	经纬向	≥	43	40	50	43	68	50
3	断裂伸长%	经纬向	≥	20					
4	撕裂负荷/N	经纬向	≥	20		25			
5	剥离负荷/N		≥	29				49	
6	崩裂性	高度/mm	≥	7.0					
		负荷/N		49～167					
7	耐折牢度/级	23℃	≥	4					
		−10℃	≥	4					
8	表面颜色牢度/级	干摩擦	≥	4		4			
		湿摩擦	≥	3		3			
9	透湿度/($mg/cm^2 \cdot h$)		≥	1.5		—		1.5	
10	吸水度/%		≥	15		—		15	
11	耐水度/min			1					
12	耐热黏着性/级		≥	4					

注：篮排球、照相机外套用革做表面颜色牢度的汗液摩擦试验，其他产品不考核。

思考与练习题

1. 聚氨酯材料是怎样生成的?
2. 湿法合成革涂层中的微孔是怎样形成的?
3. 通过表 2-8 找出 5 种区别天然革与合成革的方法。

第四节　超细纤维革

超细纤维革是指用细度在 0.3dtex 以下的纤维制造的合成革。也就是说超细纤维革也是一种合成革，但是底基所用非织造布是由超细纤维构成的。

有关超细纤维至今国际上尚无统一的定义。近年来化纤行业普遍将单丝线密度低于 0.3dtex 的纤维称为超细纤维。英文的 tex 是细度的法定计量单位，中文叫做“特”，1tex 表示长度在 1000m 时的纤维重 1g。dtex 是分特，0.3dtex 表示长度在 1000m 时的纤维重 0.3g。棉纤维的细度一般在 1.55～2.5tex，蚕丝的细度一般为1.3dtex，可见超细纤维比蚕丝还要细。纤维在非常细的情况下，会赋予制品一些特殊的性能。

一、超细纤维类型

超细纤维目前有“橘瓣分裂纤维”和“海岛纤维”两种类型。

橘瓣分裂纤维是指纤维的横断面像分裂的橘瓣，由两种不同组分的原材料构成，组分之间呈分裂状，分裂的数目有一般有4、8、16、32瓣，瓣数的多少与纺丝的设备有关。海岛纤维也是由两组分原材料构成，在横断面上可以看到其中的一个组分呈分散状态，像孤零零的“岛”；另一组分呈连续状态，像“海”一样包裹着岛，所以这种纤维叫做海岛纤维。海岛纤维是目前超细纤维的典型代表。

1. 海岛纤维的构成

目前生产海岛纤维的方法有两种，一种是定岛法纤维，另一种是不定岛法纤维。生产方法不同，所得到的纤维在性能上有区别。

(1) 定岛纤维　定岛纤维是通过双组分复合纺丝技术制成的。在纺丝的初期，两种组分以单独的形态存在，各走各的管道，分别在两个挤出机内熔融塑化。然后再经过精细的共挤喷丝头装置进行纺丝，使其中的一个组分附着在另一组分之上，就可以得到复合纤维。连续相的组分包裹住另一分散相的组分。从横截面上看，被包裹的组分呈细微的分散状态，形成岛；另一组分呈连续状态，形成海。

纤维的海岛结构形式和岛的数量是由喷丝头的结构决定的，因此岛的大小和数量是可以控制的，而且海与岛的成分在纤维的长度方向上是连续、密集、均匀分布的，可以形成长丝。纺丝后要经过定倍拉伸，使单丝变细，但海岛的结构并不改变。

海岛纤维的细度与普通合成纤维相似，而形成超细纤维的关键在于后期的“减量”工艺处理上。所谓减量工艺处理，就是用溶剂将海岛纤维中的一个组分溶解掉。如果溶解掉岛的组分，所得到的纤维就会成中空管状，横断面很像切开的藕，有许多空腔，这种纤维叫做藕状纤维。如果是溶解掉海的组分，所得到的纤维就会成束状，这与真皮纤维束很接近，这种纤维叫做束状纤维，也就是超细纤维，见图2-4。

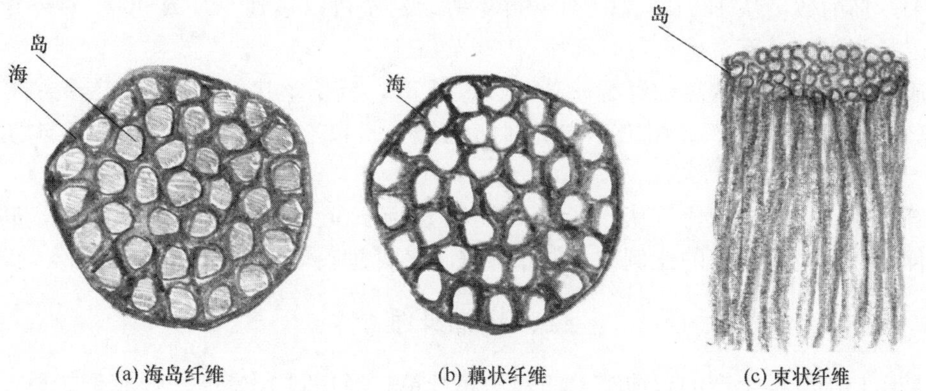

图2-4　藕状纤维与束状纤维示意图

如图所示，图（a）是未减量前的海岛结构，图（b）是溶解掉岛以后形成的藕状纤维，图（c）是溶解掉海以后的束状纤维。

不管是藕状纤维还是束状纤维，都是在极细的纤维上又增加了更细小的缝隙，在遇到水汽时会产生毛细现象，使超细纤维革具有良好的透水汽性。因此在选择双组分原材料时，要以对同一溶剂的溶解性能不相同的高聚物为标准，便于减量工艺的实施。

定岛纤维中岛的数量是固定的，均匀而且有规则排列，线密度一致，细度能达到0.04dtex。目前应用到长丝上比较多。

(2) 不定岛纤维　不定岛纤维是通过双组混溶纺丝技术制成的。在纺丝的初期，就将两组分原料均匀混合，然后一起熔融，纺丝形成混溶纤维。在纤维结构上，同样会出现一个组分以细微分散的状态存在，形成岛；而另一组分呈连续状态，把岛包裹起来形成海。从横断面上看，由于岛的形状和大小都不固定，所以叫

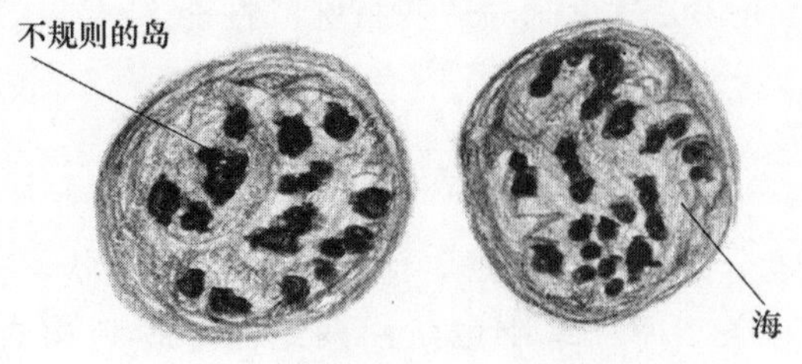

图 2-5　不定岛纤维断面结构纤维示意图

做不定岛纤维，见图 2-5。

不定岛纤维的单丝中岛的数量与大小是不可控制的，在纤维长度方向上是非连续的密集分布。虽然用不定岛法生产的海岛纤维岛数不固定、纤度有差异，但总体上使纤维更细，最细可达到 0.001dtex。

不定岛法生产的纤维也是以常规纤度存在，经过后期减量工艺处理后才能形成藕状纤维或束状纤维。由于熔融的双组分在纺丝后需要经过定倍拉伸，所以不定岛纤维的不连续性影响了纤维的长度，不定岛法目前还不能生产长丝，而只能生产短纤维。

2. 海与岛的组分

在海岛纤维中，生成岛组分的材料主要有聚酯（PET）、聚酰胺（PA）、聚丙烯腈（PAN）等。生成海组分的材料主要有聚乙烯（PE）、聚丙烯（PP）、聚乙烯醇（PVA）、聚酯（PET）、聚酰胺（PA）、聚苯乙烯（PS）、聚丙烯腈（PAN）、改性聚酯（COPET）等。

生成海岛纤维的双组分是要经过精心选择的。通过两种聚合物的混合比与熔融黏度的组合变化，可以决定海或岛的组成。一般混合比率大、熔融黏度低的组分容易形成连续状的海，而混合比低、熔融黏度高的组分容易形成分散状的岛。一般情况下，比例小的组分容易被孤立分散成岛，而比例大的组分容易聚集连续成海。黏度高的组分不容易流动、不容易分散，容易被分散成单独存在的岛，而黏度低的组分流动性好、容易包围住其他组分形成连续的海。在特殊的情况下，如果混合比率相等、或要使混合比率高的组分形成岛时，则必须控制成岛组分熔融黏度高于海组分。

黏度是表示液体在流动时分子间产生内摩擦性质的物理量，单位是 Pa·s。将两块面积为 $1m^2$ 的板浸于液体中，两板距离为 1m，若施加 1N 的切应力，使两板之间的相对速率为 1m/s，则此液体的黏度为 1Pa·s。黏度越大，黏性越强，分子之间的运动阻力越大，越不易流动。

在定岛纤维中，岛的数量从 16、37、64 到 200 不等，甚至可以达到 640 或 900。在不定岛纤维中，岛纤维杂乱无章，可以是几十、几百，也可以是几个。

目前市场上流行的是定岛束状超细纤维，岛的数量是 37，呈长丝状，岛的组分是聚酰胺，海的组分是可溶性聚酯，海与岛的比例是 30∶70。生产不定岛时海的组分是聚乙烯或聚苯乙烯，海与岛的比例是 55∶45 或 50∶50。

在束状海岛纤维中，海与岛的比例从原来的 60∶40 逐渐演变为 20∶80。一般来说，岛的比例越高，其纤维的最大可拉伸倍数就越小，海的比例减少便于减量工艺处理。

二、超细纤维革

超细纤维革是用超细纤维生产的合成革，简称为超纤革。经历过人造革、合成革之后，现在的超纤革已成为人工革的第三代产品。人造革只是在表面上对天然革外观进行模仿，两者性能相差很大；合成革是从网状结构上对天然革进行模拟，性能上有些接近；超纤革是从束状纤维开始进行模仿，在手感、性能和外观上都很像天然革。我国早在 1979 年就由烟台合成革厂从国外引进了藕状纤维革技术，经过多年的努力，生产超纤革的技术已经日趋成熟。

生产超纤革的技术复杂、成本高、加工难度大。特别是需要跨越四个产业领域的专业技术，包括海岛纤维的生产技术、非织造布的生产技术、合成革的制造技术以及超纤革的染整技术。下面以不定岛纤维为例，对超纤革的生产过程进行初步了解。工艺流程如下：

50％聚酰胺与 50％聚苯乙烯混合→熔融纺丝→集束→拉伸→曲化→切断→开松→梳整→铺网→合网→针刺→浸渍 PVA→热辊压、辊筒干燥→磨面→浸渍 PU→涂覆 PU→水浴凝固→洗涤→减量工艺→疏水处理→扩幅干燥→压花纹→检验→成品卷取。

生产不定岛纤维时，首先把双组分材料混合，然后共融纺丝，形成混溶型海岛纤维。先把纤维集结成束，进行定倍拉伸，再把纤维卷曲，产生有自然的弯度，接着进行切断，形成类似羊毛长度的纤维。然后把纤维开松、梳整、铺网、合网、针刺，形成纤牢固的纤维网。这与非织造布的生产过程相同。

浸渍聚乙烯醇后，PVA 液体把纤维包裹起来，对纤维有保护作用和热收缩作用。聚乙烯醇耐热温度低，遇热收缩时也连同纤维网一起收缩，增加纤维网的密度。在后期浸渍聚氨酯时，由于纤维被包裹住，所以聚氨酯不会粘接在纤维上。PVA 易溶于水，很容易被热水洗掉。在除去 PVA 后，浸渍的聚氨酯就会自身形成多孔的弹性体。

浸渍 PVA 后在压辊上进行热压和干燥，脱除水分和进行热收缩。然后进行磨面，使表面平整。接下来是浸渍 PU 液，进行水浴凝固和洗涤。这与聚氨酯合成革的生产过程相同。

在海岛纤维中，聚酰胺形成的是岛，而聚苯乙烯形成的是海。聚苯乙烯溶解于甲苯，在减量工艺中，通过热甲苯溶解作用，可以把海的成分萃取出来，使海岛纤维形成超细纤维束。

经过疏水处理，扩幅干燥、再经过压花纹等表面处理，最后得到超细纤维革。

由于超细纤维比普通的纤维更细，所以超纤革比一般的合成革更轻、更加柔软和蓬松，而且具有良好的透气性和透水汽性。此外，还具有保暖性、不发霉、无虫蛀、不怕揉等优良性能。

如果将超纤革的表面进行磨毛处理，也可以得到“绒面革”，细细的绒毛与天然革不相上下，市场上叫做人工麂子皮。

生产合成革和超纤革的工艺基本相似，但是在具体的处理环节上会各有不同，使得最后的产品也各有所长，形成了同一类型的不同品种。

在聚酰胺超细纤维革中，锦纶丝的线密度只有 0.001～0.050dtex。超细纤维会给合成革带来优异的性能，但是也会有不良影响。纤维越细，对染料的吸附速度越快，使得匀染性变差；纤维越细，比表面积越大，使得显色性变差。所以超纤革的后期整理工序也是一个重要的生产环节。

三、超细纤维革的性能与应用

超细纤维革是一种比较特殊的合成革，除了具有合成革的基本特点外还有自身的特点。表现为手感丰满、柔软，具有较好的耐磨性、耐寒性、耐曲挠性和机械强度，具有透气性、透水汽性，而且耐化学性、防水性、防霉性优异。但是由于聚氨酯材料易水解、不耐黄变，影响到了超细合成革的使用。

生产超纤革使用的是束状超细纤维，在结构上可以模仿出天然革的纤维束，使得透气性、透水汽性比合成革有了很大的改善。在手感上丰满柔软，用超细纤维生产的人工麂子皮，有类似于真丝的手感，可与绒面革相媲美。

合成革的质地比较轻，超纤革经过减量工艺处理后变得更轻，这成为超纤革的一大特色。一般的高档皮鞋大都是天然革制造的，但是高档的运动鞋却是用超纤革生产的，因为在竞技比赛中，鞋体的轻重会直接影响到运动的成绩。如果鞋体每增加 100g，那么体能的消耗就要多增加 1%。一般的跑鞋每双质量在 200g，2008 年北京奥运短跑冠军博尔特的跑鞋只有 186g，这种轻盈的鞋体是天然革无法承受的。

有关超纤革的参考质量指标见表 2-10。

表 2-10 某企业超纤革质量标准

<table>
<tr><th rowspan="2">编号</th><th rowspan="2" colspan="2">项 目</th><th colspan="4">鞋 用 革</th></tr>
<tr><th>1.20</th><th>1.40</th><th>1.60</th><th>1.80</th></tr>
<tr><td>1</td><td colspan="2">厚度/mm</td><td>1.20±0.10</td><td>1.40±0.10</td><td>1.60±0.10</td><td>1.80±0.10</td></tr>
<tr><td>2</td><td colspan="2">表观密度/(g/cm³)</td><td colspan="4">≤0.60</td></tr>
<tr><td>3</td><td>拉伸负荷/N</td><td>经纬向</td><td colspan="4">≥120</td></tr>
<tr><td>4</td><td>断裂伸长/%</td><td>经纬向</td><td colspan="4">≥25</td></tr>
<tr><td>5</td><td>撕裂负荷/N</td><td>经纬向</td><td colspan="4">≥60</td></tr>
<tr><td>6</td><td colspan="2">剥离负荷/N</td><td colspan="4">≥35</td></tr>
<tr><td rowspan="2">7</td><td rowspan="2">崩裂性</td><td>高度/mm</td><td colspan="4">≥7.0</td></tr>
<tr><td>负荷/N</td><td colspan="4">100</td></tr>
</table>

续表

编号	项　目		鞋用革			
			1.20	1.40	1.60	1.80
8	耐折牢度/级	23℃(50万次)	≥4			
		−10℃(2.5万次)	≥4			
9	表面颜色牢度/级	干摩擦	≥4			
		湿摩擦	≥4			
10	透湿度/[g/(cm^2·h)]		≥0.5			
11	吸水度/%		≥15			
12	耐水度/min		≥1			
13	耐热黏着性/级		≥4			

从人造革到合成革、再到超纤革，都是从模仿天然革的角度出发，力求在外观上、结构上、性能上更接近天然革。人工革的性能是由底基层和涂饰层两部分决定的。比如在强度上，涂层的强度比较弱、但延伸性比较好，所以拉伸负荷、撕裂负荷、崩裂性等物理机械性能都是由底基层提供的，而透湿性则是由涂饰层提供的。如果涂饰层形成的是致密薄膜，透气性、透水汽性几乎没有，如果通过水浴凝固形成的是具有微孔的薄膜，那么就有透气性和透水汽性。如果涂饰层与底基层的微孔连成一体，则透气性和透水汽性就比较好，这就形成了合成革。进而改变底基的结构，形成类似纤维束的束状纤维，这就形成了超细纤维革。

超纤革很像天然革，有时会真假难辨。如果总是用超纤革和天然革做比较，虽然超纤革的某些性能已经超过了天然革，但还是比不过天然革，因为人工革毕竟不是天然革。所以现在要重新认识人工革，不要再把它们当做仿革制品或拟革制品，而是一种有自己独特性能的片状材料。比如做衣服，可以选择皮革材料、纺织材料，也可以选择人工革材料。比如做鞋，可以选择皮革材料，可以选择纺织材料，当然也可以选择人工革材料。它们之间没有什么谁是真、谁是假的关系，有的只是性能不同、使用的环境和场合不同。出于成本的考虑，还可以互相代替。所以选用材料的标准就是将优异的性能使用到最合适的位置。

聚氨酯的溶剂二甲基甲酰胺（DMF），也叫做富马酸二甲酯，也可以做工业防霉剂，但是与皮肤接触会引起湿疹。2008年在欧洲有超过1500人使用了含DMF的合成革沙发、扶手椅和鞋子，引发皮肤过敏和丘疹。因此，欧盟从2009年5月1日起规定所有输欧产品中富马酸二甲酯含量必须低于0.1mg/kg。不仅如此，在生产PVC人造革时要使用大量的增塑剂，其中邻苯二甲酸酯类占据增塑剂市场的88%。早先的研究认为邻苯二甲酸酯类毒性低，但自从在人体组织内和尸检中查出邻苯二甲酸二辛酯以后，美国国家癌症研究所发现大剂量的邻苯二甲酸二辛酯会导致老鼠致癌。因此，欧盟在2005/618/EC决议中规定了6种邻苯二甲酸酯类增塑剂的最大限量。由于人工革是用化学材料生产的制品，有些材料可能会造成对环境的污染、对人体的危害。我国的环保部门虽然也发布了《清洁生产标准　合成革工业》（HJ 449—2008），但要达到完全清洁生产还需有一个过程。所以在生产出口产品时，要对选购的材料进行检测，如果出现违规的物质，将会导致巨大的损失。

纳米材料是现在很时髦的材料，由于纳米材料具有特殊的特性，人们开始尝试把不同性能的纳米材料加入聚氨酯合成革配方中，力求赋予合成革某些新的功能。纳米是一种长度单位，1米（m）的千分之一是1毫米（mm），1毫米（mm）的千分之一是1微米（μm），1微米（μm）的千分之一是1纳米（nm），所以纳米材料的粒径很小。如果把某些材料的颗粒直径控制在纳米数量级范围，就成为纳米材料。纳米材料的粒子小，渗透能力极强，可以进入到物质内部的分子结构上，从而改变物质的性能。例如在生产合成革时，可以加入纳米SiO_2材料，粒径在10～20nm，通过超声分散机将这些纳米颗粒分散到聚氨酯树脂中去。加入纳米填料后，合成革的拉伸强度和延伸率均得到提高。目前，纳米产品的功能研究主要集中在抗菌除臭、增韧增强、抗老化、耐黄变、红外保暖保健等方面。纳米合成革的出现，将会大大开拓对人工革材料的选择范围。

思考与练习题

1. 什么叫做海岛纤维？什么叫做定岛纤维？什么叫做不定岛纤维？
2. 藕状纤维和束状纤维各是怎样生成的？
3. 超细纤维革有什么特点？

实训二　天然面革与人工面革的区分

人工面革的外观特征越来越像天然面革，但是两者的材料还是有本质的区别。因此掌握天然革与人工革的简单区别的方法，有利于不同材料的选用。

一、目的要求

通过区分天然革与人工面革，可以加深对不同材料的认识，掌握简单的区分方法。

二、内容

在多种原材料和制品中区分出天然革、人造革、合成革、超纤革。

三、操作步骤

（1）将10种或更多不同材质的面革材料或制品编号，摆放在教室内。
（2）要求学生采用手摸眼看等经验方法区分出天然革、人造革、合成革、超纤革。
（3）区分时不能破坏材料或制品。
（4）将区分的结果填入表2-11中，作为实训成绩考核的依据。

表2-11　　天然面革与人工面革的区分　　填表时间：　　年　　月　　日

编号	物品名称	区分结果	判断依据
1			
2			
3			
4			
5			
6			
7			
8			
9			
10			
姓名		成绩	

四、考核标准

（1）评定成绩的标准采用优、良、及格、不及格四个等级。
（2）区分结果中每出现一项错误降半级。
（3）每项中如果没有区分结果降一级。
（4）教师在课后要公布标准答案并进行分析。

第三章　橡胶与树脂

本章提要　橡胶与树脂都是高分子材料，通过学习不同类型的橡胶和树脂材料，可以了解橡胶底、塑料底、橡塑底的制备过程，掌握各种鞋底性能及应用，并能够对不同材料生产的鞋底进行简单的识别。

橡胶与树脂是两类性质不同的材料，但它们都属于高分子化合物。高分子化合物又叫做高聚物，是由千百个原子彼此以共价键连接的大分子化合物。它们具有较高的相对分子质量，至少在1000以上，一般为几万到几十万，甚至可达数百万。

高分子化合物虽然相对分子质量很大，但化学组成比较简单，大都是由简单的结构单元以重复的方式连接成的。比如生产人造革所用的聚氯乙烯材料，它的单体是氯乙烯，结构式为：$CH_2=CHCl$，聚合成大分子时双键打开，分子与分子之间相结合，形成了聚氯乙烯聚合物。结构示意式：

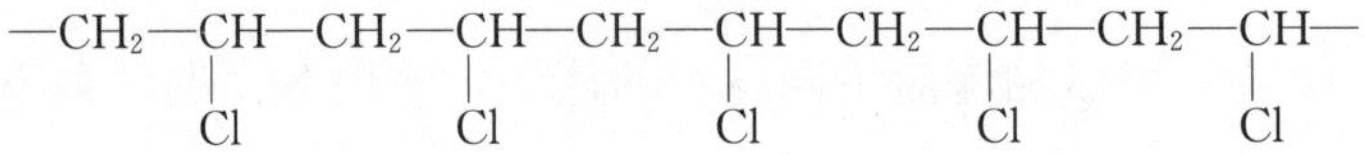

缩写成

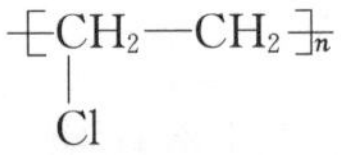

聚氯乙烯（PVC）是由多个结构单元 $-CH_2-\underset{Cl}{\underset{|}{CH}}-$ 重复连接的，结构单元叫做链节。

高分子化合物所包含的链节数目即缩写式中的 n，表示有许多的链节。n 叫做聚合度。虽然高分子化合物的链节结构相同，但聚合度并不相同，有的分子链比较长，有的分子链比较短，所以高聚物的相对分子质量是指平均相对分子质量。

从低分子化合物到高聚物，由于相对分子质量的巨大改变而引起质的变化，使高聚物具有不同于低分子化合物的特性。例如高聚物不能挥发，不能蒸馏，分子链柔顺，机械强度高，有良好的绝缘性和结晶性。高分子的结晶性是指大分子的有序排列，由于高聚物的分子很大，从来不会完全结晶，所以把结晶区域所占的百分比数称为高聚物的结晶度。高聚物的结晶程度越大，则机械强度越高、熔点越高、溶解与溶胀的趋向越小。

橡胶具有高弹性，树脂具有可塑性，这两种差异很大的性能直接受到高聚物相对分子质量大小及相对分子质量分布的影响。即使是同一种高聚物，在相对分子质量大小不同时，性质的差异也很大。例如聚异丁烯材料，在不同相对分子质量时，其性质迥然不同，见表3-1。

表3-1　　**聚异丁烯的相对分子质量与形态的关系**

相对分子质量	数量级	形态
3000	几千	油状液体
15000	上万	黏状物质
50000	几万	树脂
1000000	上百万	弹性体

从表中可以看出，聚异丁烯材料在相对分子质量为3000时，属于较低的相对分子质量，分子之间的作用力还比较弱，所以材料表现出油状液体，可以流动。在相对分子质量加大到15000时，分子之间的作用力加大，流动性消失，表现出黏稠状。相对分子质量继续加大，达到50000时，黏稠性能消失，表现出固体形式，加热时可以软化、熔融，具有可塑性，这就是树脂材料。如果相对分子质量增加到上百万，此时聚丁烯表现出具有高弹性，这就是橡胶材料。

一般说来，树脂的相对分子质量在几万到几十万，而橡胶的相对分子质量在几十万到上百万。橡胶的相对分子质量比树脂的相对分子质量大，柔性更强，所以显示出高弹性。有些材料既有树脂的热塑性，又具有橡胶的高弹性，除了受到相对分子质量的影响外，还会受到高分子空间结构的影响。这些内容将在具体材料中加以分析。

第一节　天然橡胶

橡胶是具有高弹性的高聚物，能在外力的作用下变形，除去外力后又恢复原来的形状。根据橡胶的来源不同，可分为天然橡胶与合成橡胶两大类。

早期的天然橡胶是从野生巴西三叶橡胶树所得的胶乳加工制成的。随着人们对橡胶需求量的不断增加，开始对橡胶树进行人工栽培。现在几乎98%以上的天然橡胶都是由栽培橡胶树所得的胶乳加工制成的。橡胶树适于生长在热带、亚热带，我国的海南、广东、广西、云南等省都有橡胶树栽培，成为我国天然橡胶出产基地。

一、天然橡胶乳

橡胶乳是制备橡胶的原料。橡胶乳存在于橡胶树的根、茎、叶内，在树皮下面有许多乳管，比较容易采集。采集胶乳俗称割胶，在距地面1m左右高的树干外部，割开一条倾斜的切口，由于乳管被割破，胶乳便沿着切口方向往下流，流进固定在树上的接胶杯内。按时收取胶乳，经过滤注入专门的储存器内。为了防止胶乳凝聚，储存器内预先加入一定量的氨水。

天然橡胶乳是一种乳白色或浅黄色乳状液体，外观很像牛奶。胶乳中含有35%左右的橡胶烃，60%左右的水分，此外还含有少量的蛋白质、卵磷脂、糖分、灰分等非橡胶成分。

橡胶烃的粒子悬浮在水溶液中。胶粒结构分为两层，内层是橡胶层，外层是吸附层，吸附着蛋白质、卵磷脂。在氨水维持的碱性溶液中，这些被吸附的非橡胶成分发生电离，使橡胶乳粒子带有同种电荷，从而粒子之间相互排斥，保持悬浮状态，不会发生凝聚作用。

新鲜胶乳大体呈中性，pH约等于7。但经过长期放置，由于受细菌和氧的作用而酸性增大，当pH接近5时，则发生自然凝聚作用。为此，通常是加氨水调节pH在9～10，在碱性条件下保持胶乳的稳定性。

胶乳具有浸润亲水性材料的性能，例如皮革、棉布、丝绸等都能被胶乳润湿。胶乳的黏度会随着温度的升高而降低，随着浓度的增大而增加。当浓度在60%～65%时，胶乳黏度增加很快，当浓度达到75%时即变成膏状。在利用胶乳制备黏合剂时，或者生产胶乳制品时，一般要调节胶乳的浓度在60%以上。

保存胶乳大多使用氨水，因为氨水比较容易除去。储存的温度在2～27℃为宜。在运输过程中氨的含量应该在0.7%以上，低于此值则保存不良，保存时间极短。

天然橡胶乳是生产天然橡胶的主要原料，此外利用浓缩胶乳也可以生产胶乳黏合剂，作为生产再生革、合成内底革和纸板革的添加剂，也可以直接生产手套、气球等浸渍制品。

二、天然橡胶片

天然橡胶往往制成片状材料，所以叫做橡胶片。天然橡胶片是由天橡胶乳经过凝固、压片等加工过程而制成的。天然橡胶的代号为NR。

1. 天然橡胶片的种类

天然橡胶片的种类有多种，按照传统外观分类主要有烟胶片、风干胶片和皱胶片。

烟胶片是天然橡胶的主要品种。将新鲜的胶乳过滤、除去杂质，放入凝胶池中，加水稀释后再加有机酸进行凝固。将凝固的胶团经过挤压辊挤出水分，压成3.0～3.5mm厚度、表面有菱形花纹的胶片，然后送入烟熏房中进行烟熏干燥，经过8～10天制成烟熏胶片。经过烟熏的胶片有防腐的性能，但颜色比较深，适于生产黑色和深色制品。

风干胶片也是采用新鲜胶乳为原料，加入化学催干剂，经加酸凝固、压片、风干、烘干等工序制成的浅黄色胶片。风干胶片的颜色比较浅，适于生产白色、浅色和彩色制品。

皱胶片分为白皱胶片和褐皱胶片两类。其中的白皱胶片采用新鲜胶乳为原料，经过漂白后再进行凝固，经过压皱水洗，在烘干房中进行干燥。胶片压皱后表面积增大，便于脱水干燥。白皱胶片的颜色为白色或浅黄色，比较干净，适于生产白色、艳色的制品。

褐皱胶片使用杯胶、线胶、泥胶等回收胶的杂胶为原料制成，杂质多，颜色深，性能较差，适用生产一般质量要求不太高的制品。

在 20 世纪 60 年代开发了“颗粒橡胶”这一新品种。由于颗粒橡胶便于生产、使用、保存和运输，所以现在的产量超过了烟胶片和风干胶片的总和。颗粒橡胶只是外观由胶片改为颗粒状，所用的原料可以是新鲜胶乳，也可以是杂胶，前期的生产过程与不同品种的橡胶片基本相同，只是在后期经过压皱后要进行造粒和干燥。颗粒橡胶起源于马来西亚，以 SMR 名称推广到世界各地，所以也叫做 SMR 橡胶。

2. 天然橡胶的分子结构

天然橡胶由橡胶烃和非橡胶烃物质组成。橡胶烃是以异戊二烯为单体的高聚物，这种高聚物具有直链状的分子结构。结构式为：

$$\left[CH_2-\underset{\substack{|\\ CH_3}}{C}=CH-CH_2 \right]_n$$

天然橡胶的相对分子质量分布在 10 万～180 万，平均相对分子质量在 70 万左右。聚异戊二烯的分子主链成直链，每个链节上有一个甲基“$-CH_3$”，当“$-CH_3$”排列在分子的同一侧时叫做顺势异戊二烯，分子链具有柔顺性。

柔顺的分子链在适当的溶剂中可以无限溶胀，并能生成均匀溶液。配置汽油胶就是利用橡胶烃可以在汽油中溶解的原理制成的。柔顺的分子链往往卷曲成无规则的“线团”，在受力拉伸时分子链被拉直，当外力消除后又卷区收缩，形成了高弹性，分子链柔顺性越大，弹性就越好。

在自然界中“$-CH_3$”排列在分子两侧的橡胶也有，叫做古塔胶，其分子结构属于反式结构，具有结晶性而没有弹性。顺式结构与反式结构是高聚物分子的空间构型，对高聚物的性能有着重要的影响。

在聚异戊二烯分子的结构中有双键存在，可以同硫化剂等物质发生化学反应，生成硫化橡胶。通过硫化的作用，使橡胶分子的线型结构转变成网状结构，具有网状结构的橡胶其物理机械性能变得更好。

3. 天然橡胶的物理性能

天然橡胶的主要物理性能如下：

(1) 天然橡胶的密度为 0.91～0.93g/cm^3。但是橡胶制品的密度往往比较高，比如橡胶底就比较沉重，这是因为在加工过程中加入密度较大的填充剂。

(2) 天然橡胶会受温度的变化而变化。在常温下，天然橡胶具有较高的弹性，并略带塑性。生胶的可塑性会随着温度的升高而增大。

在温度上升到 130～140℃时出现软化现象，在 150～160℃显著软化，200℃左右显著降解，220℃变为熔融状态，达到 270℃时则急剧分解。

如果温度降低超过常温则天然橡胶变硬，低于 10℃时逐渐结晶硬化，弹性也大幅下降，冷至－70℃时则变成脆性物质。受冷冻的天然橡胶加热到常温时，可恢复原来的弹性状态。

(3) 天然橡胶有很好的弹性。在 0～100℃的范围内回弹率可达 50%～85%，升温至 130℃仍能保持正常的使用性能。低于－70℃时才会成脆性物质。

(4) 天然橡胶的机械强度高。天然橡胶是一种结晶橡胶，自补强的性能较大。经硫化后的天然橡胶拉伸强度为 17～25MPa，经炭黑补强的硫化胶拉伸强度可提高到 25～35MPa。硫化后的天然橡胶耐曲挠性好，屈挠 20 万次以上才会出现裂口。

(5) 天然橡胶与普通橡胶和树脂的相容性好。天然橡胶属于非极性橡胶，除极性材料外，与一般的橡胶或树脂能很好相容，有利于橡胶的改性。

(6) 天然橡胶具有较好的气密性、抗水性、绝缘性。

4. 天然橡胶的化学性能

天然橡胶因为有不饱和双键，所以是化学反应能力比较强的物质，可以发生各种化学反应，生成硫化胶及其他多种橡胶衍生物。天然橡胶的主要化学性能如下：

（1）硫化作用强　将天然橡胶与硫化体系的配合剂均匀混合在一起，在一定的温度和压力下反应一定的时间，就能使橡胶分子的线型结构转化为网状结构，成为硫化胶。硫化胶才能体现橡胶材料优异的物理机械性能。

（2）耐老化作用差　橡胶受外界因素影响性能变坏的不可逆过程叫做老化，在光、热、臭氧、辐射、曲挠变形和铜、锰、铁等金属作用下都能促进橡胶老化。不耐老化是橡胶的致命弱点，所以在橡胶制品中通过加入防老化剂，起到延缓老化作用。

（3）耐碱性能好但不耐浓强酸　浓强酸具有氧化性，能够破坏橡胶的双键结构。

（4）耐油性和耐溶剂性差　天然橡胶属于非极性橡胶，只能耐一些极性溶剂，而在非极性溶剂中发生溶胀。一般来说，烃、卤代烃、二硫化碳、醚、高级酮和高级脂肪酸等物质对天然橡胶均能溶解。

思考与练习题

1. 天然橡胶分子结构有何特点？
2. 天然橡胶有哪些主要的物理性能？
3. 天然橡胶有哪些主要的化学性能？

第二节　合成橡胶

合成橡胶是指采用人工合成的方法制成的高分子弹性化合物。橡胶是一种重要的战略物资和工业原料，需求量大，在天然橡胶生产受限制的国家往往致力于合成橡胶的开发。合成橡胶的种类很多，按照其性能和用途可分为通用型橡胶和特种橡胶。

特种合成橡胶是指在耐寒、耐热、耐油、耐臭氧等方面具有特殊性能的材料，使用在特殊条件下的橡胶制品。例如硅橡胶，既能耐热又能耐寒性，使用温度范围宽广，能在－100～350℃条件下使用。在制鞋中会用到耐油性能优异的丁腈橡胶。

通用型合成橡胶是指用来代替天然橡胶制作轮胎及其他大量橡胶制品的合成橡胶。在制鞋方面常用的合成橡胶是通用型合成橡胶，主要有丁苯橡胶、顺丁橡胶、异戊二烯橡胶、氯丁橡胶等。下面分别介绍鞋用橡胶。

一、丁苯橡胶

丁苯橡胶是由丁二烯和苯乙烯两种单体共聚生成的高聚物弹性体，代号为SBR。外观为黄褐色的弹性体，相对密度为0.92～0.94，是最早工业化的合成橡胶。

丁苯橡胶具有许多优良性能，具有极好的冲击强度，优良的弹性、耐磨耗性、低温曲挠性和拉伸强度。但是耐臭氧、耐日光性较差，耐油、耐汽油和烃类溶剂很差。

丁苯橡胶的大部分性能与天然橡胶很相似，是一种低成本、使用量大的弹性体。它的物理性能比天然橡胶略差一些，尤其是在苯乙烯含量越多时，丁苯橡胶的弹性、耐寒性、滞后损失、黏着性和加工性能就越差。但丁苯橡胶的耐热性、刚性、耐老化性和耐磨性比天然橡胶好些。由于丁苯橡胶的成本较低，所以在许多使用天然橡胶的地方均可用丁苯橡胶代替。

丁苯橡胶的性能受到苯乙烯含量比例的影响。普通的丁苯橡胶中，苯乙烯的含量为23.5%。根据用途不同，还可以配置其他的含量。当苯乙烯含量在50%～60%时，仍具有橡胶的性质，叫做高苯乙烯橡胶，常作为母炼胶使用。当苯乙烯含量在70%以上时，便失去了橡胶的弹性，性质类似树脂，叫做高苯乙烯树脂。高苯乙烯树脂很少单独使用，大多作为弹性材料的补强剂使用。高苯乙烯树脂可以改善丁苯橡胶的拉伸强度、撕裂强度和定伸应力等性能，可以提高制品的刚性、硬度、曲挠性以及电绝缘性。

丁苯橡胶、高苯乙烯橡胶以及高苯乙烯树脂常用于制鞋工业，一般用于制备硬质鞋底、仿皮底和硬质微孔底等。以丁苯橡胶和高苯乙烯橡胶为原料制备的仿皮底，出型时外表光滑，有一定的硬度和挺括性，很像真皮底。

二、顺丁橡胶

顺丁橡胶是指由1,3-丁二烯单体聚合而成的、具有顺式结构的高聚物弹性体。由1,3-丁二烯单体聚合成的高聚物是聚丁二烯，但由于高聚物分子的空间构型复杂，既有顺式结构，又有反式结构，还有乙烯基结构，而结构不同会引起高聚物性能不同。所以把含有高顺式结构的聚丁二烯叫做顺丁橡胶，代号为BR。顺丁橡胶外观为白色至浅黄色弹性体，相对密度为0.91～0.94。顺丁橡胶的分子排列规整，有大量可以自由旋转的C—C单键，所以分子链很柔顺，是弹性最高的一种橡胶。

顺丁橡胶的弹性好，在很宽的温度范围内都显示高弹性，在温度为－40℃时还能保持弹性。因此顺丁橡胶的低温性能良好，其玻璃化温度在－105℃。顺丁橡胶有优异的耐磨性和耐氧化性，动态弯曲生热低，滞后损失小。顺丁橡胶与油、补强剂、填充剂和其他橡胶有很好的相容性和良好的模内流动性，便于橡胶制品的加工。

顺丁橡胶的缺点是抗湿滑性差、抗拉伸强度和撕裂强度低以及黏合性差。通过与其他聚合物共用、添加增黏剂等方法可以进行改善。

顺丁橡胶是依据1,4顺式结构含量的多少进行分类。含量在96%～98%者称为高顺式聚丁二烯，含量在85%～95%者称为中顺式聚丁二烯，含量在32%～40%者称为低顺式聚丁二烯。目前使用的主要是高顺式聚丁二烯橡胶。如果结构中含有乙烯基的聚丁二烯比较多，会使橡胶具有热塑性。

顺丁橡胶常用来制作皮鞋底、全胶鞋底和鞋面、硫化鞋中底、微孔鞋底等。用顺丁橡胶生产的透明状鞋底很像牛筋，被叫做牛筋底。

三、异戊二烯橡胶

异戊二烯橡胶由异戊二烯单体聚合而成的高聚物弹性体。由于异戊二烯橡胶的分子结构与天然橡胶相同，所以被称为“合成天然橡胶”，代号IR。外观为白色弹性体，相对密度为0.92～0.94，其中顺丁结构比例占97%左右。

虽然异戊二烯橡胶分子的主链结构与天然橡胶相同，但由于人工合成与天然产生的途径不同，天然橡胶中的非橡胶烃组分，会对橡胶链产生影响，所以两者在性质上仍然会有一些差异。

异戊二烯橡胶比天然橡胶的纯度高、质量均一性好，所以杂质少，颜色浅淡，塑炼时间短、混炼加工简便。异戊橡胶的黏合性近乎于天然橡胶，但充模的流动性好。

由于合成的聚异戊二烯的相对分子质量比天然橡胶小，所以在拉伸强度、定伸应力、撕裂强度和弹性上都低于天然橡胶。

异戊二烯橡胶可以代替天然橡胶广泛应用于制鞋工业。用于制作皮鞋底、胶鞋底、胶鞋面以及配置胶浆作黏合剂。

四、氯丁橡胶

氯丁橡胶是由2-氯-1,3丁二烯单体聚合而成的高聚物弹性体，代号为CR。外观为浅黄色或棕色的弹性体，相对密度为1.23～1.25，相对分子质量分布范围宽广，为2万～95万。氯丁橡胶是一种极性橡胶，其耐燃性是通用型橡胶中最好的。

在氯丁橡胶分子链的双键上连接有氯原子，使得双键和氯原子变得都不活泼，因此其橡胶制品的耐老化性能好，具有优良的耐热、耐候、耐臭氧的性能。此外，由于氯原子的存在，氯丁橡胶的耐油、耐溶剂、耐酸碱腐蚀性能好，其耐油性仅次于丁腈橡胶，但电绝缘性差。氯丁橡胶还具有优良的耐燃性、耐水性和较好的黏合性和透气性。

氯丁橡胶的分子空间构型有四种，有顺式结构、反式结构、乙烯基结构和氯乙烯基结构。常用的氯丁橡胶以反式结构为主，比例占到88%～92%。反式结构的氯丁橡胶结晶倾向大，所以具有较高的拉伸强度和扯断伸长率。

氯丁橡胶的品种与性能是与其生成方法有关的，目前主要采用乳液法生产氯丁橡胶。该方法是以水为介质、以松香酸皂为乳化液、以过磷酸钾为引发剂，使氯丁二烯进行聚合反应。在聚合过程中还需要加入一些调节剂，由于使用的调节剂不同，就衍生出不同的氯丁橡胶品种。

1. 硫黄调节型氯丁橡胶

硫黄调节型氯丁橡胶是指在乳液法聚合时采用硫黄和秋兰姆作调节剂而制得的产品。此种橡胶的分子链规整，加工性能好，且容易伸长结晶，所以橡胶有很大的拉伸强度。缺点是硫键会断裂，生胶储存稳定性差。

2. 非硫黄调节型氯丁橡胶

非硫黄调节型氯丁橡胶是指在乳液法聚合时采用硫醇作调节剂而制得的产品。此种橡胶的分子链中不含有硫黄，不会因为硫键断裂而生成活性基，故生胶的储存稳定性好。此种胶的加工性能好、耐热性好，但硫化的速度慢、结晶性较大。

3. 混合调节型氯丁橡胶

混合调节型氯丁胶是指在乳液法聚合时采用硫醇、硫黄作调节剂而制得的产品。混合调节型氯丁橡胶兼具有硫黄调节型和非硫黄调节型氯丁胶的优点，保持了氯丁橡胶的所有优良性能，且生胶的稳定性更好。

氯丁橡胶是品种牌号最多的一种橡胶。按照形态划分，有固体氯丁橡胶和液体氯丁橡胶的区别。按照氯丁橡胶的用途分类，有通用型和专用型的区别。其中通用型氯丁橡胶分为硫黄调节型、非硫黄调节型和混合调节型三个品种；专用型氯丁橡胶中又分为粘接型和其他特殊用途型两类品种。至于每个品种的牌号又有许多详细的划分。

其中的黏结型氯丁橡胶，是专门用于生产氯丁橡胶黏合剂的品种。这类氯丁橡胶极性高、结晶速度快，黏合性能好，具有优良的耐臭氧、耐日晒、耐油脂等性能，储存稳定性好，在室温下可以完全溶解于浓度为20%的甲苯溶液。

其中液态的氯丁橡胶，也叫做氯丁橡胶乳。这是由氯丁二烯经乳液聚合制成的均聚橡胶乳。也有通用型和专用型的区别。用氯丁橡胶乳制备黏合剂可以避免有机溶剂对人体的危害。由于氯丁胶乳中水介质的存在，在室温下是流动的液体，冷至10℃以下时黏度上升，在接近0℃成膏状，0℃以下胶乳冻结，乳化剂被破坏，出现凝固现象，而且凝固后即使加温也不能恢复到原来的胶乳状态。

在制鞋工业中，氯丁橡胶主要用于制作氯丁橡胶黏合剂、氯丁胶乳黏合剂，也经常用于一些特殊用途的靴鞋制造。例如用于制作耐油、耐溶剂、耐酸、耐碱、耐寒以及导电、防静电的鞋底材料。

五、丁腈橡胶

丁腈橡胶是丁二烯和丙烯腈单体聚合而成的高聚物弹性体，代号为NBR。外观为浅黄色的弹性体，略带有香味，相对密度为0.96～1.20。丁腈橡胶的相对分子质量分布范围宽广，在液体状态时，相对分子质量在几千左右，在固体状态时相对分子质量可达几十万，平均相对分子质量为10万～30万。在特种合成橡胶中以耐油性好而著称。

在丁腈橡胶分子中，由于丙烯腈中腈基—CN的存在，使得丁腈橡胶成为一种强极性橡胶，因此它的耐油性和耐非极性溶剂的性能优异，而且耐油性和耐非溶剂的稳定性会随着丙烯腈含量的增大而提高。丁腈橡胶的耐热性能好，但耐寒性能差；丁腈橡胶具有耐水性和透气性，但电绝缘和耐臭氧性比较差；丁腈橡胶的耐磨性和耐老化性能好，但强度低，制品中必须加入补强剂，否则无使用价值。

丁腈橡胶的品种一般以结合丙烯腈的含量划分，可分为5个系列。

① 极高丙烯腈丁腈橡胶：结合的丙烯腈含量在43%以上；

② 高丙烯腈丁腈橡胶：结合的丙烯腈含量在36%～42%；

③ 中高丙烯腈丁腈橡胶：结合的丙烯腈含量在31%～35%；

④ 中丙烯腈丁腈橡胶：结合的丙烯腈含量在25%～30%；

⑤ 低丙烯腈丁腈橡胶：结合的丙烯腈含量在24%以下。

随着丙烯腈含量的增加，丁腈橡胶的耐油性、耐化学腐蚀性、耐热性、耐磨性、硬度、导电性、相容性等逐渐变好；而耐寒性、透气性、弹性、曲挠性等逐渐变差。

当丙烯腈含量大于60%时，丁腈橡胶能够耐溶解力很强的芳香烃溶剂侵蚀，但却失去了弹性，变成一种硬质材料。当丙烯腈含量低于7%时，丁腈橡胶性能则失去了耐油性，所以一般的丙烯腈含量控制在15%～50%，即耐油又有弹性。

丁腈橡胶在制鞋工业中主要用于制造耐油鞋底、抗静电鞋底、导电鞋底。

不同品种的合成橡胶所具有的性能有所不同，在使用橡胶材料时，常常是不同的橡胶材料互相搭配使用，取长补短，最大限度地满足对产品的需求。

思考与练习题

1. 鞋用合成橡胶的品种主要有哪些？它们各有什么特殊性？
2. 苯乙烯含量和丙烯腈含量的多少分别对丁苯橡胶和丁腈橡胶有什么影响？
3. 天然橡胶和异戊二烯橡胶的分子结构完全相同却为何在性质上仍然有差异？

第三节　橡胶底的配方

橡胶底的组成不单纯有天然橡胶与合成橡胶，还需要加入各种的橡胶配合剂。选用哪种橡胶进行生产、加入何种配合剂、加入的量是多少等，都是通过设计橡胶配方来解决的。设计橡胶配方不能靠经验，需要进行科学实验，在生产某一种新产品时，都必须经过小试、中试、大试等环节，才能最后确定。学习橡胶配方，是要了解生胶与配合剂的各种组分，进而了解橡胶的性能。下面以普通黑色皮鞋橡胶底配方为例进行分析，见表3-2。

表3-2　黑色NR/SBR皮鞋橡胶底配方

序号	体系	名称	用量/份
1	高聚物体系	3#～5#烟胶片	50
		丁苯橡胶	50
2	硫化体系	硫黄	2
		活性剂 氧化锌	5
		活性剂 硬脂酸	3
		促进剂 M	2.1
		促进剂 D	1.5
		促进剂 DM	1.4
3	填充补强体系	高耐磨炉(炭)黑 HAF	45
		碳酸钙	29.5
		再生胶	70
4	加工体系	软化剂 固体古马隆	10
		软化剂 石蜡	1
		软化剂 30#机油	14
5	防老体系	防老化剂 D	1.5
6	合计		286
7	含胶率/%		35

如配方所示，用到了高聚物、硫化剂、填充补强剂、增塑剂、防老化剂等。由于所用的各种配合剂品种很多，已经形成了各自的体系。

一、高聚物体系

高聚物体系中主要是各种橡胶材料。选择高聚物要根据产品要求来确定。例如：

生产天然橡胶透明皮鞋底：选用白皱片胶 100 份，含胶率 54.7%；

生产低含胶率黑色皮鞋底：选用 3# ～5# 烟片胶 100 份，含胶率 28%；

生产棕色仿皮底：选用丁苯橡胶 27.5 份，顺丁橡胶 27.5 份，天然橡胶 5 份，高苯乙烯橡胶 40 份，含胶率 55%；

生产硫化皮鞋底：选用天然橡胶 70 份，顺丁橡胶 20 份，丁苯橡胶 10 份，含胶率 36%；

生产模压皮鞋底：选用烟胶片 30 份，顺丁橡胶 70 份，含胶率 34.9%；

生产全胶鞋白色靴面：选用烟胶片 35 份，异戊二烯橡胶 50 份，丁苯橡胶 15 份，含胶率 49.1%；

生产耐酸碱工作鞋底：选用氯丁橡胶 100 份，含胶率 44.2%；

生产耐油劳保鞋底：选用丁腈橡胶 100 份，含胶率 45.4%；

橡胶配方是灵活多变的，从以上很少的例子中就可以看出，选择何种橡胶、配用何种橡胶、用量是多少等，都与生产的产品有直接关系。

表 3-2 中产品是普通皮鞋橡胶底，使用的是 3# ～5# 天然橡胶。烟胶片分为 5 个等级，3# ～5# 表示 3～5 级的橡胶，质量处于中下等。天然橡胶的弹性好、强度好，苯乙烯橡胶的耐磨性和防老化性好，而且价格低，把两种橡胶配合使用，可以取长补短，得到性能较好的鞋底胶料。天然橡胶 NR 与丁苯橡胶 SBR 的相容性好，很容易结合到一起，可以配合使用。

NR 与 BR 的总量为 100，可以是质量份数也可以是体积份数，这是计算其他配料用量的基准数。

从表中可以看到，配方总量为 286 份，生胶料为 100 份，所以计算的含胶率是 35%。

鞋底的物理机械性能主要看含胶率，含胶率越高，耐磨性、延伸性、定伸强度等性能就越好。一般鞋底的含胶率在 28%～35%，耐磨性要求高的产品能达到 45%左右，特殊的产品能达到 55%～60%。

二、硫 化 体 系

生橡胶的分子链是一种线型结构，有弹性但也有可塑性，使用性能并不理想。生胶经过硫化以后分子链变成网状结构，物理机械性能得到大大提高。能促使橡胶硫化的物质包括各种硫化剂、促进剂、活性剂和防焦剂，这众多的助剂构成了硫化体系。

1. 硫化剂

硫化剂是指将橡胶线型分子交联成立体网状结构的助剂。传统意义上的硫化剂就是硫黄，现在把能起到交联作用的物质都叫做硫化剂，或叫做交联剂。例如秋兰姆二硫化物或多硫化物，是硫黄的给予体，是常用的硫化剂。此外像有机过氧化物、氧化镁、氧化锌、氧化铅等金属氧化物也是常用硫化剂。

硫化以后的橡胶叫做硫化胶，硫化胶的弹性和强度都优于生胶，因为网状结构的分子链内聚作用大，不容易被破坏，受外力作用引起变形后也很容易恢复原来的形状。

2. 促进剂

硫化剂虽然能够使橡胶硫化，但产生作用的时间比较长，因此还需要加入促进剂，促使橡胶加速产生硫化作用。促进剂是指能够缩短硫化时间、降低硫化温度、减少硫化剂用量的一类助剂。具有促进硫化作用的物质有上千种，主要是次磺酰胺类、噻唑类、胍类等品种。秋兰姆类硫化剂也具有促进剂的作用。其中典型代表是二硫化四甲基秋兰姆（TMTD）。

3. 活性剂

促进剂虽然能够促进橡胶硫化，但单纯依赖于促进剂效果并不明显，还需要加入硫化活性剂。加入活性剂后，通过与硫化剂反应会产生活性硫原子，再配以促进剂的作用，从而使硫化反应保持活性。所以把能使硫化保持原有活性、不影响硫化速度和进度、能够抵消或解除促进剂阻滞作用的助剂叫做活性剂。常用的促进剂主要有金属氧化物和硬脂酸类助剂。

上述三种配合剂的关系是活性剂引发活性，硫化剂发生交联反应，促进剂加快反应速度。除了上述配合剂以外，生橡胶在加工过程中会因为受到机械作用而生热，因此容易早期硫化，使得胶料的塑性和流动性降低，甚至造成难以继续加工并产生废品，这种现象在加工工艺中叫做焦烧。为了防止焦烧的发生，需要加入防焦剂。防焦剂是指能够防止或延缓生胶料早期硫化，又不影响促进剂在硫化温度下起作用的助剂。主要的防焦剂品种有水杨酸（邻羟基苯甲酸）、安息香酸（苯甲酸）和防焦剂 CTP 等。

在表 3-2 中使用的硫化剂是硫黄，活性剂是无机活性剂氧化锌和有机活性剂硬脂酸。促进剂 M 是硫基苯并噻唑，促进剂 DM 是二硫基苯并噻唑，促进剂 D 是二苯胍。硫化体系的用量都不多，加工时硫化剂不能过早加入。

三、填充补强体系

填充剂是增加橡胶的体和量、降低成本的助剂，但使用量过多会降低橡胶的使用性能。补强剂是增加橡胶力学强度、可以改善制品使用性能的助剂。而填充补强剂是综合填充和补强性能的一种助剂，既能起到填充的作用，又具有一定的补强效果。主要的填充补强剂有再生胶、炭黑、白炭黑（硅酸盐类）、陶土（含水硅酸铝）、碳酸钙（碳酸盐类）等。填充补强剂的用量比较多，因其密度比较大，使得橡胶制品普遍比较重。

再生胶虽然叫做“胶”，但不能继续产生硫化作用，所以不属于生胶，计算含胶率也不包括再生胶，它是一种填充剂。再生胶是回收的废旧橡胶经过“脱硫”工艺处理，并具有一定使用性能的弹性材料。这里的脱硫并不是把硫化剂脱出来，而是破坏一些硫化键，使废橡胶具有可塑性，可以代替部分生胶使用。

配料中加入再生胶可以大大降低成本，利用再生胶塑性强的特点，有利于塑炼、混炼和充模的加工操作。加入再生胶可以提高制品的耐老化性、耐热性、耐寒性，所以有时加入的再生胶数量很多。但是再生胶的耐磨性和机械强度比较低，加入量过多会影响产品的质量。为了保证产品的质量，有些产品是不加再生胶的。

炭黑是橡胶主要的黑色补强剂，是烃类不完全燃烧或热解所得到的熔聚体产物。炭黑也有许多品种，制鞋工业广泛应用的是高耐磨炉法炭黑（HAF）。炭黑粒子呈椭圆颗粒状，粒子的平均粒径在 26～34nm，所以炭黑是一种纳米材料。由于粒子极小，与橡胶混炼后能够进入分子内部，并把橡胶烃的分子链包裹起来，增较橡胶的耐磨性和强度。粒子的粒径越小，意味着比表面积越大，与橡胶表面化学结合的机会越多，补强效果会越好。

白炭黑一种硅酸盐，沉淀法制得的白炭黑粒径在 10～20nm，是橡胶重要的白色、浅色和艳色补强剂。由于其补强效果接近于炭黑，故叫做白炭黑。白炭黑与 HAF 相比较，拉伸强度相等，抗撕裂强度可达 HAF 的 90%，耐磨强度达到 60%，伸长和弹性优于 HAF，生热则小于 HAF。

陶土来自于高岭土，资源丰富，价格便宜，粒径为 0.1～1μm，具有一定补强作用。碳酸钙来自于石灰石。如果将高纯度石灰矿石与天然白垩直接机械粉碎，得到的是重质碳酸钙，鞋用橡胶中一般不用。如果石灰石经煅烧制成 CaO，加水制成 $Ca(OH)_2$，再通入 CO_2 制成 $CaCO_3$，将沉淀物干燥、筛选即得到轻质碳酸钙。轻质碳酸钙平均粒径为 1～3μm，主要用于填充，由于价格低廉，所以用量较大。

表 3-2 中选用的填充补强剂为高耐磨炉黑、轻质碳酸钙和再生胶，用量很大。

四、加工体系

橡胶在加工过程中需要经过炼胶、压延、压出、成型等操作工序，在这些加工过程中橡胶所表现出来的性能总称为加工性能。加工性能包括可塑性、分散性、包辊性、焦烧性等，加工性能对加工难易程度、生产效率高低和经济效益好坏都有直接影响。为了满足对加工性能的要求，也需要添加一些助剂，例如增黏剂、软化剂、增塑剂、解塑剂、偶联剂等，这些助剂构成了加工体系。增黏剂、软化剂和增塑剂是制鞋常用的助剂。

增黏剂：用来增加胶料表面的黏性，使胶料结合到一起，便于成型加工。一般说来，粉状助剂添加得较多，会影响胶料的表面黏性。例如粉状的增黏剂使用到 40%～60%，肯定会影响胶料黏性。常用的增黏剂有松香、萜烯树脂（松节油）、二甲苯树脂等。

软化剂与增塑剂：它们一般是高沸点、难挥发的液体或低熔点固体。软化剂一般是指非极性材料，用于非极性橡胶；增塑剂一般是指极性材料，适用于丁腈橡胶等材料。软化剂与增塑剂的功能相仿，加入到聚合物中以后，便与橡胶相互作用，加大了聚合物分子之间的距离，使聚合物的热运动变得容易，增加了材料的柔软性。制鞋中常用的软化剂有松焦油、机油、芳烃油、凡士林、石蜡、古马隆树脂等。制鞋中常用的增塑剂有邻苯二甲酸二丁酯（DBP）、邻苯二甲酸二辛酯（DOP）、氯化石蜡等。

在表 3-2 的加工体系中，由于生胶料为非极性橡胶，所以使用的软化剂，包括低熔点的固体的古马隆树脂和石蜡，以及液体的 30# 机油。

五、防老化体系

防老化是指延缓老化的过程。老化是指在外界条件影响下使材料失去原有特性、甚至失去使用价值的变化过程。皮革会老化，合成革会老化，橡胶也会老化。橡胶老化会引起弹性变差、强度降低，并伴随有软化发黏或者变硬发脆现象，表面龟裂，受侵变形，或者变色发霉等。

橡胶的老化有两种类型：断链型和交联型。像天然橡胶、异戊橡胶属于断链型老化，在光、热、臭氧的作用下分子链断裂，产生活性基，并以连锁方式加速大分子链的继续断裂，表现出的是软化发黏。像丁苯橡胶、氯丁橡胶、丁腈橡胶属于交联型老化，在光、热、臭氧的作用下分子链继续交联，使三维结构过度生成，最终导致变硬发脆。

加入防老化剂并不能防止老化，只是起到延缓老化的过程。防老化剂的品种也很多，主要是胺类、酚类、杂环类防老化剂。

表 3-2 中使用的是防老化剂 D，为胺类防老化剂，对热、氧、动态曲挠所引起的老化均有良好的抗耐作用，对有害的金属离子也有抑制作用。

除了上述所用的一些助剂外，还会用到着色剂、发泡剂、抗静电剂、抗菌防臭剂等。由于表 3-2 中所生产的鞋底为普通黑色皮鞋底，所以炭黑就代替了着色剂，不用发泡就省去了发泡剂，普通鞋底没有抗静电和防臭功能，又省去了抗静电剂和抗菌防臭剂。

通过对配方的分析，可以知道生产橡胶鞋底除了使用胶料外还需要各种配合剂。在橡胶与配合剂的共同作用下，才能显示鞋底的优良性能。

思考与练习题

1. 橡胶配合剂包括哪些体系？
2. 硫化体系中硫化剂、活性剂、促进剂各有什么作用？
3. 为何橡胶老化会有的变软发黏、有的变硬发脆？

第四节　硫化橡胶底

生橡胶虽然有许多的优良性能，但是必须与各种配合剂相配合、在经过硫化作用后才能表现出来。才能满足不同用途的需要。因此，硫化是生产橡胶制品的关键步骤。

一、硫　　化

硫化是指在加热或辐照条件下，胶料中的生胶与硫化剂发生化学反应，使橡胶的线型结构大分子交连成立体网状结构的大分子，而导致胶料物理机械性能及其他性能得到明显改善的过程。

橡胶的一般硫化过程分为四个阶段，分别是硫化诱导阶段、预硫阶段、正硫化阶段和过流阶段。在不同的阶段，橡胶的大分子交联的程度不同，表现出的物理机械性能也不同。如果把硫化的过程用曲线的形式记录下来，就形成了硫化曲线，见图 3-1。随着时间的变化，胶料经历了硫化不同的阶段，物理机械性能也表现出不同的变化。

1. 硫化诱导阶段

在硫化诱导阶段，胶料在模具腔内流动充模，大分子还没有开始交联，所以胶料性能没有大变化。

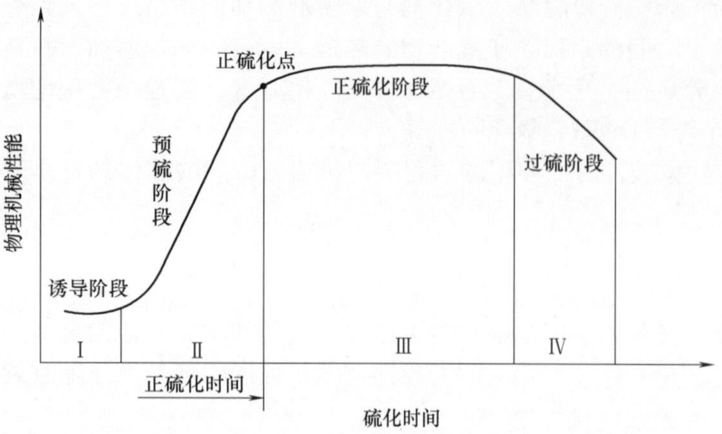

图 3-1　硫化曲线示意图

2. 预硫阶段

在预硫阶段，胶料开始硫化交联，曲线的变化很大，表示胶料的性能有了很大的变化。在预硫阶段的初期，交联的程度比较低，在预硫阶段后期接近物理机械性能的最佳值。

3. 正硫化阶段

正硫化阶段又称为硫化平坦期，表现在硫化曲线变化平坦。在这个阶段，硫化交联的速度与交联分解的速度处于动态平衡的状态，硫化胶的物理机械性能达到或接近最佳值。

在生产中所控制的硫化时间是在硫化曲线中确定的，把这段时间叫做正硫化时间，在硫化曲线上与正硫化时间相对应的点，叫做正硫化点。

4. 过硫阶段

胶料进入过硫阶段，物理机械性能开始下降。对于天然橡胶和异戊橡胶来说，大分子链降解的速度加剧，对于丁苯橡胶、丁腈橡胶、氯丁橡胶来说，大分子链交联过度，这些都是橡胶出现的老化现象。

正硫化时间是通过实验确定的，不同胶料配方的正硫化时间是不同的。在生产操作中所控制的硫化时间就是正硫化时间。如果达不到正硫化时间，胶料还处于塑性状态，此种硫化胶的性能并不好，被称为“欠硫”；如果超过了正硫化阶段，此种硫化胶的性能开始变差，被称为“过硫”。欠硫与过硫都属于橡胶的质量问题。

在生产过程中，需要控制硫化的时间、温度和压力，这三个条件被称为“硫化三要素”。时间、温度和压力对橡胶制品物理机械性能影响极大。

时间：达不到正硫化时间或者超过正硫化阶段，所得到的产品不是欠硫就是过硫，只有达到正硫化时间才能得到物理机械性能最佳的橡胶制品。

温度：不同配方的生胶料都会有自己的最佳硫化温度，在确定正硫化时间的同时也就确定出最佳硫化温度。硫化的温度过低，会延长硫化的时间；如果温度高，硫化速度加快、时间缩短，有可能造成胶料充模不完整，或者表面焦烧、内部欠硫的现象。

压力：保持一定的压力，可以增大胶料的流动性，易于充模和排出模具内的空气，不会产生气泡，提高制品的外观质量。同时还可以增加产品的致密性，提高制品的密度有利于增加强度、硬度、耐磨性等物理机械性能。

二、硫化胶的性能

橡胶经过硫化以后物理机械性能普遍变好，见图 3-2。

如图所示，胶料的抗张强度、定伸强度、弹性和硬度，在正硫化阶段明显提高，而伸长率和永久变形会降低。

对于橡胶底来说，强度增加、弹性增加是性能优良的表现，硬度增加会使耐磨性增加、会使伸长率降低，而不容易变形，也同样是优良的性能。同样永久变形降低会使鞋底的弹性更好。

硫化橡胶的物理机械性能变化的指标，会受到配方的直接影响，见表 3-3。

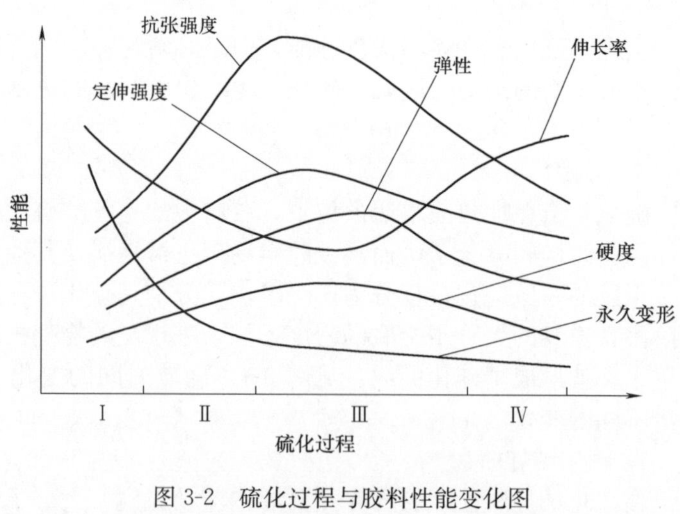

图 3-2　硫化过程与胶料性能变化图

表 3-3　　成型橡胶底四组不同配方比较　　单位：份

成型橡胶底配方		全天然胶	全丁苯胶	天然/顺丁胶	天然/丁苯胶
高聚物体系	NR	100	100	40	20
	SBR	—	—	—	80
	BR	—	—	60	—
硫化体系	硫化剂 硫黄	3.0	2.6	2.7	2.4
	促进剂 M	1.75	1.9	1.5	1.8
	促进剂 DM	1.26	0.8	0.8	0.8
	促进剂 TMTD	0.3	0.4	0.25	0.3
	活性剂 氧化锌	5.0	5.0	5.0	5.0
	活性剂 硬脂酸	3.0	3.0	3.0	2.5
填充补强体系	炭黑	55.0	60.0	60.0	60.0
	碳酸钙	40.0	20.0	30.0	25.0
	再生胶	100	90	85	90
加工体系	软化剂 石蜡	1.0	1.0	1.0	1.0
	软化剂 机油	9.0	—	—	—
	软化剂 古马隆	—	6.0	5.0	8.0
	软化剂 松焦油	—	6.3	6.25	—
	软化剂 沥青	—	—	—	6.0
防老化体系	防老化剂 D	0.5	0.5	0.5	0.5
合计		319.8	302.0	301.05	301.60
含胶率/%		31.3	33.1	33.2	33.2
硫化条件		143℃,10min	143℃,10min	143℃,10min	143℃,10min
物理机械性能指标	硬度(邵氏)	72	67	70	70
	扯断强度/(N/cm^2)	1240.7	1493.5	1314.2	1401.4
	伸长率/%	400	510	430	430
	300%定伸强度/MPa	8.5	8.4	9.5	9.9
	扯断永久变形/%	28	25	15	22
	相对密度	1.30	1.24	1.23	1.23
	磨耗减量/(cm^3/1.61km)	0.86	0.50	0.43	0.29

通过四组配方的比较，可以对橡胶的性能变化有更深的了解。例如：

比较的结果是在配方 1 中含胶率最低，耐磨性最差，弹性最差，扯断强度最低。在配方 4 中，含胶率高，耐磨性最好，弹性较好，扯断强度较好。

也就是说，不同的生产配方会使产品具有不同的性能。

三、硫化橡胶底

目前生产硫化橡胶底主要有四种方式，包括硫化鞋底、模压鞋底、成型橡胶鞋底和注射橡胶鞋底。其中的注射橡胶鞋底需要制备热塑性橡胶，比较特殊，这将在后面第八节中介绍。而硫化鞋底、模压鞋底和成型鞋底是传统的硫化工艺。无论生产哪种鞋底，首先的任务是准备胶料，然后再进行鞋底的成型。

1. 生胶料的制备

制备生胶料的工艺流程如下：

配料→塑炼→混炼→压片→生胶料备用

配料要根据配方要求准备各种材料。

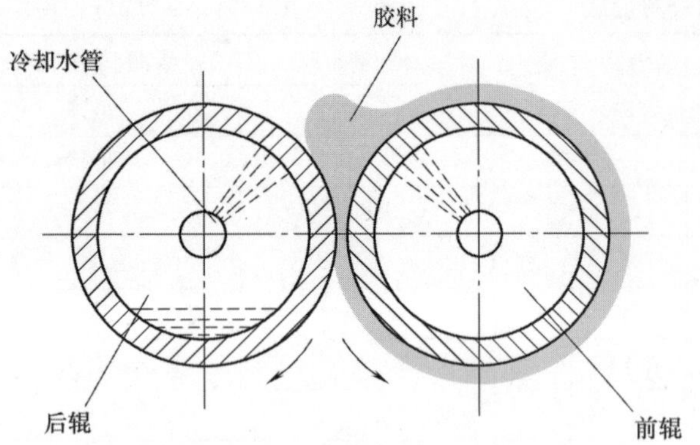

图 3-3　开放式炼胶机工作原理图

（1）塑炼　塑炼是增加胶料塑性的一种炼胶方法。由于橡胶具有高弹性，不便于加工，也不便于配合剂的均匀分散，所以要进行塑炼。塑炼常在开放式炼胶机上进行，通过机械挤压作用，使橡胶分子链断裂，分子链变小，失去弹性、产生塑性。所以，塑炼是指将高弹性状态的橡胶变成柔软可塑状态橡胶的工艺过程。

首先将天然橡胶烘软，然后切成胶块，放入塑炼机上塑炼。塑炼机工作部位是两个空心钢辊，各以不同的速度相对旋转，见图 3-3。

如图所示，调节辊间距，使胶料从辊间被挤压通过。由于两辊的线速度不同，胶料受到剪切作用。前后辊线速度比为 1∶（1.15～1.25），被挤压后的胶料包裹在前辊上。经过切割、折叠，使胶料再重新喂入挤压区。

经过不断的挤压，天然橡胶产生塑性，在达到所要求的可塑度后再把合成橡胶、再生胶也陆续加入，使三种成分高聚物均匀混合，然后下片、冷却、堆码待用。

橡胶受到机械作用会生热，要控制钢辊表面温度在 40～50℃。中空的钢辊内有加热和冷却装置，可以调节辊温。

（2）混炼　混炼是把胶料与配合剂均匀混合的一种炼胶方法。由于配合剂有液态的，也有颗粒粉末状的，难于均匀分散在塑炼胶内，所以还需要进行混炼，通过机械作用和热作用将各种配合剂均匀分散于胶料中。

早期的混炼操作也使用开炼机，但由于粉末飞扬，环境污染大，所以现在大多使用密闭式炼胶机。密炼机的工作部分是密炼室，里面有两个相对旋转的转子，上端的加料口和下端的出料口分别由上顶栓和下顶栓封闭起来。转子的不断运动，使塑炼胶与配合剂得到均匀混合，见图 3-4。

如图所示，开启上顶栓可以投料。投料的顺序很重要：先投入塑炼胶进行搅拌，然后投入小料，即促进剂、活性剂、防老化剂、填充剂和 1/2 炭黑，继续搅拌；接着再投入剩下的 1/2 炭黑，继续搅拌；最后投入油类软化剂和硫化剂，直至混炼均匀。打开下顶栓可以进行排胶。排胶的温度控制在 120℃以下。在前面讲述压延法生产 PVC 泡沫人造革时所用的设备与炼胶的设备相同。

（3）压片　压片是指将胶料压成具有规定厚度的片状材料。压片操作在压延机上进行，经过多辊的连续辊压，达到所需要的厚度。然后切割、冷却、备用。经过混炼后的胶料要及时进行成型加工。

2. 鞋底成型

在生产硫化鞋和模压鞋的企业中，胶料的制备与鞋底的成型是连续操作的，都配有炼胶车间，便于混炼胶的及时操作。

（1）硫化鞋的鞋底成型工艺　硫化鞋是指采用硫化工艺生产的鞋，硫化鞋的鞋底在成型的同时与鞋帮结合，形成硫化鞋。工艺过程如下：

混炼胶片→裁断→压型→刷胶→黏合→硫化→硫化鞋

把混炼胶片裁切成鞋底的形状，并压出鞋底的花纹。然后将装进鞋楦的鞋帮、鞋底以及中底、围条等部件依次刷上胶浆进行临时性黏合，接着进入硫化罐进行硫化。控制适当的温度、时间、压力，出罐后即得到硫化鞋。硫化

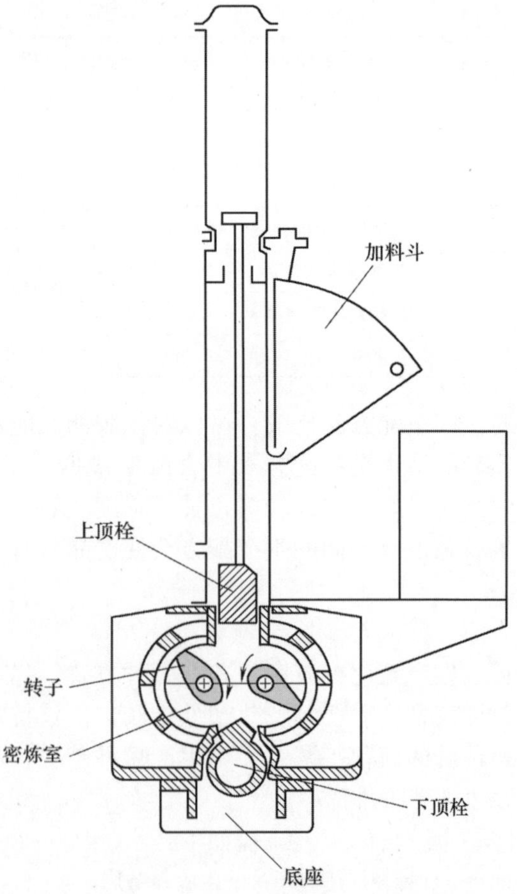

图 3-4　密闭式炼胶机工作原理图

罐是生产硫化鞋的专用设备。硫化工艺在《现代制鞋工艺》一书中有专题介绍。

(2) 模压鞋的鞋底成型工艺　模压鞋是指采用模压工艺生产的鞋，模压鞋的鞋底在成型的同时与鞋帮结合，形成模压鞋。工艺过程如下：

混炼胶片→裁切→放入模具内→合模→硫化→出模→模压鞋

把混炼胶片裁切成适当小块状，经过称重计量后定量地填入到模压机的模具腔内。模具的上方是铝楦，把经过绷帮的鞋帮套在铝楦上，然后合模硫化。控制适当的温度、时间、压力，出模后即得到模压鞋。模压机是生产模压鞋的专用设备。模压工艺在《现代制鞋工艺》一书也中有专题介绍。

(3) 成型鞋底工艺　成型鞋底是单独生产的橡胶鞋底，主要是为生产胶粘工艺准备的鞋底。工艺过程如下：

混炼胶片→裁切→放入模具内→合模→硫化→出模→成型鞋底

生产成型鞋底的专用设备是平板硫化机，主要由阴模和阳模组成。成型鞋底的工艺过程与模压鞋工艺过程很相似，主要区别在于平板硫化机模具有阳模，而模压机是用铝楦代替阳模。把混炼胶片裁切成适当小块状，也需要经过称重计量，然后定量地填入到平板硫化机的阴模内，合模后进行硫化。在硫化机内可以通过电加热或蒸汽加热，使模具上下同时对胶料加热，硫化时间比较短。控制适当的温度、时间、压力，出模后即得到成型橡胶底。

三种橡胶底成型工艺原理相同，但具体控制硫化三要素的要求不同，见表 3-4。

表 3-4　三种传统橡胶鞋底工艺比较

序号	比较项目	硫化鞋工艺	模压鞋工艺	成型鞋底工艺
1	专用设备	硫化罐	模压机	平板硫化机
2	硫化温度/℃	罐内 110～120	模具 130～140	150 左右
3	硫化时间/min	60～80	12～16	8～10
4	硫化压力/MPa	罐内 0.3	合模 35～40	合模 15～50
5	硫化特点	无模硫化	有模硫化	有模硫化
6	产品特点	底与帮直接结合	底与帮直接结合	成型鞋底

如表中所示，温度升高，可以缩短硫化时间。硫化鞋在硫化罐内对鞋帮和鞋底同时加热，所以温度不能太高，硫化时间比较长。平板硫化机可以上下同时加热，升温速度快，可以控制到胶料的最佳硫化温度，硫化时间比较短。天然橡胶最佳硫化温度为 143℃，合成橡胶最佳硫化温度比天然橡胶略高，在 150～170℃范围。在设计配方时作为参考数据，最后的正硫化时间依然要通过实验来确定。在硫化温度较高时，所用硫化时间比较短。

硫化罐内的压力要考虑设备的承受能力，所以压力相对比模压机压力低。模压鞋要考虑鞋帮承受的能力，所以压力要小于平板硫化机的压力。

有模硫化制品的外观效果要比无模硫化制品的外观光滑、整齐、花纹清晰。鞋底与鞋帮直接结合的产品工艺比较简单，成型鞋底与鞋帮黏合的产品变化灵活、品种丰富。

思考与练习题

1. 硫化的三要素对产品的性能各有什么影响？
2. 塑炼和混炼各有什么作用？
3. 列表比较三种传统橡胶鞋底工艺特点。

第五节　树　　脂

树脂是指具有可塑性的高分子聚合物。可塑性是指树脂在一定的温度和压力条件下能够制成一定的形状，而且在常温常压时能够保持形状不变的性能。

在自然界中也存在着天然树脂，例如，松香树脂、古马隆树脂等。但是天然树脂数量少，性能低，满足不了使用要求，所以现在主要应用的是人工合成树脂。

合成树脂是制备塑料的主要原料，塑料的一些性能主要由树脂提供，而树脂的结构又决定了树脂的性能。所以下面先从树脂的结构与性能来了解。

一、树脂的性能

树脂与橡胶都是高分子聚合物，但树脂的平均相对分子质量低于橡胶，所以不具有高弹性。但树脂具有可塑性，使得加工操作变得简单，这又是橡胶材料所不能相比的。树脂的主要性能如下：

1. 质轻

树脂的密度小、质地轻。利用树脂制得的塑料制品会受到添加剂的影响，密度有所增加，一般相对密度为0.83～2.2，比大多数金属材料都轻，如果制成发泡材料，质地会更轻，见表3-5，所以塑料常用来代替某些金属材料制作日用品。

表3-5　几种材料密度比较　单位：g/cm^3

编号	品　种	树脂密度	塑料密度
1	聚氯乙烯(PVC)	0.4～0.48(XS) (悬浮法疏松型树脂)	软质塑料1.16～1.35 硬质塑料1.35～1.45
2	高密度聚乙烯(HDPE)	0.941～0.965	0.95～0.97
3	低密度聚乙烯(LDPE)	0.910～0.925	0.92～0.94
4	聚丙烯(PP)	0.90～0.91	0.92～0.96
5	聚苯乙烯(PS)	1.05	1.05～1.65
6	金属钢材	8.0	
7	硬铝	2.8	

从表中可以看出，树脂的密度普遍比较小，是一种轻型材料。

2. 耐腐蚀性好

树脂对于有机溶剂和酸碱等化学药品具有较好的抗腐蚀能力，常代替不锈钢制作化工设备。比较典型的材料是聚四氟乙烯，在用一份硝酸和三份盐酸配制的“王水”中也不会发生变化。黄金在沸腾的王水中会溶解，而聚四氟乙烯在沸腾的王水中却安然无恙。

3. 绝缘性好

绝缘性包括电绝缘性、热绝缘性、声绝缘性三个方面。高分子树脂分子链的化学键多是共价键，不能电离，不能传导电子，所以电绝缘性好。高分子链比较长，相互缠在一起，受到声和热的作用后，分子不易震动，因此也具有声和热的绝缘性。树脂被广泛用做电讯、电器、保温、防震、隔音、隔热材料。

4. 耐热性差

树脂的耐热性普遍比较差，在遇热时会出现变软、黏流和熔融的现象，所以塑料制品使用温度比较低，见表3-6。

表3-6　几种树脂温度比较　单位：℃

编号	树脂材料	树脂变态温度	塑料使用温度
1	高密度聚乙烯 HDPE	熔点温度135	120
2	低密度聚乙烯 LDPE	熔点温度105	80
3	聚氯乙烯 PVC	软化温度75～85	70
4	聚丙烯 PS	软化温度70～80	60
5	聚丙烯 PP	熔点温度170	130～150

表中的变态温度是指改变形态的温度，对于结晶性树脂来说，转变成流动态时会有一个比较明显的熔点；对于非结晶性树脂来说，转变成流动态之前会在一段温度区间先变软，然后再熔融。

从表中可以看出，在常见树脂中聚丙烯是耐温性比较好的材料。聚丙烯和聚氯乙烯树脂的耐温性比较低，通过加入各种配合剂，可以相应提高塑料制品的耐温性。塑料制品使用温度要低于树脂的变态温度，是为了增加使用的安全性。在树脂当中，以聚四氟乙烯的耐温性最好，使用温度可以达到300℃。

5. 耐老化性差

树脂在光、热、氧等长期作用下，性能会逐渐变坏，甚至失去使用功能。有些塑料制品长期不用，也会出现褪色、变脆、开裂的现象，这都是发生了老化。这是由于树脂的稳定性在紫外线、臭氧、热的作用下受到破坏，使分子链断裂。

树脂的性能优劣是客观存在的。树脂是原料，塑料是制品，了解树脂的性能也就是了解塑料的性能。所以在生产塑料制品中要加入稳定剂、增塑剂、填充剂等，用来改善塑料的性能，满足使用的要求。

二、树脂的结构特点

树脂的结构可分为线型结构、支链型结构和网状体型结构三种类型。树脂的结构决定了树脂的性能。三种结构示意图见图3-5。

1. 线型结构

树脂的大分子一般都是线型结构，形成线型长链，可以自由舒展，也可以卷曲成团。在线型分子链之间没有主价键相连，而只有次价键和氢键等相连，所以常温和常压下会有一定的强度，但是在升温时又会熔化，具有可塑性，遇到合适的溶剂还会溶胀或溶解，这是线型分子结构的一般特点。

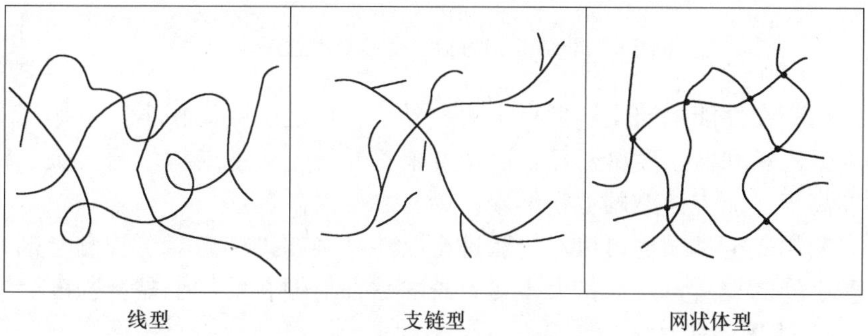

图3-5　树脂的三种结构示意图

线型大分子的排列方式会受到自身的构型和外界的条件影响。在链节比较短、柔顺性能差时可以形成部分高分子的有序排列，这就导致高聚物的结晶。所以线型分子结构又分为结晶树脂和非结晶树脂两种状态。

（1）结晶态树脂　结晶态树脂外观一般是不透明的，随着结晶程度的增加，密度会增加、表面硬度会增加、机械性能也会增加。结晶态树脂在常温下以结晶形式存在，在加热温度超过其熔点时，分子的热运动打破晶形结构，开始熔融，转化为非晶型状态，此时的温度叫做熔点（T_m）。所以结晶态树脂会有明显的熔点。

如果对熔融状态的树脂加热使温度继续升高，达到某一温度时树脂则开始分解，这个温度叫做分解温度（T_d）。结晶态树脂的加工温度一般控制在熔点温度和分解温度之间。

如果对结晶型树脂进行冷却，温度低到一定程度开始变脆，把这个温度叫做脆化温度（T_x）。结晶态树脂的使用范围在脆化温度和熔点温度之间，见图3-6。

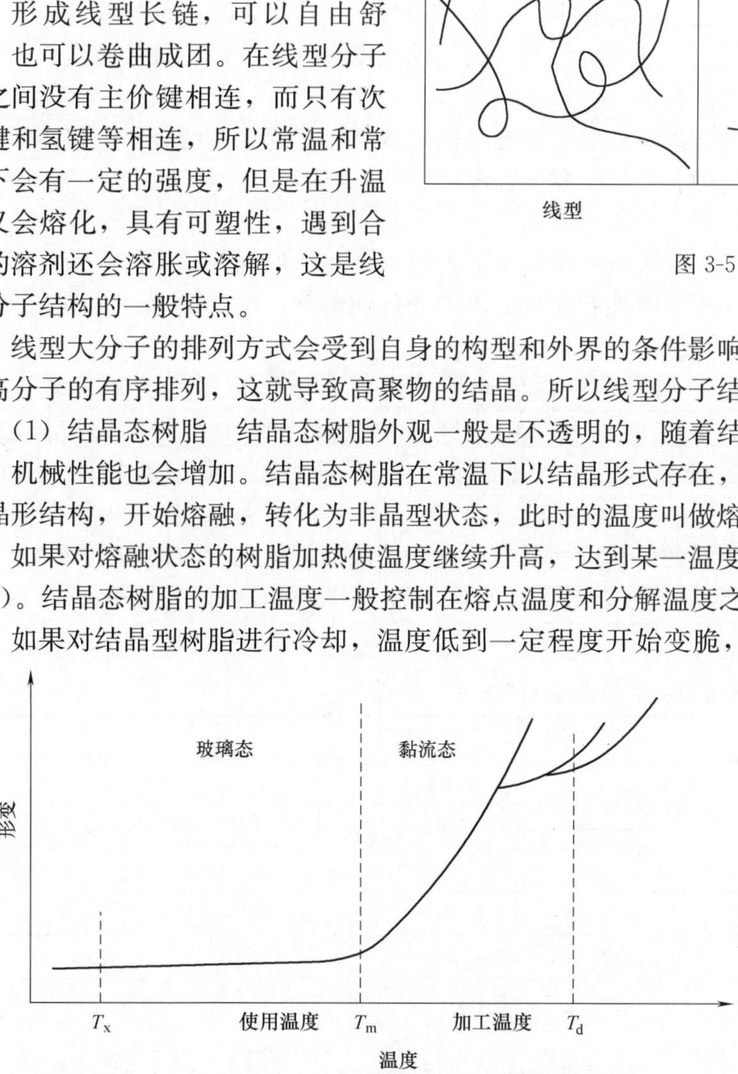

图3-6　结晶态树脂温度形变示意图

（2）非结晶态树脂　非结晶态树脂外观一般是透明的。对加热软化后的树脂进行冷却，在温度低到一定程度时树脂开始变硬，形成类似无机玻璃一样的固体，把这个温度叫做玻璃化温度（T_g），树脂的状态称为玻璃态。非结晶态树脂通常是以玻璃态存在的，具有一定的硬度。

如果对玻璃态的树脂加热，当温度超过玻璃化温度时分子的动能逐渐增加，在达到链节可以旋转、而分子链之间不能移动情况下，会出现高弹态。这时加以外力可以产生缓慢变形，外力去除后又会慢慢恢复原状。通常所说的弹性体或者橡胶，它们都是在室温下处于高弹态的高聚物。

随着温度继续升高，达到某一适当范围，分子链可以自由移动，树脂成为黏稠的流动液体，成为黏稠态，这个温度叫做黏流温度（T_f），见图 3-7。

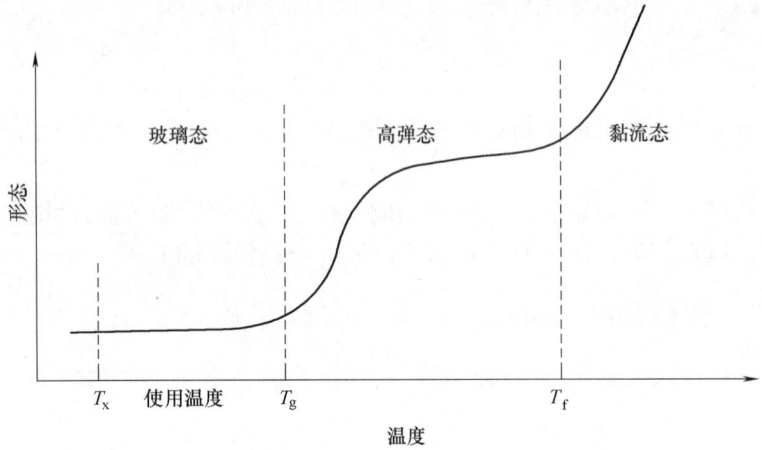

图 3-7　非结晶相树脂温度形变示意图

由于树脂的几种相态温度不同，所以非结晶树脂的使用范围在脆化温度和黏流温度之间，加工温度在黏流温度附近。比如 PVC 树脂是非结晶型树脂，普通聚合度的 PVC 树脂硬度和刚性都比较大，处于玻璃态，而高聚合度的 PVC 树脂则压缩永久变形小，回弹性优异，类似于橡胶，处于高弹态，被称为热塑性聚氯乙烯弹性体。

2. 支链型结构

支链型结构是指在线型分子的主链上分布有短小的支链，像树枝一样出现枝杈，所以叫做支链型结构。支链型结构的树脂在性能上与支链型有很大差异，一般是密度比较小，坚韧度和强度比较低，耐溶剂性变差。比如高密度聚乙烯和低密度聚乙烯，高密度聚乙烯是支链型结构，密度大、结晶度高、熔点高、抗拉强度大、使用温度高等，而支链型的低密度聚乙烯与之相去甚远。

利用支链型结构可以对树脂进行改性，例如接枝型氯丁胶黏合剂，就是在氯丁橡胶的分子上接上甲基丙烯酸甲酯的支链，从而扩大了氯丁胶的黏合范围和增加了黏合强度。

3. 体型结构

体型结构的树脂是通过化学交联反应，使大分子链连接起来，形成一个立体的网状结构。形成体型结构的树脂，处于一种无定形的玻璃态，脆性大，没有弹性和塑性。不溶于任何溶剂，加高温也没有熔点，使用温度比较高。

在生产塑料制品时，这种具有体型结构的塑料叫做热固性塑料。为了使体型结构的塑料具有良好的使用性能，需要加入各种配合剂。在工艺加工时，要在树脂还未达到体型结构之前进行模压成型，然后再加热固化成体型结构。热固性塑料的耐热性、尺寸稳定性、耐溶剂性好，典型的品种就是酚醛塑料。

通过对树脂三种结构的分析可以知道，塑料的一切特性都是由树脂的性能及其化学结构特性所决定。新产品的开发，新材料的应用，都离不开对树脂材料的结构认识。结构对性能的影响，可以通过对聚乙烯三种结构状态的比较得到进一步的认识，见表 3-7。

表 3-7　　聚乙烯三种结构状态性能比较

比较项目	高密度聚乙烯(HDPE)	低密度聚乙烯(LDPE)	交联聚乙烯
大分子构型	线型结构	支链型结构	体型结构
密度/(g/cm^3)	0.95～0.97	0.91～0.94	0.95～1.40
结晶度/%	95	60～70	—
熔点/℃	135	105	—
抗拉伸强度/MPa	21～37	7～15	10～21
最高使用温度/℃	120	80～100	135
用途	硬质塑料制品、管材、垫材、单丝、绳缆、鞋跟、鞋楦	软质塑料制品、薄膜、鞋楦	海底电缆、电工器材、交联发泡鞋底

三、常用的树脂材料

在制鞋工业生产中，常用的树脂材料包括聚乙烯、聚丙烯、聚氯乙烯、聚苯乙烯、聚酰胺、乙烯-醋酸乙烯、丙烯腈-丁二烯-苯乙烯等。

1. 聚乙烯树脂（PE）

聚乙烯树脂是由乙烯单体通过加聚反应生成的，缩写为 PE。

聚乙烯树脂是一种无臭、无毒、可燃的白色粉末，市场出售的产品通常是经过造粒的蜡状颗粒。

聚乙烯是典型的结晶型聚合物，结晶度越高，密度也越大，同时硬度、刚度、软化温度都提高，但韧性下降、透明度变差。

现在按照聚乙烯密度的不同，分为高密度聚乙烯（HDPE）和低密度聚乙烯（LDPE），多以密度 0.935g/cm^{3}为分界线。低密度聚乙烯是 20 世纪 30 年代开发的产品，聚合度在 100 以上，相对分子质量分布为 5000～40000。由于聚合条件的影响，在大分子上有支链存在，妨碍着分子的有序排列，因而结晶度就低，分子聚集状态疏松，表现为密度低、熔点低，气体和水分及其他溶剂就容易侵入，但容易加工。后来在 50 年代开发了高密度聚乙烯产品，乙烯在常压下用高活性剂催化进行反应，所得聚乙烯产品的支链化极少，能够使分子有规律排列成结晶状态，结晶度可达 85%以上。所以分子聚集紧密，相互间的吸引力较强，聚合密度大，熔点高，气体和水分及其他溶剂很难侵入，但加工比较困难。

由于聚乙烯分子链上不含有极性基团，因此聚乙烯树脂电绝缘性好，吸水性低，化学稳定性高，耐大多数酸碱甚至氢氟酸的腐蚀。对一般溶剂有稳定性，但在高温下对烃类和油的稳定性较差，可引起熔融、变色甚至破坏。由于聚乙烯树脂的表面能低，所以黏合困难。

聚乙烯树脂在氧和光的作用下容易氧化，逐渐发脆，机械性能和介电性能下降。

燃烧鉴别法：聚乙烯树脂容易燃烧，在燃烧时会熔融滴落，火焰上端为黄色，下端为蓝色，并具有石蜡燃烧的气味。

2. 聚丙烯树脂（PP）

聚丙烯树脂是由丙烯单体通过加聚反应生成的，缩写为 PP。

聚丙烯树脂为白色蜡状粉末或颗粒，外观与聚乙烯相似，无色、无味、无毒，密度较小。聚丙烯的密度为 0.9～0.91g/cm^3，是通用塑料中最轻的一种材料。

聚丙烯是高结晶型聚合物，具有较高的机械强度，大于聚乙烯和 ABS 树脂。结晶度越高，密度也越大，同时硬度、刚度、软化温度都提高，但韧性下降、透明度变差。

聚丙烯有良好的耐弯折疲劳特性，由它制得的活络铰链能经受几十万次的折叠弯曲而不损坏。聚丙烯有良好的成纤性，聚丙烯纤维密度轻而强度高，耐磨，原料价廉而来源广泛，是理想的合成纤维原料之一。

聚丙烯的耐温性是通用塑料中最佳的，温度超过 80℃仍保持较高强度，即使在 100℃，抗拉强度也能保持如常温的一般，因此聚丙烯在低负荷下可于 110℃连续使用，而在无负荷下可耐 150℃高温，是通用塑料中唯一能耐消毒温度（130℃）的材料。聚丙烯的熔点为 163～167℃，随着空间构型的等规度增加，软化点及热变形温度还会上升。

聚丙烯是非极性材料，有良好的高频绝缘性，但表面能低，黏合困难。聚丙烯化学性能稳定，耐酸碱盐溶液及多种有机溶剂，仅有某些卤代化合物、芳烃和高沸点脂肪烃能使其产生溶胀。

聚丙烯耐老化性差，在光、热、氧的作用下主链易断裂，纯聚丙烯在大气中 12 天就老化发脆，室内放置 4 个月就变质。

燃烧鉴别法：聚丙烯树脂容易燃烧，离火后继续燃烧，熔融滴落，火焰上端为黄色，下端为蓝色，并发出石油气味。

3. 聚氯乙烯树脂（PVC）

聚氯乙烯树脂是由氯乙烯单体通过加聚反应生成，缩写为 PVC。

聚氯乙烯是一种线型结构的非晶态树脂，透明度高，玻璃化温度在 78℃左右，具有热塑性。由于在聚合体中有氯原子的存在，具有极性，所以属于极性树脂。聚氯乙烯树脂的化学稳定性好，能耐强酸、强碱的腐蚀，不溶于自身单体液态中，难溶于一般的有机溶剂，可溶于环己酮、四氢呋喃、二甲苯等少量溶剂中。

聚氯乙烯的硬度、刚性比较大，机械性能和电绝缘性能良好，而且耐燃自熄，可以制作成防火用材料。

聚氯乙烯的主要缺点是热稳定性差，受热会引起不同程度的降解，受光、氧的作用后易老化。加热到75～85℃时开始软化，所以使用温度在70℃以下；加热至120～160℃具有可塑性，所以加工温度控制在160℃以下；加热到170℃以上时熔融，190℃以上时分解放出HCl。

聚乙烯树脂由于生成的方法不同而分为悬浮法树脂和乳液法树脂。悬浮法PVC树脂的粒径大，聚合物成干粉状，所以又叫做粉状树脂。乳液法PVC树脂虽然也以粉状形式出售，但是它的粒径小，表面积大，遇到增塑剂容易成糊状，所以被叫做糊状树脂。在生产涂刮法PVC人造革时使用的就是乳液法树脂，生产压延法PVC人造革时使用的是悬浮法树脂。

如果按照分子量来区分聚氯乙烯树脂，则有高聚合度PVC树脂和低聚合度（普通）PVC树脂的区别。普通树脂的聚合度在750～1500，高聚合度树脂的平均聚合度在1700以上，最高达到8000。高聚合度树脂是近年来新开发的产品，缩写成HPVC。HPVC除了保持PVC原有的特性外，还具有压缩永久变形小、强度高、消光、回弹性优异等橡胶的特性，因此也被称为热塑性聚氯乙烯弹性体。

燃烧鉴别法：聚氯乙烯树脂有燃烧特性，但难燃，离火即灭，火焰上端为黄色，下端为绿色，有白烟，燃烧时变软并发出刺激性酸味。

4. 聚苯乙烯树脂（PS）

聚苯乙烯树脂是由苯乙烯单体通过加聚反应生成的，缩写为PS。

聚苯乙烯树脂为无色透明珠状或粒状的热塑性树脂，无毒、无味。苯乙烯的大分子侧链结构上有苯环存在，使得分子结构不规整，很难结晶，属于非晶型树脂，其玻璃化温度为80～82℃。

聚苯乙烯的透光性好，透光率可达到88%～92%，仅次于有机玻璃（PMMA）。聚苯乙烯具有较好的刚性，但脆性大，不耐冲击。聚苯乙烯具有极好的电绝缘性和低吸湿性，是早期的电子工业原料。聚苯乙烯有耐光和耐化学性，但耐溶剂性较差，可溶于苯、甲苯、氯仿、四氯化碳、除丙酮以外的酮类、脂类和一些油类。聚苯乙烯有良好的染色性。在市场上聚苯乙烯经常以装饰性部件出现在各种鞋款上，比如亮钻、宝石扣等。

聚苯乙烯的上述性能，是由它的分子结构决定的。由于聚苯乙烯是烃类的大分子结构，所以电绝缘性好。与聚乙烯线型结构相比较，侧链上的苯环像挂上的灯笼，阻碍了大分子链段的内旋转和柔顺性，常温下变得比较僵硬，表现出刚性强。由于链段的规整性差，基团之间的作用力小，不容易分散外界的作用力，故质地较脆，但在加热升温时，分子很容易产生运动，所以耐温性低。

聚苯乙烯树脂通过酸性处理可以增加分子链的柔顺性，提高抗冲击性能。用少量的顺丁橡胶改性，可以得到高苯乙烯树脂，与顺丁橡胶共聚可得到丁苯橡胶。

燃烧鉴别法：聚苯乙烯树脂容易燃烧，离火后继续燃烧，火焰橙黄色并伴随有大量黑烟。燃烧时聚苯乙烯软化、起泡、并发出特殊的苦杏仁气味。

5. 聚酰胺树脂（PA）

聚酰胺树脂简称PA，通常叫做尼龙（Nylon），现在改叫耐纶，用做纤维时我国叫做锦纶。聚酰胺树脂是指大分子主链上含有多个重复酰胺基团（—CO—NH—）的一类聚合物总称。

胺类与酸类发生反应可以生成酰胺类物质。聚酰胺的产品很多，为了加以区别，人们根据生产中所用的原料不同，在尼龙的后面加上原料单体的碳原子个数进行命名。例如尼龙6（PA6），是由己内酰胺缩聚而成的高聚物，尼龙66（PA66），是由己二胺和己二酸缩聚而成的高聚物，尼龙1010（PA1010），是由癸二胺和癸二酸缩聚而成的高聚物，尼龙610（PA610），是由己二胺和癸二酸缩聚而成的高聚物等。

聚酰胺是白色至淡黄色的不透明、角质状固体物。由于在大分子链上都有酰胺基团，因此不同品种的尼龙都具有共性。例如在常温下尼龙都具有较高的抗张强度，良好的耐冲击性、耐热性、耐磨性、耐化学性、自润型以及自熄性等。然而由于组成的原料不同、分子链的长短不同，不同品种的尼龙又会具有自己的特性，即使在共性中也会有着差异。几种尼龙的性能见表3-8。

表 3-8　　几种尼龙的性能指标

性　能	尼龙 6	尼龙 66	尼龙 1010	尼龙 610
密度/(g/cm³)	1.14	1.14	1.04～1.06	1.09
熔点/(℃)	220	260	200～210	213
热变形温度(1.82MPa)/℃	63	70		57
抗拉伸强度/MPa	72.5	78.4	52～55	58.8
伸长率/%	200	60	100～250	200
抗冲击强度/(J/cm²)	0.549	0.392	0.49	0.549
吸水率(24h)/%	1.8	1.3	0.39	0.5
脆化温度/℃	−70～−30	−30～−25	−60	−20

聚酰胺树脂的机械强度都很高，在热塑性工程塑料中可排在前几位。但随着温度、吸湿量的增加，各种聚酰胺树脂的抗拉强度和抗压强度都降低，而延伸率则增加。聚酰胺树脂的抗冲击强度在热塑性树脂中最高，尤其是 PA6。随着温度、吸湿量的增加，抗冲击强度变大。聚酰胺树脂的耐磨性和自润性好，具有比较低的摩擦因数和较高的抗磨蚀能力。

聚酰胺树脂的结构属于结晶型，熔点温度比较高，但软化温度比较低，长期使用温度可在 80℃左右，短时间内使用温度可达 120℃。

聚酰胺的基团有亲水性，所以树脂的吸水性比一般树脂大，其中的 PA6 的吸水性较好，在大气中的平衡吸水率可达 35%。

聚酰胺树脂的耐化学性好，弱酸、碱以及大多数盐在常温下对聚酰胺树脂都不发生影响，但聚酰胺树脂能被强酸及氧化剂侵蚀，对植物油、矿物油、动物油和油脂均具有惰性。

6. EVA 树脂

EVA 是乙烯-醋酸乙烯树脂的简称，是由乙烯和醋酸乙烯通过无规共聚而成的热塑性高分子聚合物。EVA 树脂一般以乳白色、半透明、透明的丸粒状出售，加工时会有醋酸气味逸出，但无毒。

由于在乙烯的分子链中引入了极性醋酸基团的短支链，形成一种典型的支链型聚合物。支链的存在打乱了 PE 的结晶状态，加大了分子之间的距离，使得 EVA 具有柔软性和弹性，形成热塑性弹性体。

由于在 EVA 中含有乙烯（E）和醋酸乙烯（VA）两种成分，所以 EVA 的性能会随着 VA 含量而发生急剧的变化。随着 VA 含量的增加，抗张强度降低，延伸率增加；耐磨性降低，抗撕裂性增加；热稳定性降低，熔融流动性增加；硬度降低、柔软性增加，玻璃化温度降低、回弹性增加，电绝缘性降低、与其他材料相容性增加，此外透明性、透气性、溶解性、黏合性也增加。

一般在 VA 含量低于 30%时，含有结晶成分，具有树脂特性；在 VA 含量高于 30%时，弹性增加，具有橡胶特性，但强度会降低。VA 含量在 10%～20%时，常用于生产微孔 EVA 鞋底，A 含量在 20%～35%时，常用于制作 EVA 热熔胶。

EVA 树脂具有良好的耐臭氧老化性，但耐油性、耐化学性低于 PE 树脂。气体和水蒸气对 EVA 树脂的渗透作用比对 LDPE 高，因此不能用作抗渗透材料。

7. ABS 树脂

ABS 是丙烯腈-丁二烯-苯乙烯树脂的简称，是由丙烯腈、丁二烯和苯乙烯三组分共聚而成的高分子聚合物。ABS 树脂是微黄色、不透明、无毒、无味、不透水、略透水蒸气的热塑性树脂。

组成 ABS 的三种组分对树脂分别贡献出不同的性能。丙烯腈（A）使 ABS 树脂具有耐化学腐蚀和耐油性，具有一定的刚性和硬度；丁二烯（B）提高了 ABS 树脂的韧性、抗冲击性和耐寒性，有利于表面电镀；苯乙烯（S）使 ABS 树脂具有良好的电气性能、光泽性能、染色性能和优良的加工性能。通过改变三种单体的比例，就可以改变 ABS 树脂的性能。因此 ABS 树脂的品种牌号比较多，大致分为通用级、冲击级、耐热级、阻燃级、透明级、高流动级、耐候级、电镀级等。

在机械性能上，ABS 树脂抗拉伸强度不高，但抗冲击强度极高，而且在低温下也不迅速下降。ABS

树脂的抗冲击性能与橡胶的组分有关，如果丁二烯含量在30%以下，抗冲击性会随着橡胶含量的增加而增加，如果丁二烯含量30%以上，抗冲击性会随着橡胶含量的增加而降低。ABS树脂的抗压、抗弯曲能力都比较强，并且耐磨性好、耐蠕变性好。ABS树脂的硬度随橡胶的含量而变化，一般洛氏硬度为R62～R118。

ABS树脂耐温性比较好，热变形温度在93℃，如果制品经过退火处理，耐温性可增加到100℃左右。大多ABS制品在－40℃时仍具有相当高的冲击强度，所以ABS制品的使用温度在－40～100℃。

ABS树脂耐水、无机盐、酸和碱等；在醛、酮、酯、氯代烃中能溶解或形成乳浊液，与烃长期接触也会软化溶胀；受冰醋酸、植物油等化学药品的侵蚀会引起ABS制品出现开裂现象。甲醛、甲醇、乙酸乙酯可以软化ABS树脂。

ABS中的丁二烯链段存在双键，使得树脂耐气候性不好。制品在室外长期暴露容易变色，发生表面变化，降低抗冲击强度和韧性；特别是在日光的直接照射下，其外观和机械性能会发生明显的变化，失去光泽，在高应变区出现银纹，抗冲击强度下降。

以上几种树脂都与制鞋工业有着密切的关系，了解了树脂的性能，也就基本上了解了塑料的性能，为各种塑料制品的选择和应用打下基础。

思考与练习题

1. 树脂的主要性能有哪些？
2. 树脂大分子的线型结构、支链型结构和体型结构各有什么特点？
3. 在制鞋工业中常用的树脂有哪些？它们的缩写符号是什么？

第六节 塑 料

塑料是指以树脂为主体、再加入各种配合剂经过加工而制成具有一定使用性能的材料。由此可以知道，树脂与塑料具有不同的概念，树脂是原料，而塑料是树脂的制品。

一、塑料概述

树脂的性能有优有劣，通过加入配合剂可以改善树脂的性能，使得到的塑料制品可以满足人们的需求。配合剂的种类比较多，按照其作用不同可分为增塑剂、稳定剂、着色剂、填充剂、发泡剂、改性剂等。

1. 塑料的组成

塑料是由树脂和塑料配合剂组成的。树脂占主要成分，可达到塑料总量的40%～60%，因此塑料的基本性质取决于树脂的本性，配合剂的作用也很重要，起到改善塑料使用性能和加工性能的作用。如果塑料中树脂的成分只有一种，被叫做简单组分塑料，如果塑料中树脂的成分有多种，被叫做复杂组分塑料。

塑料的名称基本是以树脂的名称来命名的，例如由PVC树脂生成PVC塑料，由ABS树脂生成ABS塑料。PVC塑料就是简单组分塑料，ABS塑料就是复杂组分塑料。缩写的PVC等符号，既可以表示树脂，也可以表示塑料，在需要强调树脂或塑料时，要在符号的后面加以说明。

树脂成分的多少、配合剂成分的多少，是按照产品的需求来确定的，也需要进行配方设计。由于塑料的加工比橡胶的加工简单，所以配方设计也相对较简单。

2. 塑料的分类

塑料的品种有几百个，工业化生产的有几十个，常用的分类方法有按热性能分类法和按用途分类法。

（1）按热性能分类　塑料受热后可以表现出两种截然不同的性能：一种是热塑性，一种是热固性。所以按照热性能划分，可分为热塑性塑料和热固性塑料。

热塑性是指随着温度的升高塑料变软、熔融，冷却后变硬，继续加热又会出现变软、熔融的现象，而且这一过程是可以反复进行的性能。具有热塑性能的塑料就叫做热塑性塑料。热塑性塑料的分子主要是线型结构或支链型结构，受热后分子可以自由活动，出现变软、熔融的现象，冷却后分子又聚集在一起。例如PE、PVC、PP、PS、PA、EVA等都属于热塑性塑料。热塑性塑料的废旧制品可以回收再利用，叫做再生塑料。

热固性是指随着温度的升高塑料变软、熔融，继续加热则发生交联反应，固化变硬，使之产生既不能溶解也不能熔融的性能。具有热固性能的塑料就叫做热固性塑料。热固性塑料的分子主要是体型结构，内聚作用强，受热或遇到溶剂，交联的大分子也不能自由活动。例如酚醛塑料（PF）就是热固性塑料。热固性塑料无法回收再利用。热固性塑料的耐温性比较高，机械强度一般不好。热固性塑料的结构与前面介绍的硫化橡胶相似，经过硫化后的橡胶形成的都是体型结构，既不能溶解，也不能熔化，生产再生胶时，活性剂和软化剂也只能将粉碎的胶粒溶胀而不能溶解。

（2）按使用性能分类　按照塑料的用途划分，可分为通用性塑料和工程塑料两类。

通用性塑料是指产量大、用途广、价格低廉的塑料。目前主要包括五大品种，即聚烯烃（PE、PP、EVA）塑料、聚氯乙烯（PVC）塑料、聚苯乙烯（PS）塑料、酚醛塑料（PF）和氨基（PUT、PU）塑料。

工程塑料是指机械强度更高，耐热、耐冲击、耐化学药品性能更好，可代替金属材料制造机械零件的塑料。例如聚酰胺（PA）塑料、丙烯腈-丁二烯-苯乙烯（ABS）塑料以及聚苯醚、聚砜、氟塑料等。

在制鞋工业的生产中，主要是利用通用性塑料，也用到PA和ABS塑料。

二、塑料性能

塑料是一种性能优异的材料，可以取代许多的传统材料。例如可以用PE塑料鞋楦取代木楦，用ABS塑料鞋跟取代木跟，用PP塑料勾心取代钢勾心，用PU塑料鞋底取代皮鞋底等。塑料除了具有一些树脂的性能外，还具有一些特有的性能。

1. 塑料具有优异的加工性能

塑料制品的成型通常是聚合物在加压加热条件下进行的，所以塑料有着优异的加工性能。可以通过挤出、注塑、压延、压制、搪塑、浇注、吸塑等方式成型。成型的方法简单，速度快，既可一次成型，也可连续生产。成型后的塑料还可以进行车、铣、刨、削、焊接等二次加工。

2. 塑料质地具有多样性

塑料成型的方法不同，塑料制品的质地也会有所不同。有硬质的体材，有软质的薄膜，有轻质的发泡体，有实心的弹性体，有柔韧的纤维丝，有黏稠的涂饰液、黏合剂等。

3. 有良好的物理化学性能

在机械性能上，塑料的力学强度范围广，从柔顺到坚韧、从刚性到脆性都会出现。拉伸强度为10～100MPa，表现出差异很大。在化学性能上，通常都具有良好的绝缘性、化学稳定性和耐水性，在物理性能上具有优异的耐磨性和减震性。塑料的密度一般都比较小，在0.83～0.22g/cm^3范围内，是单位质量强度最大的材料之一，而且热塑性塑料还具有再生性。但塑料在应力作用下会产生蠕变，即慢慢地变形。

4. 耐温性差

从树脂到塑料，耐温性始终不太好，所以大多数塑料只能在常温下使用。有的塑料对温度特别敏感，比如曾流行一时的PVC鞋底，在天冷时会变硬，在雪地上会出现打滑现象。塑料的受热膨胀系数都比较大，是金属的3～10倍，因而尺寸稳定性差。

5. 耐老化性差

塑料不耐老化。引起塑料老化的外界因素主要是光、热、氧的作用，使分子链断裂；塑料在大气中使用，也容易出现变色、变脆、开裂。这些都是塑料的老化现象，虽然在塑料中加入了防老化剂，但还会出现老化。

三、塑料在制鞋中的应用

塑料的用途比较广泛。现在制鞋生产中的许多部件都改用塑料，可以改善鞋子的性能和降低加工成本，见表3-9。

表 3-9　塑料在制鞋中的应用

应用方向	塑料制品	树脂原料	加工工艺
1. 全塑鞋	全塑鞋、靴	PVC	注射
	全塑凉鞋、拖鞋	PVC	注射
	发泡底拖鞋	PVC	注射
2. 鞋底	布鞋底	PVC	注射
	皮鞋成型底	PVC	注射
	运动鞋 MD 底	EVA	注射
	发泡中底	EVA	模压
	冰、跑、足球鞋底	PA	注射
	热塑性 SBS 鞋底	PS	注射
	热塑性 TPR 鞋底	橡塑并用	共混
	PU 弹性体鞋底	PU	浇注
	TPU 鞋底	TPU	注射
	沿条	PA、PVC	注射
3. 鞋帮	人造革涂层	PVC	涂刮、转移、压延
	非织造布纤维 超细纤维	PA、PET、PAN、PE、PP、PVA、PS、PVC	纺丝
	合成革涂层	PU	浸涂
	超纤革涂层	PU	浸涂
4. 鞋跟	塑料跟	ABS、PE、PP	注射
	跟掌面	PET、PA、TPU	注射
5. 内部底件	塑料勾心	PP	注射
	化学片	PS	浸渍
	热熔包头	PET	涂布
6. 鞋楦	塑料楦	HDPE+LDPE	注射
7. 黏合剂	热熔胶	PET、PA、EVA	挤出
	氯丁胶改性剂	PF	化学反应
	氯丁胶接枝剂	PMMA	化学反应
	聚氨酯黏合剂	PU	化学反应
	SBS 黏合剂	PS	化学反应
	聚乙烯醇黏合剂	PVA	化学反应
8. 其他	鞋标识	PVC	滴塑
	鞋带	PA、PET	编织
	尼龙搭扣	PA	复合加工
	尼龙拉链	PA	复合加工
	装饰件	PS	注射

从上表中可以看出，塑料在制鞋中应用的范围广泛，其中比较突出的材料是 PVC 塑料，比较突出的工艺是注射工艺。

四、塑料制品的配方

塑料的配方比橡胶的配方要简单。这是因为橡胶的硫化作用是一种化学变化，经过硫化作用后产生一种交联成网状结构的新物质。而塑料的塑化基本上是物理变化过程，没有新物质产生，所以生产条件容易控制，配方也相对比较简单。下面以 PVC 塑料为例，说明制备塑料鞋和鞋底的配方特点。

1. 配方

PVC 鞋底的配方中一般包括树脂、增塑剂、稳定剂、润滑剂、填充剂、颜料以及发泡剂等成分。应该说 PVC 的配方在塑料制品的配方中所包含的成分最多，因为 PVC 的热稳定差，需要额外加入稳定剂，所以 PVC 的配方比其他塑料配方都要复杂，见表 3-10。

表 3-10 PVC 塑料制品配方 单位：份

原料名称	注塑凉鞋	注塑发泡凉鞋	注塑布鞋	高压发泡拖鞋
PVC 树脂	100	100	100	100
增塑剂 DBP	30	30	20	25
增塑剂 DOP	20	34	40	30
增塑剂 M-50	10	10	5	10
增塑剂氯化石蜡	5	3	5	5
增塑剂 DCP	5	—	—	—
稳定剂三盐基性硫酸铅	3	15	3	2
稳定剂二盐基性亚磷酸铅	2	—	2	1
润滑剂硬脂酸	0.5	—	0.5	0.5
润滑剂硬脂酸钡	1	1	1	1
润滑剂硬脂酸镉	—	0.5	—	—
填充剂碳酸钙	5	—	15	10
发泡剂 AC	—	1.2	—	6
颜料	适量	适量	适量	适量

从表中可以看出，四种不同的 PVC 制品在配方中的成分大致相同，所用的树脂都是 100 份，只是在生产发泡制品时需要增加发泡剂。

2. PVC 树脂

在表 3-10 中，选择的 PVC 树脂主要是悬浮法生产的树脂，具体的品种为 XJ-3 和 XS-3。其中的 X 表示悬浮法，J 表示紧固型，S 表示疏松型，-3 表示型号是排在第 3 位的品种。乳液法生产的 PVC 树脂用 RH 来表示。

悬浮法生产的 PVC 树脂由于使用的悬浮剂不同，使树脂的结构和性能也不同。紧密型树脂为无孔实心结构，颗粒较细。疏松型树脂表面粗糙，形态不规则，断面疏松呈网状，直径较大。悬浮法生产的一级品或二级品 PVC，都分为 6 个型号。

PVC 树脂是相对分子质量大小不等的聚氯乙烯分子的多分散体系。由于相对分子质量的大小对加工性能和产品质量有直接的影响，因此平均相对分子质量的大小就成为选择树脂的关键。目前使用测定平均相对分子质量的方法是测定 PVC 在溶剂中组成稀溶液的黏度的方法，常用绝对黏度来表示。

PVC 树脂的型号不同，表示它们的绝对黏度不同。例如 1 号产品平均聚合度大于 1338，绝对黏度大于 2.1mPa·s；6 号产品平均聚合度在 590～720 之间，绝对黏度在 1.5～1.6mPa·s；而 3 号产品的平均聚合度为 980～1108，属于中等水平，绝对黏度在 1.8～1.9mPa·s 之间，也是居中。相对分子质量越小，其黏度越大。

3. 增塑剂

增塑剂是指用来降低树脂的加工温度并使制品具有强韧和柔软性的配合剂。一般的增塑剂是不易挥发的高沸点有机液体或低熔点的固体物。塑料中能用增塑剂的品种并不太多，PVC 树脂是用量最大的品种，目前约有 80%增塑剂是用于 PVC 树脂的。

PVC 是线型分子结构，分子之间以次价键力结合，分子之间距离很小，难以转动，使树脂表现出高硬度、低弹性、难熔融。增塑剂可以借助本身的溶剂作用，渗透到 PVC 大分子之间，增大它们之间的间隙，减弱分子间的作用力，使得分子链容易活动，因此树脂获得了可塑性和柔软性。

常用的增塑剂有邻苯二甲酸酯类、磷酸酯类、脂肪酸酯类、烷基磺酸甲酚酯、含氯增塑剂等。在表 3-10 中的增塑剂 DBP 是邻苯二甲酸二丁酯，增塑剂 DOP 是邻苯二甲酸二辛酯，增塑剂 DCP 是邻苯二甲酸二仲辛酯，增塑剂 M-50 是烷基磺酸甲酚酯，增塑剂氯化石蜡是含氯增塑剂。增塑剂的用量比加大，仅次于树脂用量。

4. 稳定剂

PVC 树脂在受热时会有氯化氢气体逸出，结构不稳定。而放出的氯化氢气体又会起催化剂的作用，进一步激发内部分子降解，形成连锁反应，加速了产品的破坏。稳定剂是指防止 PVC 树脂降解破坏的配合剂。

常用的稳定剂有铅系稳定剂、金属皂类稳定剂、有机锡类稳定剂等。在表 3-10 中的稳定剂三盐基性硫酸铅和二盐基性亚磷酸铅，都属于铅盐稳定剂。铅盐稳定剂的价格低、稳定效果好，与 HCl 反应可以生成稳定的 $PbCl_2$，并且大部分兼有光和热的双重稳定作用。但是铅盐有一定的毒性，PVC 树脂本身无毒，但使用铅盐作稳定剂后 PVC 塑料便带有毒性，不能用于食品包装。

5. 润滑剂

润滑剂是指可以改进加工性能、提高生产效率的助剂。一般在辊压片材和造粒加工中都要使用润滑剂，一方面是便于加工，另一方面使制品表面光洁。其中能够提高胶料的流动性、降低内摩擦作用的润滑剂叫做内润滑剂；能够减少物料和成型设备金属表面黏附作用的润滑剂叫做外润滑剂。不同的成型方法对润滑剂的要求不同。

常用的润滑剂主要有金属皂类、烃类化合物、脂肪酸及其衍生物等。在表 3-10 中所用的硬脂酸钡和硬脂酸镉，属于金属皂类润滑剂，所用的硬脂酸属于脂肪酸类润滑剂。

6. 发泡剂

在生产发泡制品时还需要添加发泡剂。发泡剂是指通过物理或化学过程而使塑料形成微孔结构的配合剂。通过发泡可以降低塑料的密度，可以增加塑料的弹性和柔软性。

常用的发泡剂是化学发泡剂 AC，也就是偶氮二甲酰胺，外观为橙黄色结晶粉末。AC 发泡剂性能参见表 3-11。

表 3-11　AC 发泡剂主要性能

名称	分解温度/℃	发气量/(mL/g)	分解出气体/%(质量分数)
偶氮二甲酰胺	196～200	225	N_2　65%
			CO　32%
			CO_2　3%

偶氮二甲酰胺的分解温度虽然比较高，但是在稳定剂铅盐和镉盐的作用下可以活化，使分解温度降低到 150～180℃。AC 发泡剂分解后的产物是无毒的，而且不助燃，还有自熄作用，对制品不但不产生污染，而且还使之显得更洁白。

7. 填充剂

填充剂是指用来增加体量降低成本的助剂，也兼具改善某些性能。例如增加硬度、刚性，减少收缩等。

常用的填充剂有陶土、轻质碳酸钙、重质碳酸钙、活性碳酸钙、硅石灰等。在表 3-10 中的填充剂是碳酸钙。

8. 着色剂

塑料制品一般都具有美丽的色彩，这是由着色剂形成的。带有色彩的塑料制品，不仅外观好看，还可以增加塑料的耐气候性。延长制品的使用寿命。

着色剂有颜料和染料的区别，颜料又分为有机颜料和无机颜料。颜料的结构稳定，耐光耐热性好，不溶于溶剂和增塑剂，不易迁移析出，是塑料制品常用的着色剂。塑料常用着色剂拼色及成浆比见表 3-12。

表 3-12　　塑料常用着色剂拼色及成浆比

色泽名称	拼用颜料及用量/g	成浆比 着色剂：DOP
白色	钛白 4.54＋群青 0.0281	1：1.19
奶粉色	氧化铁红 0.03125＋钛白 8.88	1：1.08
浅天蓝	柠檬黄 0.04142＋酞菁蓝 0.0166＋钛白 2.72	1：1.10
中蓝	酞菁蓝 0.133＋钛白 1.363＋炭黑 0.0025	1：1.27
湖绿	铬绿 0.928＋酞菁绿 0.132＋酞菁蓝 0.063＋钛白 1.138＋炭黑 0.01	1：0.89
果绿	柠檬黄 0.315＋酞菁绿 0.0455＋钛白 3.22＋炭黑 0.00286	1：1.16
墨绿	铬绿 0.965＋酞菁绿 0.226＋酞菁蓝 0.03＋钛白 1.33＋炭黑 0.0858	1：1.03
米黄	氧化铁红 0.083＋中铬黄 0.342＋钛白 3.82＋炭黑 0.00286	1：1.08
浅灰	柠檬黄 0.0263＋钛白 2.5＋炭黑 0.00656	1：0.81
中灰	酞菁蓝 0.0133＋钛白 1.52＋炭黑 0.126	1：0.935
浅棕	氧化铁红 1.07＋中铬黄 0.526＋钛白 0.227	1：0.675
棕色	氧化铁红 2.90＋中铬黄 0.163＋炭黑 0.080	1：0.547
地板棕	氧化铁红 3.72＋中铬黄 0.552＋钛白 0.331＋炭黑 0.0657	1：0.41
大红	中铬黄 0.0526＋立索尔宝红 BK 0.182＋柠檬黄 0.286＋钛白 0.0101	1：0.96
紫红	立索尔宝红 BK 1.78＋钛白 0.278＋炭黑 0.0228	1：1.67
枣红	氧化铁红 0.938＋立索尔宝红 BK 0.25＋钛白 0.091＋炭黑 0.0286	1：0.915
藏蓝	酞菁蓝 0.0231＋群青 0.125＋钛白 0.222＋炭黑 0.0485	1：1.19

从上表中可以看出塑料制品常用的颜色和常用的各种颜料。

成浆比是颜料加入增塑剂中的比例。因为一般的颜料粒径为 0.05～1μm，但多数是以 10～70μm 的凝聚体出现。如果直接将这些凝聚体加入 PVC 配料中去，容易造成颜色深浅不一，表面形成色斑、色道等弊病。因此，为了使着色剂在胶料中分散均匀，先将着色剂与增塑剂按成浆比在三辊研磨机上磨成糊状膏，然后再与胶料混合，这样才能得到色泽均匀的塑料制品。

思考与练习题

1. 什么是塑料的热塑性和热固性？
2. 塑料在制鞋生产中有哪些用途？
3. 以 PVC 为例说明塑料的主要成分有哪些？

第七节　塑料制品的加工

在鞋类制品中最常用的加工方法是注射工艺，此外还有模压工艺、浇注工艺等。

注射工艺是在注射机上进行，如果所注射的原料是塑料时也叫做注塑工艺，所注射的原料是橡胶时也叫做注胶工艺。为了注塑操作的顺利进行，一般是先要把树脂和各种配合剂混合、塑化、制成塑料颗粒，在注塑时就可以用塑料颗粒料直接注塑加工。所以注射工艺包括造粒阶段和注射阶段两步骤。

模压工艺常用于 EVA 发泡材料。浇注工艺常用于 PU 聚氨酯材料。

一、PVC 材料的注射工艺

1. 造粒阶段

造粒的流程如下：

备料→原料混合→捏合→造粒

按照配方准备好各种原料，粒径在 0.5μm 以下的配合剂要制成浆料或母料，然后进行均匀混合。

捏合是在捏合机中进行。捏合机的工作部分是一个带有鞍形底的混合室和一对搅拌器。搅拌器的形状变化很多，最普通的是S形和Z形，两个搅拌器的转动方向相反，速度也可以不同。捏合时物料借着搅拌器的转动，沿着混合室的侧壁上翻而在混合室的中间落下。这样物料受到重复折叠和撕捏作用，从而得到均匀的混合。在生产人造革时，树脂与配合剂采用的是高速混合机混合，这是制备黏稠液体的混合方法。生产粉状固状等物料是以捏合为主，待增塑剂被完全吸收后呈“干”状，捏合到手握物料不成团，放手立即松散为止。

造粒是在挤出机出型后完成的。挤出机的部件主要是料筒和螺杆，把捏合后的物料送入料筒斗，物料即被旋转的螺杆卷入料筒，一方面受筒壁的加热而逐渐升温与熔化，另一方面则绕着螺杆向前移动。被挤出机挤出的物料呈条状，在造粒挤出口的前方，装配有旋转的切刀，把条形物料切成颗粒。

2. 注射阶段

注射的流程如下：

加料→注射成型→冷却定型→修整→塑料制品

注射成型是在成型注射机上进行的。成型注射机与挤出机工作原理相同但结构有区别。将颗粒状的物料加入料斗，被旋转的螺杆卷入料筒，经过预塑段、压缩段、注射段，然后从喷嘴注入模具内。注射的温度控制在120～160℃，可以使PVC物料完全塑化。

注射完成后经过冷却、出模、修整，即可得到塑料制品。如果模具上带有铝楦，得到的产品是注射鞋，可以注射出皮鞋、布鞋、塑料鞋。如果模具是阴阳模，得到的产品是注射鞋底。

注射工艺操作简单，生产效率高，平均每3min就能产出一双鞋或鞋底，适于大批量生产。通过材料的颜色变化也能改变产品的外观。在《现代制鞋工艺》一书中对注射工艺的原理以及具体的皮鞋、胶鞋、布鞋、塑料鞋的注射过程都有详细说明，此处不再赘述。

注射工艺与橡胶工艺相比较，显然要简单得多。但采用注射工艺使用的材料必须具有热塑性，否则无法进行加工。如果橡胶具有热塑性，也可以采用注射工艺生产。

二、EVA发泡材料的模压工艺

EVA发泡材料常用于中底的制备。中底是指夹在内底与外底之间的一层鞋底，由于单独使用EVA材料制作外底其耐磨性差，冬天会变硬打滑，所以常用EVA发泡材料作中底，借以减轻鞋底的质量。在使用发泡中底时，与地面邻近的部位再黏合一层橡胶片，增加耐磨和防滑的作用。许多凉鞋的中底、休闲鞋的中底，都使用低发泡的EVA材料做中底，比较典型的例子是运动鞋的“十佳底”。

发泡材料依据发泡的程度，可分成高发泡和低发泡不同的类型。高发泡的EVA材料气孔比较大，柔软性和弹性都比较好，可以用来制作鞋垫。低发泡的EVA材料气孔比较小，有一定的紧密度，再加上配合剂的作用，具有一定的强度和硬度，常用来制作中底。

1. 发泡中底的配方及材料性能（表3-13）

表3-13　EVA发泡中底配方及材料性能

发泡EVA鞋底配方			
原料	用量/份	原料	用量/份
EVA树脂	60	添加剂碳酸钙	2～5
LDPE树脂	40	润滑剂硬脂酸钡	1.0～1.2
AC发泡剂浆	7～10	润滑剂硬脂酸	0.8～1.2
三盐基硫酸铅浆	2～3	回边料	10～30
交联剂DCP	0.08～0.12	着色剂	适量
EVA发泡材料性能			
密度/(g/cm^3)	0.187	硬度(邵氏A)	28
断裂强度/MPa	1.43	断裂伸长率/%	218

2. 加工过程

表3-13中的回边料是指边角废料。加工时用双辊塑炼机先将回边料塑炼，以2～3mm辊距薄通3～4次下料备用。然后在辊中投入EVA和LDPE树脂，合练均匀后再加入回边料。以后依次加入辅料：硬脂酸钡、

硬脂酸、碳酸钙、三盐基硫酸铅、AC 发泡剂、交联剂 DCP。全部混炼均匀后再薄通两次，出片备用（交联剂过氧化二异丙苯的缩写符号也是 DCP，此处的 DCP 不代表增塑剂）。

将上述料片裁切，尺寸略比模具型腔小些。经过称重、装模、合模、加压加热，使物料在模具内成型。控制加热蒸汽压 0.7MPa，模压机油压 12MPa，模压发泡的时间一般按磨具的厚度 L 而定：厚度 $L<15$mm 时，温度 160℃，时间 $t=(l+2)$ min；当 15mm$\leqslant L \leqslant$30mm 时，温度 150℃，时间 $t=1.5l$min。

运动鞋中有一种 MD 成型底，也是发泡 EVA 产品。由于 EVA 分子属于线型结构，有热熔型，即使在发泡后也还具有热熔性。所以生产 MD 底首先是生产出发泡成型底，然后再对成型底的鞋底表层进行二次塑化，使鞋底与地面接触的部位形成致密的实心层，可以提高鞋底的耐磨层。

三、PU 弹性体的浇注工艺

PU 弹性体是由异氰酸酯和多元醇进行缩聚反应而生成的弹性高聚物，外观为白色，相对密度为 0.4～0.5，被叫做聚氨酯橡胶。

在前面介绍合成革时用到过 PU 树脂，PU 树脂与 PU 橡胶的区别在哪里？在生成 PU 树脂时，使用的原料是二异氰酸酯和二元醇，所生成的聚氨酯是一种线型结构，分子链柔顺，可以溶解在某些溶剂内。生成 PU 橡胶时，使用的原料也是二异氰酸酯和二元醇，但是先生成预聚体，然后再通过交联剂的作用，使线型结构交联成立体网状结构，这种体型结构不能被溶解或者被融化，再加上发泡的作用，就形成密度小、弹性高的聚氨酯橡胶。聚氨酯树脂和聚氨酯橡胶虽然使用的原料相同，但生成物的结构不同，所以表现出的性能也不同。

聚氨酯橡胶是一种综合性能好的橡胶，与传统的硫化橡胶相比，生成原理、分子结构、加工工艺都有很大的区别。按照生成聚氨酯橡胶的方法不同，可以有三种类型产品：一是混炼型弹性体，二是浇注型弹性体，三是热塑型弹性体。其中的混炼型弹性体性能不如后两种好，产品已不多见，目前主要是浇注型和热塑型产品。热塑型产品的加工类采用注射工艺，目前 PU 鞋底的生产采用的是浇注工艺。

浇注也是一种成型工艺，是将液体材料浇注到模具内进行成型的操作过程。生产浇注型聚氨酯时，需要制备 A、B 两组分材料。B 组分是聚氨酯的预聚体，分子链比较短；A 组分为多醇和助剂，起到增大分子链的作用。将两组分混合后注入模具中，通过化学反应即得到浇注型聚氨酯弹性体。其生产工艺比注射工艺更简单。

1. 浇注型 PU 弹性体生产工艺

生产单色产品工艺流程如下：

原液混合→注入模具→合模→固化→开模→脱模→修整→检验→成型底

原料液的混合用聚氨酯机进行。聚氨酯机主要工作部分包括供料缸、计量泵和混合头。料液 A 和 B 两组分分别储存在供料缸内，供料缸内有搅拌装置，使各组分不会产生分离。供料缸配有精密的控温装置，能承受 300～400kPa。原液混合时，要经过计量泵准确计算出用量输送到混合头，通过混合头浇注到模具中。由于异氰酸酯基与羟基的反应是等摩尔反应，所以要经过精确计量后再混合。

生产一双浇注型聚氨酯鞋底只需要几分钟的时间，再加上循环式连续操作，可以达到平均 1min 产出一双鞋底，生产效率很高。注意在每双鞋底出模后，都要进行高压喷头清洗模具，保证鞋底花纹清晰完整。清洗后的模具还要喷隔离剂，也叫做脱模剂，便于下一双鞋底顺利出模。

2. PU 弹性体生产配方

PU 弹性体有聚酯型和聚醚型的不同品种。如果多元醇的原料使用聚酯多醇，生成的就是聚酯型 PU 弹性体，如果多元醇的原料使用聚醚多醇，生成的就是聚醚型 PU 弹性体。配方见表 3-14。

表 3-14　　聚酯与聚醚型聚氨酯配方　　单位：份

组分	聚酯型 PU 配方		聚醚型 PU 配方	
A	聚酯二醇	80～100	聚醚二醇	90
	丁二醇	12～18	丁二醇	9
	水	0.3～0.5	叔胺	0.6
	乳化剂	0.2～0.6	有机锡	0.02

续表

组分	聚酯型 PU 配方		聚醚型 PU 配方	
A	催化剂	0.6～1.0	三氨一氟甲烷 CFC	6
	颜料	0.4		
B	聚酯二醇	40	二异氰酸酯	50
	二异氰酸酯	60		

在聚酯型 PU 配方中的 B 组分是预聚体，将过量的二异氰酸酯先和二元醇进行反应，生成端位带有异氰酸基（—NCO）的预聚体。在 A 组分中，聚酯二醇与预聚体发生反应生成聚氨酯，其中的丁二醇是增链剂，起到扩充链节的作用，形成具有弹性的大分子聚合物。其中水分起到发泡剂的作用，水与游离的异氰酸酯发生反应会放出为二氧化碳气体，形成发泡材料，同时生成脲的衍生物。脲基上带有活泼氢，与异氰酸酯反应后，使线型分子转为枝化和交联结构。乳化剂可以保持组分均匀，催化剂可以提高反应速率。生成聚酯型聚氨酯的 A、B 组分为 1∶1。将 A、B 两组分按比例混合并高速搅拌，在短时间内混合均匀，立即浇注到模具内。合模后经过几分钟就可以出模，得到 PU 弹性体。

在聚醚型 PU 配方 B 组分中，只有二异氰酸酯，不用生成预聚体，所以生成聚醚型聚氨酯的 A、B 组分为 2∶1。在 A 组分中，聚醚多醇与二异氰酸酯发生反应生成聚氨酯，丁二醇同样是增链剂，扩充链节作用，形成具有弹性的大分子聚合物。其中的叔胺和有机锡是催化剂，三氨一氟甲烷是物理发泡剂（三氨一氟甲烷发泡剂现在已不提倡使用）。

在聚氨酯鞋底厂的生产中，A、B 组分可以从市场直接购买。

3. PU 弹性体性能

PU 弹性体具有优异的耐磨性，在目前各种类型的鞋底材料中它的耐磨性最好，即使其密度只有 0.5g/cm^3左右，其耐磨性也远远超过硫化橡胶和塑料。PU 弹性体的弹性优异，是目前各种轻质鞋底材料中弹性最好的一种，它的压缩变形极低，是各种泡沫材料中变形最小的。PU 分子结构中含有多种极性基团，具有强大的内聚力，因而 PU 弹性体的抗张强度大、撕裂强度大，而且黏合性能好。PU 弹性体的耐热性和耐油性好，成型简捷，发泡基本在自由状态下进行，适于生产双密度或多密度产品。所以聚氨酯弹性体被认为是综合性能好的橡胶材料。

聚氨酯的缺点是易于水解，在较高温度（38℃以上）的湿空气中就发生水解，使其强度下降。此外聚氨酯的滞后生热量大，在反复压缩变形的条件下容易积蓄热量，加速制品的损坏。

采用聚酯多醇做原料生成的 PU 弹性体叫做聚酯型聚氨酯，采用聚醚多醇做原料生成的 PU 弹性体叫做聚醚型聚氨酯。两者比较，聚酯型聚氨酯机械性能好，在硬度、强度、耐磨性上优于聚醚型聚氨酯。而聚醚型聚氨酯的产品表面光滑，符合时尚的需求，生产成本较低。生产聚酯型聚氨酯采用水做发泡剂，控制一定量的水和二异氰酸酯发生反应就能达到较低的发泡密度，而生产聚醚型聚氨酯需要加入挥发的物质来形成发泡结构，因为聚醚多醇与水的相容性不好。

4. 热塑性 PU 弹性体

热塑型 PU 弹性体是指弹性体本身具有热塑性，也就是通过加热可以软化、熔化。这与浇注型 PU 显然不同。热塑型 PU 弹性体的市售商品呈颗粒状，也叫做 TPU 材料。

TPU 材料是由二异氰酸酯和二元醇反应后生成的线型结构聚氨酯，因此才具有热塑性。由于 TPU 具有热塑性，使加工操作变得简便，可以采用注射成型工艺加工。

PU 树脂是一种线型结构，有热熔性，但是相对分子质量不够大，所以不具有弹性。TPU 也是一种线型结构，也具有热塑性，但是相对分子质量相对比较大，达到了橡胶相对分子质量的级别，所以还具有高弹性。聚酯或聚醚型浇注聚氨酯，最终形成的是一种体型网状结构，所以没有热熔性，也不能被溶解，再加上发泡的作用，具有比橡胶还要好的高弹性。

TPU 材料是近年来才出现在市场上，具有很好的耐磨性，目前常用于篮球鞋、慢跑鞋等运动鞋的鞋底和底部件的制造。

思考与练习题

1. 注射工艺、模压工艺、浇注工艺的工艺要点各是什么？
2. PU 弹性体主要性能是什么？
3. PU 弹性体、热塑性 PU 弹性体、PU 树脂的区别在哪里？

第八节　新型弹性体

橡胶是传统的鞋底材料，弹性好、耐磨性好，穿着舒适，但是鞋底密度大、鞋体比较沉、颜色单调，而且硫化工艺比较复杂。塑料鞋底以其艳丽的色彩和质地轻软取胜，加工也非常简便，但是耐温性差，遇冷变硬，防滑性不好。所以在高分子材料的应用上，人们总是在不断地探索，希望找到把橡胶性能与塑料性能相结合的新型材料。目前市场上出现了许多橡塑并用的新型材料，都打破了传统的单纯橡胶底和塑料底的模式，赋予这种新型材料既有橡胶的高弹性、又有塑料的便于加工性，例如 SBS 热塑性鞋底、TPR 鞋底等。

一、SBS 弹性体

SBS 弹性体是由丁二烯和苯乙烯以嵌段的方式聚合而成的高聚物，所以也叫做嵌段丁苯橡胶。又由于 SBS 具有热塑性，所以又叫做热塑丁苯橡胶。这是一类新型高分子聚合物，出现于 20 世纪 60 年代。

橡胶是高分子聚合物，经过加热硫化以后具有很高的弹性和强度，但再对它继续加热却不能重新流动。而塑料几乎没有弹性或弹性很低，但是加热后却可以熔融流动，用挤出、注塑等方法可以快速加工成型，而且热塑性塑料的这一成型过程还可以反复进行。SBS 热塑性弹性体结合了橡胶与塑料的优良性能，在常温时显示出普通橡胶的高弹性和强度，而在加热时能够熔融流动，具有热塑性塑料反复加工和加工方便的特点，所以 SBS 性能既类似于橡胶，又类似于塑料，是介于橡胶与塑料之间的一种“边缘”材料。这类材料统称为 TPE 材料。

1. SBS 结构特点

丁苯橡胶与 SBS 弹性体的高聚物组成相同、但结构不同。在丁苯橡胶中，丁二烯分子与苯乙烯分子聚合成高聚物。而在 SBS 弹性体中，是一段低聚的苯乙烯和一段低聚丁二烯聚合成的高聚物，为嵌段式结构。所以丁苯橡胶与 SBS 弹性体表现出性能不同。

在 SBS 结构中，其中的苯乙烯段具有塑料的刚性，叫做硬段，而丁二烯段具有弹性，叫做软段。在高聚物中，刚性的硬段将弹性软段的两端束缚起来，而刚性的链段之间又由分子间的作用力集结在一起，形成“物理交联网点”，起到了硫化橡胶中“硫桥”的作用。所以在常温时 SBS 可以显示出橡胶的高弹性和强度。在加热的条件下，低聚的苯乙烯熔融，物理交联点被破坏，共聚物的分子链可以自由活动，SBS 就具有塑料的热塑性，能够熔融流动。因此 SBS 能够采用注射、挤出等简便的加工方式成型。待成型后物料冷却，硬段的分子由于内聚力的作用又重新集结，物理交联网点再度形成，因而赋予制品以高弹性和强度。

由于 SBS 物理交联点遇热消失、遇冷形成，使得 SBS 弹性体具有良好的加工性能。对于回收的 SBS 废旧物料，加热后同样可以使物理交联点消失，成型后物理交联点的重新形成，也使得废旧 SBS 获得再生。

类似 SBS 这一类热塑性弹性体的种类也很多，SBS 是其中的典型代表。从聚合物主链的结构来看，有嵌段式聚合物和接枝式聚合物的区别。由于生成这些热塑性弹性体的方法都是采用化学法，所以统称为 TPE，即热塑性弹性体。

2. SBS 的性能

SBS 具有良好的物理机械性能。SBS 无须硫化就具有普通橡胶的强伸性，有显著的弹性，有较高的耐磨性和较好的低温性。SBS 能溶解在许多有机溶剂中，具有广泛的溶解性。SBS 的相对分子质量比较低，因此熔融黏度也比较小，所以充模的流动性好。但是，如果没有外力的作用，即使是加热到 220℃以上，可以使聚合物分解，也不会呈现流动性。而一旦有了外力，被加热的SBS首先是物理交联网点解体，继而在外力的作用下才产生流动。

在化学性方面，对一般酸、碱、盐、油脂的稳定性好，可以进行加氢、卤化等化学反应，能够进行接枝反应。SBS的不饱和双键在热、氧、臭氧、紫外线的作用下，或产生交联，或发生断裂，从而使材料老化变硬或产生龟裂，失去使用价值。尽管老化这个问题是塑料的一个通病，但SBS表现尤为突出。不加抗氧剂的SBS纯料，短时间放置即出现变色、变硬，最后酥碎。而SBS胶片在应力作用下，即使加入抗氧剂而无光稳定剂与之配合，也会很快变红、变硬，龟裂。

3. SBS的应用

利用SBS弹性体可以生产皮鞋底、胶鞋底、布鞋底以及运动鞋底等。

在生产皮鞋底时，要求弹性好、硬度高、耐磨性和耐曲挠性好，以便与皮鞋的帮面相匹配。因此，应以强度大、苯乙烯含量较高的SBS为基料。

生产胶鞋底一般为直接注射成鞋，配方除了要求色泽鲜艳、耐磨耐曲挠外，还要求流动性好、黏合力强。

SBS具有良好的弹性、柔软性、防滑性、易于加工等特点，使得在布鞋领域有广阔应用前途。布鞋底的配方与胶鞋底相似，但对耐磨性要求较低，因此配方中可适当增加油和填料的用量。几种不同SBS鞋底的常用配方见表3-15。

表3-15　几种不同SBS鞋底常用配方　单位：份

原料	名称	SBS皮鞋底配方	SBS胶鞋底配方	SBS布鞋底配方
热塑性弹性体	SBS	100	100	155
配合剂	环烷油	20	30～35	50
填充剂	聚苯乙烯	15	30～40	70
	碳酸钙	15	35～40	60
	滑石粉		15	
稳定剂	1010	0.5	0.5～1	0.5
	DLTDP	0.5	0.5～1	0.5
润滑剂	硬脂酸锌ZnSt	0.5		
着色剂	塑料棕	0.6		
	中铬黄	0.015		
	钛白		3～6	5

从表3-15中可以看出，生产SBS鞋底所用的配合剂与塑料相同。基料是SBS弹性体，但增加了配合剂（软化剂或增塑剂）。加入配合剂的目的是改善工艺性能，降低硬度，增加柔顺性、抗撕裂性和流动性。在所有配合剂中以环烷油的综合性能最好，它的添加量虽然较大，但对强度等性能影响较小。

在填充剂中除了前面介绍过的无机填充剂外，还有许多常用的聚合物添加剂，例如聚苯乙烯。聚合物添加剂可以调节SBS的性能，例如添加了聚苯乙烯树脂，可以增加SBS在高温下的流动性，还能增加硬度，这是软化剂、增塑剂一类物质所不具备的。

稳定剂对于防止或延缓SBS老化有着重要作用。防老化剂1010是四季戊四醇酯，防老化剂DLTDP是硫代二丙酸二月桂酸酯，把这两种防老化剂等量混合并用，会产生协同效应，能得到较高稳定效果。

硬脂酸锌属于硬脂酸衍生物润滑剂，用量很少，但对制品的成型有着重要作用。各种着色剂可以使制品具有美丽的色彩。

4. SBS的加工工艺

SBS鞋底采用注射工艺加工，使用移动螺杆式注射机。移动螺杆式注射机的功能比较强，一方面通过螺杆的旋转可以输送物料，另一方面通过螺杆的移动挤压，可以产生很高的速度，将物料注射到模具内。将熔融的SBS料液注入模具内，可得到成型鞋底，或者是注射鞋。注射成型工艺条件见表3-16。

表 3-16　　注射成型工艺条件

工艺条件		注射鞋	注射成型底
温度/℃	料筒温度:料筒 t_1	185	180
	料筒 t_2	205	200
	料筒 t_3	205～210	200
	料筒 t_4	200	198
	模具温度	30	30～35
压力/MPa	料液压力(背压)	20	0
	注射压力	30	34
时间/s	注射时间	20	20
	冷却时间	40	60

从表 3-16 中可以看到。生产一只鞋或一只底的时间在 1min 左右，再加上连续注射操作，使得注射工艺的生产效率很高。

表 3-16 中的几个温度，从料筒 t_1 至料筒 t_4 依次为预塑阶段温度、压缩阶段温度、注射阶段温度和喷嘴温度。

二、TPR 材料

TPR 材料叫做热塑性橡胶。TPR 与 TPE 有什么区别呢？从字面上讲，TPR 是 Thermoplastic Rubber 的缩写，叫做热塑性橡胶；TPE 是 Thermoplastic Elastomer 的缩写，叫做热塑性弹性体。橡胶具有弹性，可以把具有弹性的物质定义为橡胶，例如聚氨酯橡胶和聚氨酯弹性体是指同一种材料。所以字面上的区分意义不大。

热塑性弹性体是模仿橡胶弹性的制品，是近几十年的产物。最早出现的热塑性弹性体是在 1958 年由美国 Goodrich 公司生产的 PU 弹性体，在 1963 年美国 Philips 石油公司生产出 SBS 嵌段热塑性弹性体。早期的热塑性弹性体都是通过化学反应的方法制造的，叫做 TPE。但是在 1972 年，美国 Uniroyoal 化学公司用聚烯烃采用机械共混法制造了一种全新类型的共混型热塑性弹性体，产品牌号为 TPR，由此才出现了 TPR 材料。由于这种 TPR 采用的是橡胶与树脂机械共混的物理生产方法，比早期的化学反应方法工艺简单、投资少、成本低，而且在一般的橡胶厂都可以直接生产，因此 TPR 材料广为流行。所以 TPR 与 TPE 的本质区别在生产的工艺方法不同。

橡胶与塑料并用，可以通过改性的方法，例如丁苯橡胶；也可以通过接枝的方法，例如接枝氯丁胶；还可以通过产生新结构的方法，例如 SBS。那么采用橡胶与塑料物理共混也是一种橡塑并用的方法。由于橡塑共混能赋予这种物理混合物特殊性能，也就是既具有高弹性、又具有热塑性，所以常把聚合物的这种共混体系称为高分子合金。

1. 橡塑共混的机理

所谓聚合物共混，是指将两种或多种聚合物制成宏观上成均匀物质的过程。由于在微观上，不同聚合物还保留着各自的特性，所以在不同的条件下会表现出聚合物不同组分的特性。用橡胶和树脂采用共混方法生成的 TPR 材料，常温时具有橡胶的高弹性，加热时有显示出树脂的热塑性，这一特性和 SBS 相似。

橡胶与塑料并用（实际上是与树脂并用，但习惯上都叫为塑料），包括接枝、改性的应用，都应该考虑两者之间的相容性，这里的容是指互相容纳。橡胶与塑料的相容性好就可以并用，反之就不能并用。橡胶与塑料相容性好坏与它们的分子排列、极性大小、相对分子质量、相对分子质量分布以及溶解度参数有着极其密切的关系。目前，人们选择橡胶与塑料并用相配的品种时，一般都是根据它们的分子极性和溶解度参数来选择，取其数值相近者并用。

2. 溶解度参数与分子极性

两种高聚物混合的过程，实际上是两种高聚物分子互相扩散的过程，这个过程受到分子间内聚力的制约。分子间的内聚力大小可以用内聚能密度来度量，内聚能密度的定义是“为克服分子间的作用力，把 1mol 液体或固体分子移到分子间引力范围以外所需要的能量”。所以内聚能密度大的物质，分子之间的作用力大。通常采用溶解度参数来表示这种能量的大小，以 δ 来表示。常用橡胶与树脂的溶解度参数见表 3-17。

表 3-17 常用橡胶与树脂的溶解度参数

橡胶名称	溶解度参数 δ	树脂名称	溶解度参数 δ
天然橡胶	7.9～8.25	聚乙烯:低密度	8.0
丁苯橡胶:85/15	8.5	中密度	8.1
75/25	8.6	高密度	8.2
60/40	8.6～8.7	聚丙烯	8.1
顺丁橡胶	8.1～8.6	聚苯乙烯	9.1
乙丙橡胶	8.0	高苯乙烯树脂	8.55
丁基橡胶	7.9	聚氯乙烯	9.5
氯丁橡胶	7.9	乙烯-醋酸乙烯酯	9.4
丁腈橡胶－18	8.7	聚甲基丙烯酸甲酯	9.0～9.5
－26	9.2	聚酯	9.9
－40	10.3	聚酰胺	12.7～13.6
聚氨酯橡胶	10	酚醛树脂	10.5～11.5

选择橡胶和树脂的溶解度参数时，要计算它们溶解度参数的差值 β。在 $\beta>1$ 时，橡胶与树脂分子之间作用力差异大，不容易相混溶，往往成分离状态，当 $\beta\to 0$ 时，橡胶与树脂分子之间的作用力几乎相等，能够完全混溶，表现不出各自的特性。只有当 $0<\beta<1$ 时比较理想，可以得到不混溶、又相容的状态，达到界面结合良好的体系，可获得高分子合金的优异性能。

例如表 3-18 中天然橡胶的溶解度参数是 7.9～8.25，聚丙烯的溶解度参数是 8.1，这两种材料的溶解度参数为 0.2～0.15，在 $0<\beta<1$ 范围，可以进行共混。

从材料的极性来看，极性橡胶与极性树脂容易共混，非极性橡胶与非极性树脂容易共混。在选择材料时还要考虑。有关橡胶与树脂的极性见表 3-18。

表 3-18 常用橡胶与树脂的极性

橡胶名称	极性	树脂名称	极性
天然橡胶	非极性	聚乙烯	非极性
顺丁橡胶		聚丙烯	
丁苯橡胶		聚苯乙烯	
乙丙橡胶		高苯乙烯	
丁基橡胶		乙烯-醋酸乙烯酯	极性
异戊橡胶		聚甲基丙烯酸甲酯(PMMA)	
热塑丁苯橡胶		聚酯	
聚氨酯橡胶	极性	聚酰胺	
氯丁橡胶	强极性	聚氯乙烯	强极性
丁腈橡胶		酚醛树脂	

注：乙丙橡胶和丁基橡胶在制鞋中基本不用，故不做介绍。
聚甲基丙烯酸甲酯是有机玻璃，缩写符号位 PMMA。

3. TPR 的形态结构

典型的硫化橡胶大分子结构成互相交联的网状结构，从而获得优异的弹性。对嵌段的 TPE 而言，其结构是由软段和硬段组成，软段橡胶提供弹性，硬段树脂提供热塑性，其中的橡胶段并没有硫化交联。

在 TPR 的结构中，橡胶与塑料共混后出现的是海岛结构，连续相海是由树脂构成的硬区域，而分散相岛是橡胶构成的软区域，见图 3-8。

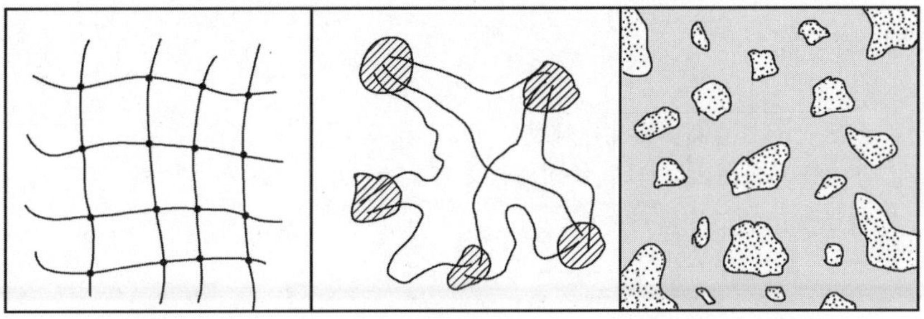

图 3-8　三种弹性体形态结构示意图

在 TPR 的海岛结构中，软区域和硬区域是分别独立的，区域之间没有连接，此时的物理机械性能并不理想。这是因为未经交联的橡胶分子为线型结构，在加热和外力的作用下可以呈现塑性流动，其强度、弹性、耐温性指标很低。所以，具有海岛结构的胶料必须经过硫化作用，才能成为热塑性橡胶。

橡胶经过硫化以后，使岛的成分变成了交联的颗粒，常温时具有高弹性和强度。包围在岛周围的是树脂，在温度升高时熔融流动，岛被释放出来，使 TPR 具有热塑性。

TPR 材料具有优良的强度和高温力学性能，以及耐油、耐热性能，弹性大，压缩永久变形小。所以共混型热塑性橡胶具有广阔的市场前景。

4. TPR 的应用

TPR 材料是由橡胶与树脂共混而成的，可供选择的橡胶材料和树脂材料有许多品种，所以 TPR 材料是这类热塑性橡胶的统称。下面以共混型 NR/PP 生成的 TPR 进行说明。

原料：NR 和 PP。

NR 的 δ 为 7.9～8.25，PP 的 δ 为 8.1，它们的溶解度参数差值 $0<\beta<1$。NR 和 PP 都属于非极性材料，符合共混的相容条件。

用料比：m(NR) ∶ m(PP) ＝80∶20～40∶60。

用料比与海或岛的确定有关。在一般情况下，所占比例较大的组分容易形成连续相。在 m(NR)∶m(PP)＝80∶20 比例中，橡胶容易形成连续相“海”。在 m(NR)∶m(PP) ＝40∶60 比例中，橡胶容易形成分散相“岛”。用料比例的不同，会影响到 TPR 的性能，这与形成海岛纤维的基本理论相同。但是从微观上看，海与岛的形成还与橡胶的交联度有关。在橡胶材料经过深度交联以后则成为分散相，而树脂则成了连续相。这种 TPR 材料具有良好的热塑流动性，易于加工成型；在常温下作为分散相的橡胶粒子发挥作用，表现出优异的高弹性。

配合剂：选用橡胶加工的一系列橡胶配合剂。

造粒加工：先在开炼机上进行塑炼，然后再在密炼机上进行混炼，混炼后的胶料压入挤出机，进行连续挤条、冷却、切粒。

注射成型：使用注射机。机筒温度 180～200℃，口模温度 190～220℃。

共混天然橡胶 TPR 具有良好的耐曲挠性和抗冲击性，具有良好的耐热、耐寒、耐氧化和耐臭氧等性能。可以用来制造皮鞋底和胶鞋底。

橡胶与塑料虽然都属于高分子材料，但性能各有不同。把橡胶与塑料合并使用就可以发挥两者的长处。橡胶可以作为树脂的改性剂，树脂也可以作为橡胶的改性剂；如果通过化学合成形成嵌段结构，就可以得到热塑性弹性体；如果通过高聚物共混工艺，就可得到热塑性橡胶。

通过前面几章的学习，可以知道制作外底材料有天然底革、橡胶、塑料、橡塑材料。常见的外底主要有用于线缝工艺的黄牛外底；用于硫化和模压工艺的橡胶外底；用于注射工艺的 PVC 外底、SBS 外底、TPR 外底、PA 外底、TPU 外底；用于胶粘工艺的仿皮外底、橡胶底，以及 PU、TPR、PVC、SBS、TPU 等成型外底。

思考与练习题

1. SBS为何具有高弹性和热塑性?
2. TPR为何具有高弹性和热塑性?
3. 橡塑并用的条件是什么?

实训三　常见鞋底的区分

使用各种材料制作的外底（除天然革外底）在外观上有很大区别。在企业中一般都建有实验室，通过各种检测的办法进行定量鉴别。在日常的使用中，也可以通过简单的办法进行区分。通过实验的方法进行区分可以把理论与实践结合起来，加深学生对鞋底知识的掌握。

一、目的要求

通过常用的简单办法区分不同材料的外底，加深对鞋底材料的认识，掌握简单的区分方法。

二、内容

在多种外底中区分出真皮外底、橡胶外底、PU外底、MD外底、PVC外底、TPR外底以及仿皮底、PVC发泡外底。

三、操作步骤

（1）选择5～7种不同原材料制作的外底，进行编号。

（2）由于要做燃烧试验，考虑到学生的安全性，采用老师做实验、学生观察并记录现象、综合分析的方法进行区分。

（3）以个人为单位，将区分的结果和判断依据填入表3-19中，作为实训成绩考核的依据。

表3-19　几种外底的区分　填表时间：　年　月　日

编号	现象	区分结果	判断依据
1			
2			
3			
4			
5			
6			
7			
姓名		成绩	

四、考核标准

（1）评定成绩的标准采用优、良、及格、不及格四个等级。

（2）区分结果中每出现一项错误降半级。

（3）每项中如果没有区分结果降一级，没有记录现象或没有判断依据降半级。

（4）教师在课后要公布标准答案并进行分析。

附录：外底区分参考

对真皮外底、橡胶外底、PU 外底、MD 外底、PVC 外底、TPR 外底以及仿皮底、PVC 发泡外底的区分。

① 观察鞋底的正面和反面，可以看到粒面花纹和网状层结构的外底是真皮外底。皮底革表面没有涂饰剂，粒面清晰。

② 对比轻重，发泡外底密度小，实心底密度大，根据较轻的不同可以挑出 PU 外底、MD 外底、PVC 发泡外底。

③ 在发泡外底中，通过观察鞋底断层，只有 MD 外底有明显的柔软的发泡层和紧密的实心层，这是同一质地材料的两层结构。由此可以区分出 MD 外底。

④ 对剩下的两种发泡外底做燃烧试验，聚氨酯材料燃烧时会有红色火焰产生，PVC 材料燃烧时会有绿色火焰产生，不易燃烧，并有刺鼻的酸味。由此可以区分出 PU 外底和 PVC 发泡底。

⑤ 在剩下的 4 种实心外底材料中，用手弯折外底，手感最硬的材料是仿皮底。由此可以区分出仿皮外底。外观类似皮革材料。

⑥ 将剩下的三种实心外底材料拿在手中，从同一高度同时落下，着地后反弹最差的是 PVC 鞋底。如果对它进行燃烧试验，也会有绿色火焰和刺鼻酸味出现，也不易燃烧。

⑦ 对剩下的两种材料进行燃烧试验，两种材料中都有橡胶组分，都会产生黄色火焰、都会冒出黑烟、都会有橡胶烧煳的臭味产生。但 TPR 材料具有熔融性，熄火后会呈现黏稠，冷却后结成硬珠，而橡胶材料呈现的是粉状炭黑。由此可以区分出橡胶外底和 TPR 外底

注意：由于外底材料中所添加的配合剂不同，会对实验的效果有影响，但作为区分几种外底来说，还是完全有效的。通过老师的演示，可以加深学生对不同种材料的认识，便于材料的选择和应用。

第四章　鞋用黏合剂

本章提要　通过对鞋用黏合剂的学习，要了解黏合剂的组成、黏合原理，加深对水基型黏合剂、溶剂型黏合剂、热熔型黏合剂的认识，掌握鞋用黏合剂以及处理剂的应用。

黏合剂是指能将两种或多种材料牢固黏合到一起物质。黏合剂的名称有很多，也叫做胶粘剂、胶合剂、胶接剂、粘接剂等，统称为胶。我国在古代就利用树胶、血胶、淀粉、石灰、硅酸盐等来进行各种材料的黏合。早期的线缝鞋用到了淀粉糨糊，后来的硫化鞋、模压鞋用到了黑胶浆和白胶浆（汽油胶类）。直到20世纪50年代，快速结晶性氯丁胶的问世，给制鞋工业带来了革命性的变化，由于有了可靠的黏合剂和粘接技术，才出现了胶粘工艺。

在现代的制鞋工业中，胶粘工艺得到迅猛的发展，80%以上的皮鞋、运动鞋都采用胶粘工艺。因此胶粘剂成了鞋靴生产不可缺少的重要材料。

第一节　黏合剂的概述

黏合剂也是一种高分子材料，橡胶具有高弹性，树脂具有热塑性，而黏合剂具有将多种材料牢固结合到一起的黏合性。

一、黏合剂的组成

我们已经知道在橡胶材料的组成中有橡胶和配合剂。在塑料的组成中有树脂和配合剂。同样，在黏合剂的组成中要包括基料和配合剂。配合剂主要是溶剂、固化剂、增塑剂、填充剂等。

1. 基料

基料是黏合剂中使被粘物结合到一起的黏性材料。基料也叫做黏料或主剂，是黏合剂的主要成分。

基料应该具有良好的黏附性和浸润性，黏合剂的性质、用途、使用工艺也主要由基料所决定，黏合剂的名称也往往是用基料来命名的。

例如氯丁胶，它的基料就是氯丁橡胶，对橡胶类型的材料有良好的黏附性和浸润性，对糙化的材料也有黏附性，所以常用于绷帮操作和黏合橡胶底。例如聚氨酯胶，它的基料就是聚氨酯，由于黏合性能好，可以用来粘接各种类型的鞋底。

作为基料的物质大多是高分子化合物，由于这些材料的相对分子质量大，所以内聚力作用大，可以产生较强的粘接力。

2. 溶剂

溶剂具有溶解其他物质的能力，也叫做稀释剂。

在水溶型黏合剂中，水就是溶剂，此类黏合剂适于黏合亲水性材料。在溶剂型黏合剂中，需要用有机溶剂来溶解基料，增加黏合剂的浸润能力和分子的活动能力，从而提高黏合强度。

不同的基料要选用不同的溶剂，溶剂的溶解度参数与基料的溶解度参数越接近，它们的相容性就越好，溶解性也就越好。

选择溶剂还要考虑到溶剂的挥发性，因为在溶剂挥发后才会产生黏合作用。溶剂挥发速度过快或者过慢都不利于黏合操作。此外也要考虑溶剂的来源是否充足，价格是否合适，对操作环境是否有污染等。许多对人体有害的溶剂都在加以改造，转变成低毒或者无毒的黏合剂。

3. 固化剂

固化剂是指把基料硬化成固体的物质，也叫做硬化剂、交联剂。固化剂，在黏合过程中是参加化学反应的，可以使线型高分子基料交联成网状结构，可以大大提高黏合强度。例如在使用氯丁胶黏合橡胶底时，往往加入叫做“列克那”的固化剂。列克那是三异氰酸酯，具有极强的活性，与氯丁橡胶分子发生化学反应，形成交联的网状结构，提高了黏合强度。

在选配固化剂时，需要考虑固化的速度、固化剂的用量、操作的温度等，一般都是根据经验来配置的。但是固化剂的用量不能超过允许使用的限度，否则会使胶膜变脆，反而影响了黏合效果。

4. 增塑剂

增塑剂也叫做增韧剂，用来增加胶层的柔韧性、耐冲击性，降低固化时的反应热和收缩率，改善黏合剂的流动性。

增塑剂一般是高熔点液体或低熔点固体物质，在生产树脂型黏合剂时才需要添加。例如环氧树脂黏合剂，固化后性能变脆，加入增塑剂后，抗冲击性能得到很大的改善。

黏合剂中所用的增塑剂和塑料加工中所用的增塑剂相同，用量通常在20%以内，如果用量过大，会降低分子间的作用力，反而使黏合性能变差。

5. 填充剂

填充剂也叫填料，用来改善黏合剂的加工性能或者使用性能。例如生产硫化鞋时需要配置黑胶浆或者白胶浆，也就是将橡胶配合剂加入到汽油胶中。如果配合剂中含有炭黑，胶浆就成黑色，如果配合剂中含有白炭黑，胶浆就成白色。所加入的炭黑、白胶浆就是填料，也具有补强作用。

6. 其他配合剂

为了满足特殊性能的需要，有时还要加入其他的配合剂。例如，防止淀粉糨糊腐败的防腐剂、延缓树脂或橡胶老化的防老化剂、需要发生化学交联作用的偶联剂等。

不同黏合剂的基料不同，所需要的配合剂的种类也不同，用料的多少也不同，都要根据基料的性质和具体黏合要求而定。

二、黏合剂的分类

黏合剂的组分不一、形态不同、形成了繁多的种类，习惯上的分类方法主要是按基料成分、固化形式、外观形态以及用途进行划分。

1. 按基料成分划分

不同的基料可以生成不同的黏合剂，有无机黏合剂与有机黏合剂两大类。在有机黏合剂中又分为天然胶与合成胶。天然胶常用于木材、皮革、纸张的黏合，由于来源少、性能不完善，所以逐渐被合成胶代替。按基料成分划分的黏合剂种类参见表 4-1。

表 4-1　　按基料成分划分的黏合剂种类

<table>
<tr><td rowspan="5">无机黏合剂</td><td>硅酸盐型</td><td colspan="3">水泥等</td></tr>
<tr><td>硫酸盐型</td><td colspan="3">石膏等</td></tr>
<tr><td>碳酸盐性</td><td colspan="3">石灰等</td></tr>
<tr><td>硼酸盐型</td><td colspan="3"></td></tr>
<tr><td>磷酸盐型</td><td colspan="3"></td></tr>
<tr><td rowspan="6">有机黏合剂</td><td rowspan="2">天然胶</td><td>动物胶</td><td colspan="2">皮胶、骨胶、鱼胶、虫胶、血胶等</td></tr>
<tr><td>植物胶</td><td colspan="2">淀粉胶、松香胶、天然橡胶乳、阿拉伯胶等</td></tr>
<tr><td rowspan="4">合成胶</td><td>橡胶型</td><td colspan="2">氯丁胶、丁苯胶、丁腈胶、汽油胶等</td></tr>
<tr><td rowspan="2">树脂型</td><td>热塑型</td><td>聚氨酯胶、尼龙胶、聚氯乙烯胶、聚乙烯醇胶等</td></tr>
<tr><td>热固性</td><td>酚醛树脂胶、脲醛树脂胶、环氧树脂胶等</td></tr>
<tr><td>混合型</td><td colspan="2">改性氯丁胶、接枝氯丁胶、SBS胶等</td></tr>
</table>

合成胶近年来发展很快，品种多、性能优良。其中的橡胶型黏合剂有很好的初黏性和柔韧性，延伸性能和抗弯曲性能比较好，但粘接强度和耐温性比较差。而其中的树脂型黏合剂粘接强度比较好，硬度、耐温性、耐化学性都比较好，缺点是性质脆、韧性和初黏性较差。混合型黏合剂是将树脂与橡胶掺混使用，可以

取长补短，既提高了黏合强度，又增加了柔韧性。

鞋用黏合剂只是众多黏合剂中一小部分，例如贴衬胶、折边胶、溻帮胶、绷帮胶、粘底胶、粘围条胶等都包含在上表中。

2. 按黏合剂形态划分

黏合剂的形态有溶液型、乳液型、固体型、粉末型、膏糊型、薄膜型等种类。

黏合剂中的大部分都属于溶液型黏合剂，它的主要基料是橡胶和树脂，在适当的有机溶剂或水中溶解成为黏稠的溶液。使用时通过溶剂的挥发，使被粘物结合到一起。如果溶剂挥发的速度比较快，它的初黏性就比较好。氯丁胶黏合剂、聚氨酯黏合剂都有较好的初黏性。

乳液型黏合剂是水分散性黏合剂。基料在水中分散成乳状液，使用时通过水分的挥发而产生黏合作用。天然橡胶乳和氯丁胶乳都是典型的乳液型黏合剂。

固体型黏合剂主要是指热熔胶，它是以热塑性的高聚物为主要原料，制成不含水或溶剂的粒状、棒状或线状的聚合物。例如聚酯型热熔胶、聚酰胺型热熔胶、EVA 热熔胶等，使用时通过加热融化，涂布后遇冷凝固而产生黏合作用。

粉末型胶常用于金属焊接，玻璃胶属于膏糊状胶，不干胶、双面胶属于薄膜胶，在制鞋方面很少用。

值得一提的是虽然溶剂型黏合剂用量较大，但是由于芳香族溶剂（苯、甲苯、二甲苯等）对人体有危害、对环境有污染，以及带来火灾的隐患等，正处于被淘汰的趋势，而水基乳化型胶种、无毒无味的热熔型胶种，正得到大力发展。

3. 按固化形式划分

按照黏合剂固化形式可分为溶剂型黏合剂、化学反应型黏合剂和热熔型黏合剂。

溶剂型黏合剂固化的特点是溶剂从黏合剂表面挥发，或者是被粘物自身吸收，形成胶膜而产生黏合力。这是一种纯粹的物理可逆过程。比如用水胶黏合纸张，单面刷胶后即可黏合，水分被纸张吸收后即产生固化作用，达到牢固黏合的目的。如果对黏合牢固的纸张用水浸泡，黏合剂被水润湿后就会出现可溶的现象，造成开胶。固化型黏合剂固化速度会随环境的温度、湿度，被粘物的疏松程度、含水量，黏合面的大小、加压方式等变化。

化学反应型黏合剂固化的特点是由不可逆的化学变化而引起的固化。一般情况是在使用黏合剂中额外加入固化剂。前面提到的氯丁胶与列克那的配合使用，就属于化学反应型固化剂，溶剂对已经固化的黏合剂不再起作用，所以能够提高黏合强度。按照固化剂配制方法可分为单组分固化剂和多组分固化剂，按照固化条件可分为加热型固化剂和室温型固化剂。

热熔型黏合剂中的高聚物是具有可塑性的树脂型基料，在加热时树脂熔融流动，遇冷时固化，从而产生粘接力。热熔胶的固化也是一种可逆过程，加热后胶膜熔化，会造成开胶。

4. 按用途划分

按照黏合剂的用途可分为结构胶和非结构胶两大类。

结构胶具有较高的黏合强度和一定的耐温性，多用于黏合受力的机械部件，例如环氧树脂就属于结构胶。非结构胶具有一定的黏合强度，但不能承受较大的负荷与较高的温度，常用的氯丁胶和聚氨酯胶都属于非结构胶。制鞋工艺上使用的黏合剂全都属于非结构胶。

三、制鞋生产中常用的黏合剂

制鞋生产工艺流程可分成下料裁断、车帮缝制、绷帮成型、帮底结合、成鞋整饰、成品包装几大工序。黏合剂主要使用在车帮缝制、绷帮成型、帮底结合三大工序。在车帮缝制之前，需要对部件进行贴衬和折边；在绷帮成型过程中需要黏合主跟包头、溻帮、绷帮；在帮底结合时需要黏合外底。其中以外底黏合工序对黏合剂的要求标准最高，因为每当外底的材质发生变化，都需要改换不同的黏合剂搭配使用，此外，外底在使用过程中要承受着撞击、弯折，适应不同地面环境的变化，因此就需要选择黏合强度高、柔韧性好、耐油、耐水、耐久性好的黏合剂。

制鞋的生产加工目前还存在着手工操作和机械操作位的区别，操作方式不同所使用的黏合剂也不相同。下面以胶粘皮鞋生产工艺为例，列出常用的黏合剂品种，见表 4-2。

表 4-2　　胶粘皮鞋工艺中常用的黏合剂

序号	工　序	黏合剂	
		手工操作	机械操作
1	贴衬	水胶、乳胶	(挂胶衬布)树脂胶
2	折边	汽油胶	聚酰胺热熔胶
3	滑帮	水胶、胶乳	—
4	粘内底	—	(滴)聚酯热熔胶
5	粘包头	(浸渍化学片)树脂胶	(涂布)聚酰胺热熔胶
6	粘主跟	(浸渍化学片)树脂胶	(热定型化学片)树脂胶
7	绷帮	氯丁胶	聚酯热熔胶(前帮)
8	黏合外底	橡胶类底:接枝氯丁胶(配合打磨操作)	
		树脂类、橡塑类底:聚氨酯胶(配合处理剂使用)	

从表中可以看出，现在黏合外底的黏合剂比较简单。但是在早期曾用过氯丁胶、改性氯丁胶、聚氯乙烯胶、过氯乙烯胶、SBS胶等。品种虽然较多，但黏合效果一直不太理想，“开胶”曾经是胶粘鞋的老大难问题。随着接枝氯丁胶、聚氨酯胶等新型黏合剂的出现，大大改善了黏合工艺，提高了黏合强度，就出现了优胜劣汰的状况。目前黏合外底普遍采用的黏合剂就是接枝氯丁胶和聚氨酯胶。

在生产布鞋时，裁断前需要把布料进行贴合，因此合布胶的用量也很大，主要是胶乳。目前也开始应用热熔胶。在生产硫化鞋和模压鞋时，黏合中底、围条也需要大量的胶，主要是黑胶浆和白胶浆。

思考与练习题

1. 橡胶型、树脂型、混合型黏合剂各有什么特点?
2. 溶剂型、化学反应型、热固型黏合剂的固化方式有什么特点?
3. 胶粘皮鞋工艺中常用的黏合剂有哪些?

第二节　黏合剂的黏合机理

黏合的过程是一个复杂的物理化学过程，研究黏合机理的目的在于揭示黏合现象的本质，摸清黏合过程的规律。这对于选择合适的黏合剂、采用合理的黏合工艺、获得牢固的黏合效果都具有重要的意义。

两种同类或不同类的固体，由介于两表面间的另一种物质的作用而牢固地结合到一起，这种过程叫做黏合。介于两固体表面之间的物质叫做黏合剂，两边的固体叫做被粘物，由被粘物和黏合剂构成了黏合的接头。被粘物与黏合剂相接处的表面叫做界面层，被黏合剂浸润后的表层叫做被粘物的表面层，见图 4-1。

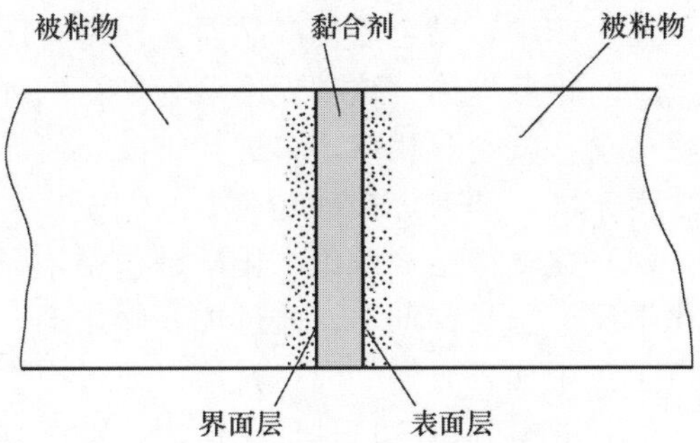

图 4-1　黏合接头示意图

当黏合的接头受到外力作用时，应力就分布在组成这个接头的每一部分中，而组成接头的任何一部分被破坏，都会导致整个接头的破坏。因此，如何使被粘物与黏合剂形成良好的黏合接头，就必须研究黏合剂与被粘物之间所发生的物理变化和化学变化。

一、黏合剂黏合的条件

黏合剂具有黏合作用，但是要产生黏合作用必须具备一定的条件。这些条件首先是黏合剂对被粘物发生浸润作用，然后再产生较强的黏合力。

1. 浸润

浸润是液体对固体表面层润湿的现象。液体与固体接触后是否发生浸润，可以通过浸润角 α 来判断，见图 4-2。

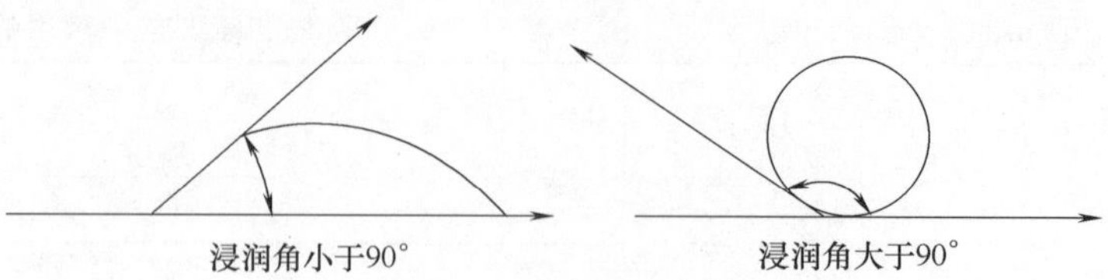

图 4-2 浸润角示意图

如图所示，浸润角是液体与固体之间的夹角。当浸润角 $\alpha \geqslant 90°$ 时不会有浸润产生，只有在浸润角 $\alpha < 90°$ 时才会有浸润发生。浸润角越小，浸润的效果越强，黏合的效果也越好。因为浸润有利于分子之间的接触，有利于黏合接头的形成。

浸润的实质是由于表面张力的作用。例如荷叶上滚动的水滴，由于水的表面张力比荷叶的表面张力（表面能）大，不发生浸润，所以形成球状。如果把水滴在纸页上，由于纸页的表面能比水的表面张力大，会发生完全浸润，水会马上摊开被纸页吸收。观察酒精温度计和水银温度计的液面状态，就会看到浸润和不浸润的两种不同现象。

一般而言，胶液对固体被粘物总有一定的浸润性，只是大小差别而已。降低胶液黏度、提高胶液流动性、给胶液以压力以及对被粘物表面进行糙化处理等，都可以增加黏合剂的浸润能力，提高黏合强度。

2. 黏合力

在黏合过程中，黏合剂分子经过浸润、移动、扩散和渗透等作用，逐渐形成了表面层。在表面层黏合剂与被粘物分子之间由于相互吸引会产生相互结合的黏合力。有了较大的黏合力，才能保证黏合接头的黏合强度，才能达到黏合的目的。

黏合力是指在界面层黏合剂与被粘物分子之间的相互吸引和连接的作用力。黏合力的来源是多方面的，可以是机械咬合力，可以是分子间吸附力，可以是化学键力，可以是静电引力，可以是扩散力等。黏合力的来源越充分，黏合强度也就越高。下面是一些关于产生黏合力的黏合理论：

（1）机械咬合理论　任何物体的表面即使用肉眼看起来十分光滑，但是放大起来看还是很粗糙、遍布沟壑的，对于多孔性材料来说更是凸凹不平。当黏合剂渗透到这些凸凹不平的表面以后，经过固化，就会与凸凹的表面形成“榫”结构，相互“咬合”起来，形成机械咬合力。在生产中对被粘物表面往往进行糙化打磨处理，这有利于榫结构的形成，提高黏合强度。

（2）吸附理论　吸附作用产生分为两步进行，当黏合剂涂布在被粘物表面时，首先是黏合剂的高分子溶液以“微布朗”运动的形式迁移到被粘物的表面层，并向被粘物高分子的基团靠近，在没有溶剂的情况下，可以通过加热使黏合剂黏度增加，也能向被粘物高分子基团靠近。第二步是产生吸附力，当分子之间的距离小于 0.5nm 时，化学键力、次价键力等便会在分子之间起作用，产生吸附力，使黏合剂与被粘物牢固结合起来。在生产中，黏合后的产品要立即进行压合，有利于缩小分子之间距离，提高黏合强度。

（3）扩散理论　这种理论认为，在两种聚合物具有相容性的前提下，当它们互相紧密接触时，由于分子的热运动，就会互相渗透，进行扩散，使界面层消失，形成“你中有我、我中有你”的状态，从而使黏合接头变得牢固。塑料焊接就是典型的例子。

（4）化学键结合理论　化学键包括离子键、共价键以及金属键，化学键的键能比较高，结合力比较强。在化学反应型黏合剂中，通过加入固化剂，可以发生交联反应，产生化学键力，达到牢固黏合的目的。在使用氯丁胶中加入异氰酸酯，就可以通过产生化学键力来提高黏合强度。

（5）静电理论　这种理论认为，由于高分子基团的电性不同而形成双电层，正负电层互相吸引而形成静电引力。在黏合剂对金属材料黏合时，静电引力比较明显。

综上所述，虽然黏合理论研究的范围很广，但目前还没有一种理论能够完整解释各种黏合现象。所以黏合力应该是各种作用力的综合表现，可能是一种，也可能是多种，提供黏合力的来源越多，黏合力会越强，黏合的效果会越好。

在黏合过程中，黏合剂对被粘物产生浸润、分子间产生较强的黏合力就成为产生黏合作用的必要条件。

二、黏合接头破坏分析

前面说过，当黏合接头受到外力作用时，应力就分布在组成这个接头的每一部分中，而组成接头任何一部分的破坏，都会导致整个接头的破坏。分析接头的破坏现象，有利于找到影响黏合强度的因素。

黏合接头的破坏类型包括内聚破坏、界面破坏以及混合破坏三种类型，见图 4-3。

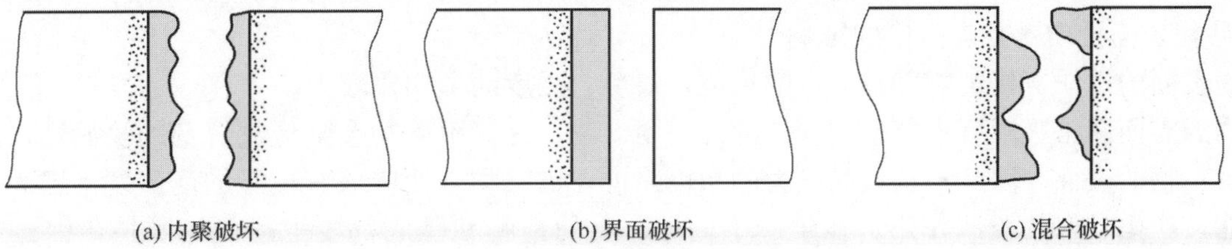

图 4-3　黏合接头破坏类型示意图

1. 内聚破坏

内聚破坏是指接头在胶层内部断开的一种破坏类型，这表明黏合剂本身的强度不够，表现出内聚力＜黏合力。

如果制备黏合剂的高聚物分子比较小，内聚力也比较小，黏合强度就低。检查开胶产品的断层，可以从被粘物两面看到都有胶层存在。

2. 界面破坏

界面破坏是指接头在被粘物表面断开的一种破坏类型，这表明黏合力的强度不够，表现出内聚力＞黏合力。

如果黏合剂对被粘物没有产生浸润作用，如果被粘物表面存在粉尘等薄弱表面层，如果使用黏合剂的温度、湿度、压力等工艺条件不完善，都会造成黏合力的降低而形成界面破坏。检查开胶产品的断层，会在被粘物的某一面看不到胶层存在。

3. 混合破坏

混合破坏是指内聚破坏与界面破坏同时出现的一种破坏类型，这表明黏合剂的内聚力与黏合力大小基本相等，表现出内聚力≈黏合力。

在出现内聚破坏时，需要提高内聚力，在出现界面破坏时，需要提高黏合力，而混合破坏类型可以充分发挥内聚力和黏合力这两种力的作用，被认为是一种较好类型的“破坏”。检查开胶产品的断层，可以从被粘物两面看到都有胶层存在，同时也能看到在被粘物某部分没有胶层的现象。

三、影响黏合强度的因素

通过对黏合接头破坏类型的分析，可以分析出影响黏合强度的因素，包括黏合剂性质的影响、被粘物表面性质的影响以及黏合工艺的影响。

1. 黏合剂性质对黏合强度的影响

黏合剂中基料的相对分子质量是高聚物的重要参数。在相对分子质量较低时，一般发生内聚破坏，随着相对分子质量的加大黏合强度也增加，并趋向一个定值。当相对分子质量增大到内聚力等于黏合力时，开始出现混合破坏。如果相对分子质量继续增大，由于黏合剂的黏度降低，会使浸润性能下降，黏合接头就会出现界面破坏，反而使黏合强度降低。所以，生产黏合剂一般选用中等相对分子质量的高聚物做黏合剂的基料，既有很好的浸润能力，又有良好的黏合力。

黏合剂中基料的分子结构与黏合剂的性能有着密切的关系，分子中含有的极性基团越多，黏合强度越好。需要注意的是含有极性基团的黏合剂对极性高分子化合物有较强的黏合力，而对非极性高分子化合物则较差。这是因为结构相似的高聚物混溶性好，即所谓的“同者共容”，有利于高分子的浸润扩散。所以，在应用黏合剂时要进行合理选择，没有一种“万能胶”存在。

黏合剂中的其他配合剂组分也会对黏合强度有影响。例如加入适当的稀释剂（溶剂）可以降低黏合剂的黏稠度，增加流动性，有利于扩散浸润；但是加入量过多，就会影响到内聚强度，不但造成浪费，还会增加工艺的复杂性。

黏合剂中其他配合剂的用量一般是在设计配方时控制的，所以对同类型的黏合剂往往细分出几种系列号，在功能上有区别。比如某厂生产的 PU 胶系列，有 700W、700A、700B、700N 等型号，分别表示通用型、快干型、强力型和无苯环保型产品，所以在选择黏合剂时要根据需要购买，选最用适宜的黏合剂。

2. 被粘物表面性质对黏合强度的影响

被粘物表面的性质直接影响着黏合力的形成，对黏合强度的影响比较大。

被粘物的表面常常吸附有水分、尘埃、油污等附着物，这些附着物会降低黏合剂的浸润性，阻碍黏合剂直接接触被粘物的表面。因此，从表面张力的角度来说，被粘物表面应该有良好的清洁度，这才能保证有较高的表面能，产生较好的浸润作用。在生产中，打磨后的帮脚和鞋底都要把粉尘清除掉，保持黏合表面的清洁。

被粘物表面的粗糙度对黏合强度也有影响，一般粗糙的表面比光滑的表面更容易被浸润，同时还增大了界面的接触表面积，增加了机械咬合力。因此，在生产中通常采用“打帮茬”和“外底拉毛”的方法对帮脚和鞋底的黏合面进行糙化处理。但要注意表面过于粗糙就会适得其反，会影响胶膜的完整，造成黏合的不连续性，行成应力集中点，使黏合界面提前破坏。在生产中要严格控制表面打磨的程度。

被粘物的表面除了清洁度、适当糙化度外，表面化学性质对黏合也有重要影响。表面化学性质是指被粘物表面张力的大小、极性的强弱以及表面特性，这些因素都影响着浸润作用和化学键的形成。目前有许多人工合成材料进入制鞋工业，用来代替天然革材料。例如聚乙烯、聚丙烯等树脂材料，它们的分子间排列规整、致密、表面惰性大，一般很难黏合。如果采用一般的打磨方法处理，则黏合强度依然很低，只有经过表面活化处理，提高表面极性才能获得理想的黏合效果。目前生产中使用的“处理剂”，可以起到活化表面的作用。

3. 黏合工艺对黏合强度的影响

在胶粘鞋的黏合工艺中，一般包括黏合剂配制、被粘物表面处理、刷胶、烘干、黏合、加压、固化等操作环节。

配制黏合剂：掌握随用随配的原则，用多少就配多少，防止过期失效。

被粘物表面处理：打帮茬、外底拉毛采用砂轮机操作，打磨深度以磨去表层亮膜为度。TPR 底、PU 底、PVC 底、人造革与合成革帮脚等不用打磨，要使用处理剂。处理剂有多种类型可供选择，将在后面再介绍。

刷胶：一般是刷胶两遍，第一遍胶较稀，渗透性好；第二遍胶较稠，成膜性好。胶膜总厚度在 0.15～0.2mm。胶膜过厚容易产生缺陷，胶膜过薄不容易完整，造成过早开胶。

烘干：烘干的温度和时间要根据选用胶种调整。CR 胶的适宜烘干温度在 35～40℃，PU 胶的适宜烘干温度在 75～80℃。使用氯丁胶的烘干时间以“指触干法”来检验，并确定相应的加工时间。所谓的指触干法，是用手指接触胶膜，感觉到不黏手、有柔软性即为合适。如果胶膜黏手，说明溶剂还比较多，黏合后强度会降低，如果胶膜干硬，说明已经固化，无法完成黏合。使用聚氨酯胶则是在胶膜完全干透后再提升温度到 80℃左右，当胶膜熔软时立即黏合。

黏合：外底的黏合是有技术操作要求的，当胶膜达到适宜的干燥程度后要立即进行黏合。具体操作过程在《现代制鞋工艺》一书中有详细说明。

加压：黏合外底后要立即进行压合，不要超过 10min。加压起到排除结合面间空气的作用，并使分子间的距离缩短到 0.5nm 范围，产生较强的黏合力。如果拖延加压时间，胶膜已基本固化，加压的作用会大大减小。加压操作在压合机上进行，控制压力在 0.5～0.7MPa，加压时间 6～8s。

固化：黏合剂完全固化需要一定的时间。经加压后的产品随着静置的时间延长，剥离强度会逐渐增加，一般在超过 24h 后达到一个稳定值。习惯上把 24h 叫做完全固化时间。如果产品要进行各种性能检验，应该在 72h 以后进行，使胶膜固化充分。

在生产中产品出楦时间与固化程度有关。在手工操作时，一般要隔夜后出楦，可以保证固化的程度较高。在流水线上生产，由于受到生产节奏的控制，一般在 2h 后就要出楦。为了防止黏合面受到破坏，一方面是改进出楦方法，例如使用弹簧楦出楦，可以减少外底的弯折；另一方面采用了“冷定型”操作，在急速冷却的条件下促进黏合剂快速结晶，固化黏合面，可以把胶膜的破坏降低到最小程度。

四、胶粘工艺成品鞋对黏合强度要求

黏合强度是表示黏合力大小的物理量，但无法直接测量，所以转用剥离强度来表示黏合强度的大小。在 QB 1002—1997 对剥离强度（N/cm）有如下要求：

男鞋剥离强度	优等品 ≥90	合格品≥70
女鞋、童鞋剥离强度	优等品 ≥60	合格品≥50

剥离是一种黏合接头破坏性检测方法。剥离的特点是黏合接头受到外力作用时不是作用在整个黏合面上，而是集中在一个非常狭小的区域，这个区域几乎就是一条线。当施加的外力大于黏合剂的黏合力时，黏合接头便沿着黏合界面逐渐发生破坏。所以这种使黏合面受到剥离破坏的外力就叫做剥离力，单位是 N。

剥离试验在剥离机上进行，剥离刀的宽度有 10mm 和 20mm 两种规格，以 20mm/min 的速度用剥离刀将帮底剥离，可以在剥离机上直接读出剥离力。然后将剥离力除以刀口宽度，求出剥离强度，单位是 N/cm。所以剥离强度也是表示黏合强度大小的物理量，以单位长度所承受剥离力的大小来表示。

思考与练习题

1. 黏合剂黏合的条件是什么？
2. 影响黏合剂黏合强度的因素有哪些？
3. 胶粘工艺成品鞋对产品剥离强度的要求是什么？

第三节　水基型黏合剂

随着科学技术的发展，黏合剂的新品种在不断增加，同时许多新合成材料的应用，又对黏合剂提出了新的要求。我国自 1958 年开始应用黏合工艺以来，发展到现在在胶粘、线缝、模压、硫化、注射五大基础皮鞋生产工艺中，胶粘鞋产品已占到 80％以上。水基型黏合剂、溶剂型黏合剂以及热熔胶都是常用黏合剂。

水基型黏合剂是指溶解或分散于水中的一类黏合剂。以水为介质的黏合剂，无毒、无害、不燃烧、不污染环境，但由于受到潮湿会变软，在应用中受到一定的限制。在制鞋工业中应用的水基型黏合剂包括淀粉胶、聚乙烯醇胶、天然橡胶乳和氯丁橡胶乳等。

一、淀　粉　胶

淀粉胶是以淀粉为基料加工而成的黏合剂。淀粉存在于稻米、谷物、薯类等农作物中。最简单的淀粉胶就是用水调制米粉或者面粉，经过加热搅拌而成的糨糊。工业上应用最多的是玉米淀粉。

1. 淀粉的特性

淀粉是无色无味的白色粉末，相对密度为 1.499～1.513。淀粉有吸湿性而不溶于水，当其浸泡在水中时能吸收水分而增大体积，吸水量大致与自身重量相等。当温度升高时，会在某一温度下吸水量急剧增加，使胶液变得透明、具有黏性。淀粉产生黏性的这个温度叫做胶化温度，大多数淀粉的胶化温度在 60～70℃。淀粉也是一种高分子聚合物，最低相对分子质量有数万，高者近亿，这是目前任何人工合成的高聚物所不能相比的。

糊精是一种改性淀粉。它通常是微量酸与淀粉混合，加入少量水，经加热分解后再进行干燥而制成的。糊精的外观为黄色或白色无定形粉末，稍溶于冷水，易溶于热水，液体黏稠，粘接力高，稳定性好。此外，淀粉还可以进行其他的改性，以适应不同性能的需求。

2. 淀粉胶的配制

淀粉胶的配置比较简单，可以用原型淀粉或者改性淀粉来配制。通常是加水后在不断搅拌下加热，并加入各种添加剂而制得。由于淀粉与改性淀粉在性质上有些区别，具体工艺操作也有差别。常用的添加剂包括防腐剂、防霉剂、氢氧化钠、硼砂、尿素等。加入氢氧化钠可以增加淀粉的溶解性，有效地提高黏合强度。加入硼砂经加热后可以与淀粉络合，产生负电荷有助于淀粉的交联，大大增加溶液的黏稠性。尿素与淀粉和糊精可以生成固形物，当胶膜干燥时有助于防止淀粉或糊精的结晶，起到一种增塑的作用。

3. 淀粉胶的应用

淀粉胶在制鞋生产的应用由来已久。古时候民间制作布鞋使用的就是淀粉糨糊，目前的布鞋生产仍然在使用淀粉胶，主要用于布料的复合。皮鞋生产曾经使用淀粉胶来粘贴主跟包头和溻帮，成膜后有较好的硬度，但是由于使用的是粮食类物质，后来改用聚乙烯醇水胶。

二、聚乙烯醇胶

聚乙烯醇树脂简称 PVA，可制成水溶性黏合剂，俗称水胶，也叫做化学糨糊。

1. 聚乙烯醇的来源

由于乙烯醇单体不稳定，所以聚乙醇不能直接聚合，而是通过聚醋酸乙烯在甲醇或乙醇溶液中经过水解而制得。

聚乙烯醇的外观是一种白色粉末或颗粒，对水的溶解度与 PVA 的水解度有关，水解度越大其溶解度越好。通常使用的聚乙烯醇树脂的水解度在 86%～90%，它很容易溶于水。

2. 聚乙烯醇胶的制备

制备聚乙烯醇胶液比较简单。将 5～10 份的聚乙烯醇加到 95～90 份的水中浸泡，在不断搅拌的条件下间接加热到 80～90℃，直至胶液呈浅黄色透明液体即可。

聚乙烯醇胶可以用水做稀释剂，所以叫做水胶。对亲水性材料和多孔性材料有良好的黏合作用，价格低廉，胶膜坚硬、透明，具有高强度和耐腐蚀性。聚乙烯醇还可以作为以水为分散体系的乳化剂、稳定剂、增塑剂等，在生产超纤革中作为浸渍液。

聚乙烯醇与醛类在酸性催化剂条件下可进行缩醛反应。聚乙烯醇经过缩醛反应后生成缩醛胶。缩醛胶对各种黏合表面都具有黏附性，胶膜具有较强的抗冲击性、耐热性、耐油性和耐碱性，但不耐酸。

3. 聚乙烯醇胶的应用

制鞋中常用的缩醛胶是聚乙烯醇缩甲醛。缩甲醛胶的溶解度很高，掺入水泥砂浆中能增加粘接力，已成为建筑、装修的主要黏合剂。例如用于粘贴壁纸、黏合塑料地板块、粉刷墙体的底涂剂等。聚乙烯醇缩甲醛无毒、不易变质，黏合力优于淀粉胶，在制鞋中可以用来溻帮、粘贴主跟包头，变硬后增加主根包头的挺括性，而且使用比淀粉胶方便。

利用聚乙烯醇缩甲醛胶、聚醋酸乙烯乳液和天然橡胶乳混合而成的黏合剂可用于绷帮操作，黏合皮革/皮革，皮革/织物。初黏合强度高于缩甲醛胶液。

三、天然乳胶黏合剂

天然胶乳黏合剂是以天然橡胶乳为基料，经过浓缩后加入添加剂配置而成的，简称乳胶，俗称白胶。来自胶园的新鲜胶乳浓度比较低，橡胶含量只有 25%～35%，必须经过浓缩，使胶含量在 60%以上才能配置天然乳胶黏合剂。

1. 天然橡胶乳的性能

胶乳是以水为分散体系的黏合剂，流动性好，配置乳胶的工艺简单，具有成本低、浓度高、稳定性和成膜性好、吸湿性低等优点。乳胶的固含量可以任意调节，没有溶剂，不燃烧，可以清洁生产。但是由于它以水为分散介质，水分子的挥发速度慢，刷胶后要停留一段时间才能产生粘接力，所以初黏性差，固化速度低，黏合强度较低，耐水性较差。

针对上述缺点，在配置乳胶时常加入增黏树脂来提高黏合剂的初黏性和耐久性能，例如加入萜烯树脂、脂肪族树脂等。加入淀粉，通过吸水膨胀，也能起到增黏作用，有利于涂覆与黏合。如果在胶乳中引入单体进行接枝改性，改进乳胶的黏合性能和使用性能，例如加入苯乙烯、甲基丙烯酸甲酯等。如果加入增稠剂，可以提高黏合力。像聚乙烯醇、甲基纤维素、季铵盐等增稠剂一般都是水溶性物质，加入到胶乳中后，线型聚合物被胶乳粒子吸附，形成网状结构，使黏合力提高。如果要提高黏合的耐热性、耐老化性、延长使用寿命，一般要加入硫化剂，采用硫化的方式应用。

2. 胶乳黏合剂的配制

一般的胶乳黏合剂组分包括天然橡胶乳、增稠剂和防老化剂等。乳胶黏合剂配方见表4-3。

表4-3　　皮革乳胶黏合剂配方

序号	原材料名称	用量/份
1	60%天然橡胶乳(含胶量60%)	167
2	季铵盐增稠剂(乙二胺四乙酸钠,2%溶液)	2.5
3	防老化剂(三甲基氢化喹啉聚合物,50%分散体)	1

3. 胶乳黏合剂的应用

天然橡胶乳黏合剂在布鞋、皮鞋、胶鞋的多道工序中均有应用。

在皮鞋的生产中，利用胶乳可以溻帮、粘贴主跟包头、粘贴鞋垫。

四、氯丁胶乳黏合剂

液态的氯丁橡胶也叫做氯丁胶乳，是由氯丁二烯经乳液聚合制成的均聚橡胶乳。由于生产的方法是乳液法，以水为介质，所以不需要溶剂就具有流动性。胶乳型氯丁橡胶黏合剂是最早开发的胶乳，具有和天然胶乳相似的性能，黏合性能好，成膜性能好，弹性和物理性能好，并具有耐油、耐热、耐燃、耐氧、耐气候、耐溶剂等特性。用氯丁胶乳制备黏合剂可以避免有机溶剂对人体的危害。

生产氯丁胶乳需要加入稳定剂、增黏剂和增稠剂。稳定剂是保持乳液稳定的助剂，由于胶乳浓度较低，所以要加入增稠剂调节胶液的浓度，还要加入增黏剂起到增加黏合力的作用。

由于氯丁胶乳中水介质的存在，在室温下是流动的液体，但使用时要注意保温，因为胶乳冷至接近0℃成为膏状，0℃以下胶乳冻结，乳化剂被破坏，出现凝固现象，而且凝固后即使加温也不能恢复到原来的加入状态。

胶乳型黏合剂与溶剂性黏合剂相比，虽然有水分挥发慢、黏合强度低等缺点，但鉴于它无毒、不燃、操作安全，在工业上同样得到广泛应用。

思考与练习题

1. 黏合剂黏合的条件是什么？
2. 影响黏合剂黏合强度的因素有哪些？
3. 胶粘工艺成品鞋对产品剥离强度的要求是什么？

第四节　溶剂型黏合剂

溶液型黏合剂应用的比较多，目前常用的胶种包括汽油胶、氯丁胶、改性氯丁胶、接枝氯丁胶、SBS胶、PU胶等。

一、汽油胶与汽油胶浆

汽油胶与汽油胶浆都属于汽油胶系列。

1. 汽油胶

汽油胶是指用天然生橡胶为基料配制的黏合剂。取5份天然橡胶，溶解在95份的120号汽油中，经搅拌制得的均一黏稠液就是汽油胶。

汽油胶所用的基料很少，大部分是汽油，所以叫做汽油胶，俗称生胶水。如果胶液中加入增黏树脂配合剂，例如松香脂，可以提高黏合性能。但由于黏性增稠会出现泛白的现象，所以把加入配合剂的汽油胶叫做粉胶。

一般的汽油胶中不用添加增稠剂它的黏度就很大，汽油挥发得快，干燥的速度也快。一般使用在帮部件的折边工序。但黏合强度不太高，只起到临时黏合的作用。

由于用汽油作溶剂容易燃烧，生产中要注意防火。

使用汽油胶需要在被粘物的双面刷胶，风干后立即能够黏合，初黏性能好。如果黏合不理想，还可以揭下来重新黏合，这是汽油胶的特殊性能。双面刷胶是使用溶剂型黏合剂的基本特征。

2. 汽油胶浆

汽油胶浆是指在汽油胶中加入橡胶配合剂后制成的黏合剂。汽油胶中加入橡胶配合剂以后，可以大大提高黏合强度和较好的初黏性。因为黏合剂中的橡胶与硫化配合剂发生反应后同样会产生硫化作用，形成立体网状的分子结构，所以黏合强度很高，这与普通的汽油胶不同，所以汽油胶浆使用在硫化鞋、模压鞋的黏合外底、黏合围条的工序上。

配制的汽油胶浆主要有黑胶浆和白胶浆。在汽油胶里加入的各种橡胶配合剂中如果含有炭黑，配制成的胶浆就呈黑色，叫做黑胶浆。黑胶浆一般使用在黏合黑色橡胶底上。如果加入的是白色着色剂或者白炭黑，配制成的胶浆就呈白色，叫做白胶浆。白胶浆一般是用在黏合浅色、白色或者艳色的橡胶底上。

在生产硫化鞋时用胶浆黏合填底心、围条、外底以及衬料等部件，在生产模压鞋时把胶浆刷绷帮后的帮脚和内底上，便于模压时与橡胶底的牢固结合。有关黑胶浆和白胶浆的配方见表 4-4。

表 4-4　　黑胶浆与白胶浆配方　　单位：份

编号	原料名称	黑胶浆配方	白胶浆配方	编号	原料名称	黑胶浆配方	白胶浆配方
1	天然橡胶	100	100	8	松焦油	1	—
2	硫黄	2.3	2.4	9	松香	1.7	—
3	促进剂 D	0.7	0.4	10	炭黑	5	—
4	促进剂 M	1	0.4	11	碳酸钙	27	132
5	促进剂 DM	0.7	0.6	12	着色剂立德粉(锌钡白)	—	10.4
6	氧化锌	7	2.6	13	机油	1	—
7	硬脂酸	2	1	14	汽油	400	适量

在表 4-4 中的硫黄组分要在刷胶时随用随加，不能过早加入。

二、氯丁胶系列

氯丁胶是氯丁橡胶黏合剂的简称，是以氯丁橡胶为基料制备的黏合剂。氯丁胶黏合剂的用途广、用量大，适于黏合皮革、橡胶、织物、塑料、木材等金属及非金属材料。因此，基本型的氯丁胶经过改性、接枝等演变，形成了多品种的氯丁胶系列。

氯丁胶的特点表现在初黏能力强，耐久性好，具有良好的阻燃性、耐光性、抗臭氧和耐大气老化性。形成的胶膜弹性好，柔韧，耐冲击和耐震动，有较好的耐油、耐水、耐碱、耐酸、耐溶剂的性能，是黏合帮脚、鞋底的优良黏合剂。

制备氯丁胶黏合剂要选用黏合型氯丁橡胶。

1. 基本型氯丁胶

基本型氯丁胶对皮革、棉布、木材、橡胶等具有较好的黏合性能。主要的成分是氯丁橡胶与配合剂，并使用了大量的溶剂，固体物含量一般控制在 20%～35%。外观为黄色胶液，俗称黄胶。

生产氯丁胶的方法有混炼法、直接溶解法、母链法、直接溶解加高剪切精炼法。不同方法生产的氯丁胶，在性能上有差异。一般而言，如果基料结晶速度快、黏合保持时间短，则初黏性强；如果基料黏度大、高温黏合力强，则初黏强度小。为了满足对不同性能的需求，采用了不同的制备方法。

氯丁橡胶很容易溶解在芳烃、氯化烃、丁酮中，但是不溶于脂肪烃、乙醇、丙酮。常选用甲苯、二甲苯作溶剂。由于大部分溶剂具有毒性，在生产中要注意抽风排气。目前已经开发出低毒或无毒氯丁胶。

为了提高氯丁胶的黏合效果，使用时常加入固化剂 JQ-1 共同使用。JQ-1 就是前面提到的列克那，外观为蓝色或紫红色液体，主要成分是三异氰酸酯，用量为 10%左右。对于浅色制品可以改用 7900 固化剂。7900 外观为黄色固体粉末，色浅耐光，主要成分是四异氰酸酯，用量在 3%左右，黏合强度优于 JQ-1。由于固化剂起到分子间的交联作用，反应活性高，加入氯丁胶中 2～3h 便形成凝胶，所以调配混合胶要现用现配，列克那与氯丁胶混合后立即使用，停留时间延长就会失效。

2. 改性氯丁胶

由于基本型氯丁胶的黏合范围和黏合强度有限，继而开发了改性氯丁胶。所谓改性氯丁胶是指在氯丁胶溶液中加入增黏树脂，借以提高黏合剂的耐热性和黏着性，也能延长黏着的保持时间。常用的增黏剂是叔丁基酚醛树脂，一般的用量在 35～50 份。

在基本型氯丁胶中没有树脂的成分，所以对含有树脂成分的材料黏合性差，加入酚醛树脂后可以扩大黏合范围，提高品黏合强度。例如在仿皮底开始流行时，使用基本型氯丁胶黏合时强度达不到黏合强度要求，后来使用改性氯丁胶可以满足黏合质量的标准。

3. 接枝型氯丁胶

改性氯丁胶的黏合范围有所扩大，但还是有限，对于 PVC 等含有大量增塑剂的材料还是无法黏合，继而出现了接枝型氯丁胶。所谓接枝型氯丁胶是指在基料的分子结构上，通过化学反应改变基料主链结构，接上一种特定的单体或者形成短支链结构。由于分子结构的改变，使得黏合剂的性能也大大改变。接枝氯丁胶简称 GCR。

常见的接枝单体是甲基丙烯酸甲酯（MMA），形成 CR/MMA 共聚物。接枝后的黏合剂既保留了氯丁胶良好的初黏性和弹性，而且还能够与 PVC 等多种树脂型材料黏合。GCR 的黏合范围较广，主要用于人造革、合成革、超纤革等材料的黏合，能解决与 PVC 底、PU 底、TPR 底、SBS 底和 EVA 泡沫底的黏合问题。

从溶剂型氯丁胶到水基型乳胶，从普通的氯丁胶到改性氯丁胶、再到接枝氯丁胶，形成了氯丁胶的一个发展系列。特别是接枝氯丁胶的开发，可以通过改变接枝单体的种类、改进接枝聚合的方法、控制支链的长度和数目等措施得到进一步发展。接枝型氯丁胶是目前常用的黏合剂。通过基本型氯丁胶、改性氯丁胶、接枝型氯丁胶以及氯丁胶乳配方的比较，可以看出它们在成分上和结构上的不同，见表 4-5。

表 4-5　　氯丁胶系列黏合剂主要产品配方比较　　单位：份

原料名称	基本型 CR 胶配方	改性 CR 胶配方	接枝型 CR 胶配方	胶乳型 CR 胶配方
黏合型氯丁橡胶	100	100	100	胶乳 100
氧化镁	4～8	4	—	—
氧化锌	5～10	2	—	5
防老化剂	2	2	1～1.15	2
溶剂	适量	适量	适量	—
白炭黑	—	15	—	—
叔丁基酚醛树脂	—	50	—	—
水	—	0.5	—	—
甲基丙烯酸甲酯	—	—	70～100	—
过氧化苯甲酰	—	—	1～1.5	—
对苯二酚	—	—	1	—
增黏树脂	—	—	70～120	—
稳定剂	—	—	—	5～6
填料	—	—	—	120
皂土	—	—	—	6
增黏剂	—	—	—	适量
增稠剂	—	—	—	适量

通过比较可以看出基本型配方是最简单的，采用适量的溶剂是要配成具有20%～35%浓度的胶液。

在改性配方中，叔丁基酚醛树脂起到改性的作用，为了增加酚醛树脂的增黏效果。要先使树脂与氧化镁发生反应，这种反应需要水做触媒。所以有适量的水加入。

在接枝配方中，要等氯丁橡胶加热至完全溶解后再加入MMA和过氧化苯甲酰。MMA以支链形式与橡胶分子衔接。过氧化苯甲酰起到引发剂的作用，分解出活性基，促进接枝的完成。对苯二酚是终止剂，在接枝反应达到一定要求时再加入，终止接枝的反应。增黏树脂起到增加黏合力的作用，包括酚醛树脂、特种松香等。

在胶乳型配方中，稳定剂是乳液法生产氯丁橡胶时保持乳液稳定的助剂，由于胶乳浓度较低，所以还要加入填料、皂土来增加浓度。增黏剂起到增加黏合力的作用，增稠剂调节胶液的浓度。

三、SBS胶

SBS胶是指以热塑丁苯橡胶为基料配制的黏合剂。由于SBS鞋底是一种非极性材料，与CR胶、GCR胶和PU胶都没有相容性，所以需要配制SBS胶进行黏合。由于SBS基料的结构成嵌段型，一段是由苯乙烯形成的刚性硬段，另一段是由丁二烯形成的弹性软段，而且分子链的两端是苯乙烯。在常温时，苯乙烯聚结在一起形成交联网点，弹性链段也被束缚其中。苯乙烯与丁二烯的质量比小于1，所以苯乙烯成分散相，而丁二烯成连续相。这种特殊的结构决定了SBS材料常温具有橡胶的高弹性和高耐磨性，在受热时聚苯乙烯聚结区域熔化，分子自由活动，因而表现出塑料的热塑性。

1. SBS黏合剂特点

由于SBS胶的基料具有热塑性，所以SBS胶与一般黏合剂有所不同，表现在以下几个方面：

① 成膜速度快。氯丁胶充分完全固化时间大约需要24h，SBS的胶液待溶剂挥发后即可固化。

② 有良好的溶解性。由于SBS基料中有两种组分，所以能够溶解苯乙烯的溶剂和能够溶解丁二烯的溶剂都能溶解SBS。在选择溶剂时一般选择即能溶解苯乙烯、又能溶解丁二烯的溶剂，这些溶剂被叫做“良溶剂”。

③ 基料不需要塑炼。由于SBS基料相对分子质量相对比较小，又具有热塑性，所以在制备黏合剂时不需要进行塑炼，可直接用来配制，而且自补性强，也不需要进行硫化补强。

④ 低温性能好、耐热温度低。在基料中，聚丁二烯的脆化温度在零下65℃，聚苯乙烯的玻璃化温度接近90℃，所以SBS胶在低温时仍具有黏合性，但黏合强度随温度升高而下降，当达到聚苯乙烯的玻璃化温度时黏合强度会急剧下降。

⑤ 适于黏合SBS、TPR等无极性材料的鞋底。不需要进行活化处理，黏合后的剥离强度可达70N/cm。

2. SBS黏合剂配方

SBS黏合剂可以制备成溶液型、活化性、化学反应型、压敏性和热熔型等品种。在制鞋生产中主要使用溶剂型SBS胶。SBS黏合剂的组分包括基料、树脂、稳定剂、溶剂等，其配方见表4-6。

表4-6　SBS黏合剂配方　单位：份

材料名称	配方1	配方2	材料名称	配方1	配方2
SBS(星型结构)	100	—	稳定剂	—	0.6
SBS(线型结构)	—	100	正己烷	150	270
树脂(与PS结合)	40	37.5	丙酮	150	90
树脂(与BR结合)	10	37.5	甲苯	150	90

SBS基料有星型结构和线型结构的区分。线型聚合物的相对分子质量相对比较小，黏度比较高，而星型聚合物的相对分子质量较大，黏度低。一般选用线型SBS结构为宜，黏度大，浸润作用强，黏合效果好。表4-6中的配方2选用的是线型结构SBS，其黏合力大于配方1。经过30min晾置后，不用加热、不用活化，即可达到较高的黏合强度。

SBS黏合剂中要加入树脂，改变黏性、增加黏合力。加入树脂与加入其他配合剂不同，树脂只能与热塑性橡胶两组分中的 PS 组分相亲和。加入与聚苯乙烯结合的树脂后，硬段区域体积加大，有降低 SBS 玻璃化温度的趋向，只要稍微加热，就会使这个连接的网点被破坏，产生熔融作用，便于生产的加工操作。加入与 BR 结合的树脂后，软段区域体积加大，有增加 SBS 玻璃化温度的趋向，会降低低温性能。通过加入不同的树脂，可以调节 SBS 的玻璃化温度，从而决定 SBS 黏合剂的使用温度。

SBS 聚合物中有双键存在，在加工或储存过程中易被氧化，加入稳定剂可以延缓这个过程。起到防老化剂的作用。

表 4-6 中的正已烷、丙酮和甲苯组合成一种混合溶剂，既能溶解聚苯乙烯，又能溶解聚丁二烯，是一种良溶剂，而且大大降低了溶剂的毒性。

在配置 SBS 黏合剂时，将颗粒状的 SBS 与其他配合剂按比例一次加入混合，搅拌均匀成黏稠液体即可。

四、PU 胶

PU 胶是以聚氨酯为基料配置的黏合剂，也叫做“乌利当”。关于聚氨酯材料已经并不陌生，前面学习过合成革的聚氨酯涂饰层，学习过制作鞋底的聚氨酯弹性体。聚氨酯的性能优越，所以用途比较广泛。聚氨酯黏合剂性能同样比较好，在低温下就可以固化，黏合强度高，耐水性好、低温性好、低温柔韧性好。

聚氨酯胶产生于 20 世纪 40 年代。我国在 60 年代末期出现了 PVC 鞋底，传统的黏合剂达不到强度要求，因此研制和开发了第一代聚氨酯黏合剂。目前聚氨酯黏合剂广泛应用于各个行业。在制鞋生产中，聚氨酯胶和氯丁系列胶是两类主要的黏合剂品种。

聚氨酯黏合剂是由二异氰酸酯和二元醇发生反应后生成的线型结构聚合物。在分子的主链上，有柔性链段和硬性链段。其中的聚酯或者聚醚成分构成软段，使聚氨酯具有柔软性和弹性，其中的亚胺酯基、苯基、尿基等成分构成硬段，使聚氨酯具有刚性。因此聚氨酯黏合剂胶膜柔中有刚，硬而不脆。大量存在的亚胺酯基排列整齐，在聚氨酯的分子之间很容易形成氢键，在室温下使聚氨酯结构呈现出规则的网状结构。由于聚氨酯分子易形成氢键，所以聚氨酯胶不仅黏合强度高，而且耐油性好，耐磨性好，聚氨酯材料的耐磨性是橡胶的 8～10 倍。

1. 聚氨酯黏合剂的优缺点

聚氨酯黏合剂的优点可以归结为以下几方面：

① 黏合性能好，黏合范围广泛。

② 黏合工艺操作简便。

③ 固化后胶层韧性好，耐振性好，耐疲劳性好，适于柔性材料和不同硬度材料的黏合。

④ 低温性能优异，在低温下仍有良好的抗冲击性能，在低温下的机械强度甚至比室温下还高。

⑤ 黏合剂的颜色浅，甚至能达到无色，习惯上叫做透明胶，适于黏合浅色、白色的制品。

同样聚氨酯黏合剂也带有一些缺点：首先是耐温性有限，当温度升高时机械强度逐渐降低，大多数在 100℃以下使用。其次是耐储存性差，聚氨酯黏合剂中会含有活性聚酯链段，容易和空气中的水分发生反应，因此需要密闭保存。此外聚氨酯黏合剂的价格较贵，主要是原材料的来源比较困难，生产技术要求高，而且不能用填充剂，成本不能降低，所以售价较高。

2. 鞋用聚氨酯黏合剂配方

按照聚氨酯黏合剂的形态划分主要有溶剂型 PU 胶、乳液型 PU 胶、无溶剂 PU 胶、热熔型 PU 胶等。制鞋生产主要使用溶剂型 PU 胶，非常适于黏合油脂含量较高（超过 8%）的真皮，增塑剂含量较高的 PVC 人造革鞋帮和 PVC 鞋底，以及各种聚氨酯合成革、超纤革、PU 鞋底。制备聚氨酯黏合剂配方见表 4-7。

在表 4-7 中，左侧是生产聚酯的配方，利用已二酸和乙二醇两种单体生成聚酯材料。加工时把聚酯熔化后投入到反应釜内，加热至 140℃时，在不断搅拌下加入甲苯二异氰酸酯（TDI），此时随着化学反应的进行温度自然上升，在 10min 内大约上升到 170℃。快速搅拌，待反应高潮过去以后，将温度降到 80℃以下，然后加入醋酸乙酯，使胶液变稀，调节胶液黏度，使之达到 1800mPa·s，即可装筒得到 PU 胶。

表 4-7 制备聚氨酯黏合剂配方

制备聚酯配方		制备聚氨酯胶配方	
原料名称	用量/mol	原料名称	用量/mol
己二酸	1	己二酸乙二醇酯	1
乙二醇	1.2	甲苯二异氰酸酯	1.05
		醋酸乙酯	适量

乙酸乙酯也叫做醋酸乙酯，是 PU 胶的溶剂，具有果香味，也常用于配制香精，是优良的工业溶剂，沸点温度在 77.06℃左右。

3. PU 胶的应用

使用 PU 胶与使用 CR 胶有区别，要注意胶膜的活化温度和开放时间。

活化温度：把聚氨酯黏合剂涂布在鞋材表面经过干燥后，在室温下是不发黏的，可以叠层存放。当需要黏合时，只要将胶膜加温活化即可。目前生产企业一般采用隧道式烘箱设备，把烘干与活化一并进行。聚氨酯胶的活化温度范围在 40～80℃，要根据生产条件和材料的类型进行调节。

黏合 PVC 类材料控制温度在 40～50℃；黏合 TPR 类材料控制温度在 60℃左右；黏合真皮类材料控制温度在 70～80℃。通常调解在 60℃左右，如果要达到较好的初黏力，应尽量采用较高的温度。

开放时间：开放时间是指胶膜热活化以后至表面不再发黏的时间。开放时间对生产操作十分重要，如果超过热活化的开放时间，再进行黏合就达不到粘接的目的。也就是说，黏合外底的操作要在开放时间内完成。

黄变性：聚氨酯胶固化后放置一段时间往往会变黄，这是因为紫外线照射的缘故，一般的聚氨酯胶都会产生黄变现象。只有特殊的品种才具有耐黄变性，例如商品名称为 P706 的聚氨酯胶就属于耐黄变型。

溶剂型黏合剂在制鞋生产中占有很大的比重，在黏合帮底所选用黏合剂中，主要集中在 PU 胶、CR 胶和 GCR 胶上。

思考与练习题

1. 汽油胶与汽油胶浆在应用上有何区别？
2. 氯丁胶、改性氯丁胶、接枝氯丁胶在应用上有何区别？
3. PU 胶与 CR 胶在应用上有何区别？

第五节　热熔胶黏合剂

热熔胶黏合剂是指不含有溶剂、在室温下成固态、加热时能熔融变成液态的黏合剂。使用热熔胶时，首先将热熔胶加热熔化，然后涂布并浸润在被粘物上，接着进行压合、冷却，使胶层固化，可以在很短的时间内完成整个黏合过程。

根据涂布设备的要求不同，热熔胶可以加工成粒状、粉状、条状、块状、丝状以及网状等不同的几何形状。制鞋生产所用的热熔胶主要分布在机器折边、机器绷帮等工序，一般采用条状热熔胶，便于机器使用。

热熔胶的主要成分是热塑性树脂或热塑性聚合物，必要时还加入一些其他添加剂，以期达到黏合要求。

一、热熔胶的特点

与传统的液态黏合剂相比较，热熔胶具有一些突出的优点，表现在以下几方面：

① 固化速度快，便于机械化、自动化生产，提高生产效率。

② 热熔胶为 100％的固体，可以直接使用，不需要二次配制或者稀释，而且无毒、不易燃烧、不沾污制

品，存储和运输安全方便。

③ 具有较好的耐水、耐热、耐霉变性能。

④ 用途广泛，对多种材料都具有黏合性。

⑤ 成本较低，为一般溶剂胶的 50%～70%。

二、热熔胶的种类

古老的热熔胶是以动物胶、虫胶、松香、沥青等材料单独或者混合制成的，无论是性能还是用途都不尽如人意。最早开发人工合成材料的热熔胶是在 20 世纪 30 年代，鞋用热熔胶始于 50 年代，真正使热熔胶达到了令人瞩目的时期是在 60 年代。鞋用热熔胶的种类主要有聚酯型热熔胶、聚酰胺型热熔胶和聚烯烃类中的 EVA 热熔胶。

1. 聚酯型热熔胶

酯类物质是通过酸与醇发生反应而生成的。聚酯型热熔胶的基料是聚酯，聚酯是由二元酸和多羟基材料反应的产物，它包括线型的饱和聚酯和不饱和聚酯。不饱和聚酯主要用于玻璃纤维的增强树脂，饱和聚酯才是生产热熔胶的基料。生产饱和聚酯的原料是脂肪族二元酸和芳香族二元酸。具体配方见表 4-8。

表 4-8　　聚酯型热熔胶配方（绷帮用胶）

原料名称	用量/mol	原料名称	用量/%
对苯二甲酸二甲酯	0.75	亚磷酸三苯酯(占单体总量)	0.02～0.04
癸二酸	0.25	醋酸铅盐(占单体总量)	0.19
1,4-丁二醇	1.8～2.2		

表 4-8 中有醇、酸、酯三种原料，把它们连同催化剂醋酸铅盐一起投入到反应釜中加热、搅拌，进行酯化反应，使酸和醇生成酯。待酯化反应结束后加入稳定剂亚磷酸三苯酯，再转入到减压蒸馏器设备中进行缩聚反应，以生成高相对分子质量的聚酯。在蒸馏器中逐渐减压至真空度 133Pa（1mmHg），同时逐渐升温至 250～255℃，将过量的 1,4-丁二醇及反应生成的小分子物质蒸馏出来，不断搅拌，反应物会逐渐变得黏稠。达到黏度要求后降温至 220℃并停止搅拌，用计量泵将反应物挤出成为条状，并进入水温为 30～35℃的水槽中冷却，同时牵引制成的胶条或收卷或切粒，即可得到聚酯热熔胶成品。

在制鞋生产中，聚酯型热熔胶主要用于绷前帮。机器绷帮时，从涂胶到卡带夹紧帮脚再到扫刀推倒帮脚并施加压力，有一个滞后过程。聚酯型热熔胶没有聚酰胺型热熔胶固化速度快，但与绷前帮的滞后时间相吻合，所以用聚酯型热熔胶绷前帮而不用聚酰胺型热熔胶。

2. 聚酰胺型热熔胶

前面介绍过聚酰胺树脂（尼龙）材料，酰胺类物质是通过酸与胺发生反应而生成的，可以形成酰胺基团—CONH—。所以聚酰胺是指在大分子链中含有许多重复酰胺基团的一类聚合物总称。聚酰胺型热熔胶的基料是聚酰胺材料。

聚酰胺的品种包括两大类型，一类是用内酰胺开环或者由二元酸和二元胺通过缩聚反应而成，它们的熔点高、固化速度太快，不适宜作热熔胶，主要用于纤维和塑料制品上。另一类是以植物油为原料，得到不饱和脂肪酸二聚体，再与二元胺进行缩合反应而成的低相对分子质量聚酰胺。由不饱和脂肪酸二聚体制得聚酰胺的熔点比前一类聚酰胺要低，固化速度也要慢一些，适于制作热熔胶。制鞋生产所用的聚酰胺热熔胶就属于这一类型。

聚酰胺热熔胶的分子基本上都是线型结构，存在着极性的酰胺基团，能够产生很大的分子间力，因此使得聚酰胺热熔胶具有许多明显的特点：熔融流动性好，适于自动喷胶、涂胶，具有优异的黏合性能，可以黏合广泛的材料。通常认为难黏合的 PE、PP 材料，经过活化处理后也能用聚酰胺热熔胶黏合。此外聚酰胺热熔胶还具有抗粘连性、耐化学性、耐油性、隔湿性好，以及色泽优良和气味小等优点。

在制鞋生产中，聚酰胺热熔胶常用于机器折边和腰窝绷帮等工序。因为机器折边要求瞬间黏合，采用拥板绷帮或者锥辊绷中帮也要求瞬间黏合，而聚酰胺热熔胶的黏合速度快，能够满足工艺的要求。如果用聚酰胺热熔胶绷前帮也不适宜，因为绷前帮有个滞后作用，涂胶后不能立即黏合，胶膜会提前固化，达不到绷帮的目的。同样用聚酯热熔胶绷腰窝也不适宜，涂胶后由于聚酯热熔胶的固化速度不能瞬间完成，当绷腰窝的拥板或锥辊压合动作瞬间完成后，热熔胶还没有固化，帮脚就会张开，也达不到黏合的目的。

有关聚酰胺热熔胶的配方见表 4-9。

表 4-9　　聚酰胺热熔胶配方

折边用聚酰胺热熔胶配方		绷中帮用聚酰胺热熔胶配方	
原料名称	用量	原料名称	用量
二聚亚油酸/mol	1	二聚酸/mol	0.5
乙二胺/mol	1	癸二酸/mol	0.6
		尼龙 1010 盐/mol	0.4
		尼龙 6 盐/mol	0.4
		癸二胺/mol	0.25
		乙二胺/mol	0.35
		抗氧化剂 CA(占总胶量)/%	0.1～0.5
		亚磷酸三苯酯(占总胶量)/%	0.1～0.5
软化点/℃	110～120	软化点/℃	185～190
操作温度/℃	140～160	相对密度	1.02
固化时间/s	2	操作时间/s	3～5

在机器绷帮使用的主跟包头中，有一种涂布过热熔胶的化学片。在后帮进行热定型时可以使主跟在成型的同时与鞋帮黏合，在前帮绷帮前的热活化中，使包头产生黏性，绷前帮时再与鞋帮黏合。这里所用的热熔胶也是聚酰胺型热熔胶。

3. EVA 热熔胶

前面介绍过 EVA 发泡材料，其中的 EVA 树脂是由乙烯和醋酸乙烯两种单体通过高压本体法、中压悬浮法或者溶液法制得的高聚物。EVA 热熔胶基料是乙烯-醋酸乙烯酯。EVA 热熔胶的用途十分广泛，对不易黏合的 PE、PP 等塑料，都具有良好的黏合性。

EVA 热熔胶的性能取决于树脂的相对分子质量、醋酸乙烯的含量以及相对分子质量分布等因素。在相对分子质量增大、内聚力增大时，耐热性及耐低温性均可提高，但是它的熔融黏度增大，流动性差，对操作工艺会带来不良影响。在醋酸乙烯含量少时，内聚强度好，但流动性不好，黏合性也不好。相反，当 EVA 中醋酸乙烯含量增大时，流动性和黏合性都变好，而内聚强度降低。为了得到理想的热熔胶产品，通常选用醋酸乙烯含量为 20%～35%、熔融指数为 10～300g/min 的树脂作基料。这类基料与许多其他树脂相容性好，自身具有较好的内聚强度、韧性和流动性。EVA 热熔胶配方见表 4-10。

表 4-10　　EVA 热熔胶配方　　单位：%（质量分数）

原料名称	用量	原料名称	用量
EVA 树脂	20～60	抗氧剂	0.1～1.0
增黏树脂	20～60	增塑剂	0～20
蜡	0～20	填料	0～50

表 4-10 中的增黏树脂主要用于降低树脂的熔融黏度，改善工艺性能，使得涂胶后便于浸润被粘物表面，从而提高黏合强度。另一方面，通过选择增黏树脂的品种和数量，来调节耐热温度与开放时间。常用的增黏树脂有松香树脂、古马隆树脂、萜烯树脂、石油树脂等。

表中的蜡组分，也具有降低熔融黏度的作用，可缩短露置时间、减少拉丝现象，以及防止胶料自黏等。常用的材料有石蜡、氯化石蜡等。

表中的抗氧剂起到提高热熔胶稳定性的作用。增塑剂和填料根据需要添加。

生产 EVA 热熔胶有间歇法和连续法两种方法。间歇法生产时，把树脂和其他配合剂按比例混合后加入反应釜中，加热至熔融后开始搅拌，直至成为黏稠状，再通过计量泵挤出进入水中，最后加工成条状或粒状。连续法生产时，将各个组分按比例均匀混合，然后直接投入挤出机料斗中，在一定的温度和挤出速度条件下连续挤出，可得到不同几何形状的热熔胶条。连续发生产的效率高，树脂受热时间短，成品色泽较浅。

EVA 热熔胶在制鞋生产中目前主要应用在以下几方面：

1. 黏合鞋跟

传统的鞋跟与鞋跟座的结合主要是钉跟法，钉合塑料鞋跟时必须使用钉跟机设备。采用 EVA 热熔胶黏合鞋跟可以使操作变得灵活，黏合平跟或者高跟都很便利。将热熔胶注射在跟面上后立即与跟座黏合，待热熔胶固化后即可达到装配鞋跟的目的。注意：黏合鞋跟后还要用螺丝钉穿过内底旋入鞋跟中进行加固。

2. 作热熔胶包头

在生产中低档鞋时可以用热熔胶包头代替化学片。将 EVA 热熔胶涂印在鞋前帮包头的位置，固化后可与鞋帮牢固结合，并具有一定的挺括性。热熔胶包头适用于机械绷帮操作。

3. 作化学片涂层

利用非织造布制作化学片可以经过浸胶的方法，也可以经过涂胶的方法。将 EVA 热熔胶涂布在港宝的表层即可得到涂胶化学片。涂胶化学片使用在机器操作中，在后帮加热定型的时候，热熔胶熔融，与鞋帮黏合并定型。在机器绷前帮时也是在加热过程中熔融并黏合。

思考与练习题

1. 使用热熔胶的特点有哪些？
2. 聚酯型热熔胶与聚酰胺型热熔胶在性能上有何区别？
3. EVA 热熔胶的用途有哪些？

第六节　鞋用处理剂

打帮茬或者磨砂大底是刷胶黏合前的传统处理方式，但是随着新材料的不断出现和使用，传统方法已不能完全解决问题，因此必须找到对帮脚和外底的更好处理方式。比如人造革、合成革面料的涂饰层比较薄，底基强度不高，如果经过打磨会大大降低材料坚牢度，甚至无法使用。再比如现在的许多鞋底，含有大量的树脂成分，想要提高黏合强度需要引发树脂与黏合剂的亲和作用，这也远非打磨所能解决的问题。所以涂刷处理剂是目前比较常用的有效措施。

为了保证鞋帮脚与外底的黏合强度，在涂刷黏合剂之前往往先涂覆一层化学性药物进行处理，这些化学药物统称为处理剂，或叫做处理液。处理剂对帮脚与外底的黏合效果起着至关重要的作用，一般都能有效地提高黏合强度，而对于某些材料如果不使用处理剂，再好的黏合剂也无济于事，而一经处理剂的涂覆，则黏合就特别牢固。这都与处理剂的作用原理有直接关系。

一、处理剂作用原理

处理剂的种类比较多，作用原理也不尽相同，大体分为溶解作用、媒介作用和活化作用。

1. 溶解作用

通过处理剂的溶解作用，可以清除妨碍黏合的油污等物质。

真皮表层的涂饰剂，人工革表面的树脂膜，鞋底表面的脱模剂，以及自材料内部析出的增塑剂等物质，都属于妨碍黏合的油污范围。如果采用以有机溶剂为主体的处理剂，就可以溶解这些油污、蜡类，消除污染，因而有利于黏合。

2. 媒介作用

通过处理剂的媒介作用，可以形成与黏合剂和被粘物都相容的媒介层。

一般黏合剂都是强极性的材料，对表面能较低的非极性材料往往不相容，所以黏合作用差。对于某些处理剂来说，可以通过与被粘物的相容性，在被粘物表面形成一层极性物质，再通过与黏合剂的相容性，使被粘物和黏合剂之间产生相结合的基础，从而达到牢固黏合的目的。

3. 活化作用

通过处理剂的活化作用，可以使低表面能材料产生活性。

许多树脂材料结构稳定、表面能低、没有活性，不能与黏合剂发生亲和作用。但某些具有化学活性的处理剂，能够与被粘物迅速发生化学反应，从而改变树脂表面的结构状态，使树脂与黏合剂产生相容性，达到黏合的目的。

使用时要注意，不同的处理剂由于组成的成分不同，作用原理也不同。

二、处理剂的种类

市场出售的处理剂商品名称大多以编号或代号的形式出现，品种虽然多，但在每个品种后面都会附有产品用途的说明。由于采用编号或代号都是企业内部的运作，并没有统一的规定，所以在选择时要以处理剂的具体用途为准。例如：某厂生产的产品759E，是针对EVA材料的处理剂，产品791A是针对真皮材料的处理剂，产品791L是针对油皮材料的处理剂，产品698N是针对尼龙材料的处理剂，产品792P是针对PVC、PU材料的处理剂等。如果按照处理剂的作用原理来划分，大致分为以下三种类型。

1. 溶剂型处理剂

溶剂型处理剂是由一种或多种有机溶剂组成，不含有固体物质。这些溶剂能够很好地溶解油脂、蜡类等物质，但处理的对象不同所选用的溶剂也不同。例如PVC人造革的帮脚、PVC鞋底、PU革、PU底、橡胶底等，都可以使用溶剂进行处理。

常用作处理剂有机溶剂有：

（1）脂类　醋酸乙酯、醋酸丁酯等。

（2）酮类　丙酮、丁酮、环己酮等。

（3）卤代烃类　二氯甲烷、二氯乙烷等。

（4）芳香烃类　甲苯、二甲苯等。

（5）胺类　二甲基甲酰胺等。

2. 媒介型处理剂

媒介型处理剂不仅对被粘物有较好的亲和作用，而且与黏合剂也有较好的相容性，能够将两种不相容的材料、通过自身的作用很好地结合起来。因此媒介型处理剂一般是与被粘物结构相似、稍具极性或中等极性的物质，这有利于黏合剂与被粘物的结合。

例如氯化SBS，它的结构与非极性的SBS材料相似，因此能与SBS鞋底相容；又因为分子链的BR段嵌有氯原子，具有极性，因此就能与强极性的PU胶、CR胶相容，从而使起到了媒介的作用。此外具有少量MMA接枝的SBS有机溶剂、轻度氯化的天然橡胶稀溶液等物质，都属于媒介型处理剂。

氯化SBS处理剂制作方法简介：

甲苯和丙酮按体积比9∶3.5的比例组成混合溶液，将聚合物SBS完全溶解在混合溶液中。而后将次氯酸钙水悬浮液缓缓地滴入聚合物溶液中，维持反应温度在16～20℃，同时向反应液中通入二氧化碳，以保持溶液的中性。停止反应后，分离出已经氯化的聚合物，再用20%的硫酸钠溶液洗涤、分离，上层溶液即为氯化SBS处理剂。处理剂的浓度一般控制在10%左右。

关于氯化SBS的氯化程度如何控制，要根据实验来解决。氯含量太高，极性增强，与黏合剂会有较好的亲和性，但与SBS的亲和力就降低了，反之含氯率太低，与黏合剂的黏合力又会太差。市售的处理剂都是通过实验验证的产品。

3. 化学反应型处理剂

化学反应型处理剂是处理剂中重要的一种类型，对于某些非极性或者弱极性材料，经常用化学反应型处理剂处理。通过改变材料的表面结构，增加极性、黏合力，使黏合剂发挥作用。通常把含有活性的卤化物叫做卤化剂，卤化剂是化学反应处理剂的典型物质。

例如次氯酸盐、卤化磺酸胺、三聚三氯异氰尿酸等都是常用的卤化剂，在它们的分子结构上都有活泼的卤原子，与橡胶中的二烯烃可以发生加成反应，使这些材料的结构中带有氯原子，产生了活性。卤化剂对于TPR、NR、BR等含有双键的鞋底材料均有效。

此外有些氧化还原剂也可作为化学反应型处理剂。例如在用55份丙酮和40份醋酸乙酯配制的混合液中，加入5份的草酸，即能增加普通橡胶和黏合剂的黏合强度。

三、处理剂的选择与应用

处理剂也和黏合剂一样具有针对性，不同的材料要选择不同的处理剂，而在调配和应用处理剂时要严格遵守使用说明，如果达不到操作的工艺要求也很难发挥处理剂的作用。

1. 处理剂的选择

在通常情况下，处理剂与黏合剂都是配套供应的，销售商会根据使用者提供的黏合材料将黏合剂、处理剂以及固化剂等所需材料配套出售。如果需要自己选择时，可根据以下原则进行选购：

① 黏合PVC材料时可选择溶剂型处理剂，如环己酮、甲乙酮等。也可选用CR或SBS接枝MMA的稀溶液。

② 黏合硫化橡胶底和仿皮底，除选用上述溶剂型处理剂外，也可用媒介型或化学反应型处理剂，要根据鞋底配方组成决定。当填充量大时，用溶剂去油污即可；含胶量高时（牛筋底）要选用化学反应型处理剂，以改善表面结构；含油量大时，用CR接枝MMA的稀溶液。

③ PUP底和PU革自身黏合力大，鞋底含脱模剂较多，用溶剂清除能获得满意效果。如果脱模剂属于蜡类物质，可用丙酮类溶剂，如属于硅油类，可用石脑油类溶剂更有效。

④ TPR底、EVA底一般应选用化学反应型处理剂。

⑤ 天然皮革一般只起毛，无须化学处理。但某些含油量高的天然革则宜用CR接枝MMA的稀溶液处理。也可用PU胶的稀溶液（价格较贵）。

⑥ 棉布、尼龙布等布面材料可不经过处理直接涂胶。见表4-11。

表4-11　　处理及选择参考

编号	黏合材料	材料特点	选择处理剂参考
1	PVC底 PVC帮	表面有油污	首选环己酮、甲乙酮，或CR、SBS接枝MMA稀溶液
2	硫化橡胶底	填充量大	溶剂型处理剂
	仿皮底	含树脂量大	化学反应型处理剂
	牛筋底	含油量大	CS接枝MMA稀溶液
3	PU底 PU革	含脱模剂多	溶剂型处理剂清洗、蜡类用丙酮、硅油类用石脑油
4	TPR底 EVA底	表面能低	化学反应型处理剂
5	某些天然面革	含油量较高	CS接枝MMA稀溶液、PU稀溶液
6	一般鞋面革	需经打磨	可不用处理剂
7	棉布、尼龙布	不用打磨	可不用处理剂

表中所列是一般的选择规律，选择好处理剂的前提是要正确选择好黏合剂。一般处理剂的价格比较贵，选择时还要注意性价比。

2. 处理剂的调配

不同的处理剂调配方法也不同。

溶剂型处理剂可以单一组分使用，也可多组分混合使用。某些处理剂混合使用的效果相当好。例如某牌号为 9200 的处理剂是由 15 份环己酮、10 份四氢呋喃、30 份二氯甲烷和 45 份丙酮配制而成，处理 PVC 鞋底或者人造革效果很好。

媒介型处理剂一般在出厂时已经调配成浓度为 5%～10%的稀溶液，可以直接使用。

化学反应型处理剂必须现用现配，即使存放也不能超过 5h。因为这类处理剂的活性太强，极易与周围的物质发生反应而失去活性，调配时要多加小心。

3. 处理剂的涂刷应用

涂刷处理剂一般为手工操作。例如在处理 PU 鞋底时，先涂刷一层处理剂。烘干后再涂刷一层 PU 胶，烘干后即可进行外底的黏合。涂刷处理剂的过程中，要略施压力，排除材料表面的气泡和尘埃。

涂刷工具以聚丙烯（PP）毛刷为最好，此外使用尼龙刷、纱布等材料也可以。注意使用涂刷处理油污时，自身的油污也在增加，要及时更换涂刷。一般使用 1～2h 就要更换一把涂刷，如果使用纱布等材料涂抹时，每涂抹 10～20 双鞋就要更换。

处理剂的用量通常每 100 双鞋用 1～1.5kg，每双鞋涂刷薄薄的一层。

涂刷处理剂后需要干燥，常温下大约 30min。提高温度可以增加溶剂的挥发性或加快化学反应速度，从而缩短干燥的时间。要注意控制温度不要超过 60℃，否则会引起活性的丧失。

干燥处理后的鞋帮和鞋底要及时进行刷胶，放置时间过长会降低黏合效果。涂刷过处理剂的部件不可再沾上油污或被摩擦，防止活性层被破坏。

思考与练习题

1. 处理剂的种类主要有哪些？
2. 不同种处理剂的作用原理是什么？
3. 黏合 PU 外底和一般鞋面革鞋帮时如何选用黏合剂与处理剂？

第五章　纤维与织物

本章提要　通过对纤维与织物的学习，要加深对纺织纤维的认识，了解纤维与织物之间的关系，掌握常用的鞋用纤维、鞋用缝线、鞋用织物。

在鞋类的生产中，除了使用皮革、橡胶、塑料、黏合剂以外，还会用到一些纤维和织物。例如鞋里布、鞋面帆布、牛仔靴布、衬布、非织造布、毛毡、人造毛等。虽然使用的数量不是很多，但是起的作用并不小，对鞋帮的加固、定型、卫生性、保暖性以及装饰性有着重要的作用。织物是由纤维构成的，织物的性能往往由纤维决定，所以首先要了解纺织纤维。

第一节　纺织纤维

纤维是指长度与截面直径比大出千倍以上的一种细长而柔韧的丝状物。在习惯上，人们把纤维分成天然纤维和化学纤维两大类型，其中的化学纤维又分为人造纤维与合成纤维两种类型。纤维的种类比较多，见表5-1。

表5-1　纤维的分类

类别		种类	品种	
天然纤维		植物纤维	棉纤维、麻纤维、竹原纤维等	
		动物纤维	蚕丝纤维、毛纤维等	
		矿物纤维	石棉等	
化学纤维	人造纤维	纤维素纤维	黏胶纤维	人造丝、人造棉、人造毛、中长纤维、富强纤维、竹浆纤维等
			醋酯纤维	二乙酯纤维、三乙酯纤维
		新型纤维	竹炭纤维	
			莫代尔纤维	
		蛋白质纤维	牛奶蛋白纤维	
			大豆蛋白复合纤维	
			蚕蛹蛋白纤维	
			纳米抗菌再生蛋白纤维	
	合成纤维	聚酯纤维	即涤纶	
		聚酰胺纤维	即锦纶	
		聚丙烯腈纤维	即腈纶	
		聚丙烯纤维	即丙纶	
		聚乙烯醇纤维	即维纶	
		聚氯乙烯纤维	即氯纶	
		聚氨酯纤维	即氨纶	

各种纤维长度与细度的比例并不是固定的，天然纤维随着类别的不同而不同，大致有一定的范围界限。而化学纤维由于是人工制造的，可以给予不同的长度和细度，即使在同一根纤维上，各部位的截面直径也会出现大小不同。自然界中的纤维种类很多，但是可用来纺纱织布的纤维并不多，其中可以用来纺纱织布的纤维称为纺织纤维。

纺织纤维必须具有一定的特性，才能满足使用和工艺加工的要求。例如，必须具有物理机械性能，才能在纺纱过程中以及成品的使用过程中承受一定的强力；必须具有一定的长度、细度、抱合力，才能纺织成制品；必须具有一定的吸湿性、透气性，否则会影响人体穿用的舒适性；必须具有一定的保温性、弹性及塑性，满足人体对保暖及穿着性的要求；必须具有一定的化学稳定性，才能对光、热、酸、碱等有一定的抵抗能力，否则便会失去使用价值。

一、天然纤维

从自然界中直接得到的叫做天然纤维，也包括经过人工栽培或饲养而获得的纤维。按照来源物的属性不同，天然纤维又分为植物纤维、动物纤维和矿物纤维。用于纺织的天然纤维主要是棉纤维、麻纤维、蚕丝纤维和毛纤维。

1. 棉纤维

棉纤维来自棉花植株种子外面密生的棉絮，属于天然纤维中的植物纤维。将子棉经过轧花机脱籽后所得的棉絮叫做皮棉或者原棉，俗称棉花。原棉的每根纤维都是棉纤维。

棉花有不同的品种。按照棉纤维的长度和粗细不同，可分为细绒棉、粗绒面和长绒棉三种。

细绒棉又称为陆地棉，是我国原棉的主要品种。棉花色泽洁白，纤维细，长度在25～31mm，纤维直径为17～19μm。长绒棉又称为海岛棉，盛产于非洲尼罗河流域，著名的品种有埃及长绒棉。长绒棉色泽为乳白色或淡黄色，纤维细长，长度在33～39mm，最长可达到64mm，纤维直径为13～15μm。近年来有一些以海岛棉为父本、陆地棉为母本的杂交品种，纤维较长，但细度、强度达不到海岛棉指标，俗称陆地长绒棉。粗绒面又称中棉，纤维短粗，长度在13～25mm，纤维直径为20～22μm，由于产量低、质量差，已趋于淘汰。

棉花的主要成分是纤维素，其次含有水分及少量灰分、糖分等物质。棉纤维的构型是扁带形中空的管状物。中空腔内含有水分、色素及含氮物质，见图5-1。

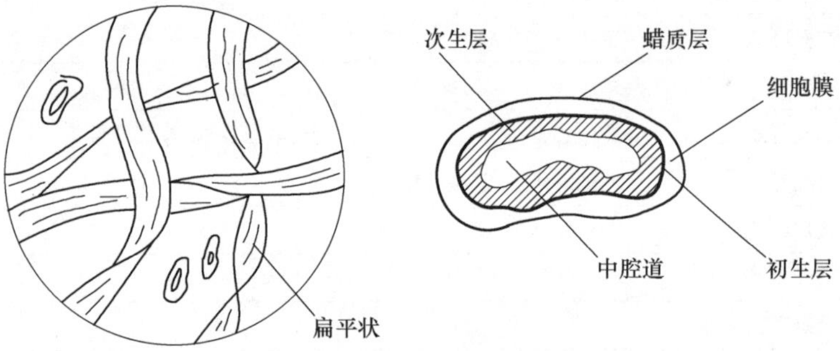

图5-1 棉纤维结构示意图

如图所示，纤维外观为扁平状，横断结构分为蜡质层、细胞膜、初生层、次生层和中腔道。纤维的成熟度越小，中腔道越大，高度成熟的棉纤维几乎没有中腔道。

棉纤维的主要特征如下：

① 吸湿性好。棉纤维具有吸收水分和散发水分的性能，在常态下，棉纤维的吸湿度为8%～9%；在饱和湿度的空气中，其最高吸湿度可达20%～30%；当温度超过105℃时，棉纤维中所含的水分便会全部挥发而散失。

② 保温性好。棉纤维的主要成分是纤维素，而纤维素是热的不良导体，同时纤维素又是多孔的物质，其中的空气也是热的不良导体，从而使棉纤维不易传热，增加其保温性能。

③ 耐热性较好。棉纤维一般在100℃时，其坚牢度不会受到影响；当温度达到120℃时，纤维有发黄的现象；当温度升高到150℃时，棉纤维的内部结构松散，纤维素遭到破坏，强度下降；当温度继续升高到250℃时，就会产生火花而迅速燃烧起来。

④ 耐光性有限。棉纤维在光的长期照射时，会被逐渐氧化变脆，使得强力降低。例如在日照940h后，棉纤维强力下降50%左右。

⑤ 耐碱不耐酸。由于纤维素耐碱不耐酸，所以棉纤维的抗碱能力强，遇到碱性物质也不会损坏。一般常用碱来除掉棉纤维中的杂质、进行纤维的精炼和精洗。但如果把棉纤维放进高温的碱液中蒸煮，也会引起氧化而使强力降低。一般的有机酸不会损伤棉纤维，但无机酸会有损伤作用，损伤的程度依据无机酸的种类、浓度和酸液的温度不同而有差异。因此在染整时一般不采用酸性染料，棉制品也不适于和酸性接触。

⑥ 湿强大于干强。棉纤维有一定的强度，吸湿后强力增加，使得湿强大于干强。断裂伸长率也比较低。干态时为 6%～8%，湿态时为 7%～11%。

⑦ 温湿条件下易生霉。在温度湿度较高的条件下，棉纤维会被微生物破坏，使其生霉变质。

⑧ 耐磨性一般。

棉纤维具有一定的强度和耐磨性，吸水性、耐热性、保温性、耐光性较好，而且容易染色、耐洗涤、耐漂白，所以实用价值较大。

2. 麻纤维

麻纤维取自于各种麻类植物茎部的韧皮层，属于天然纤维中的植物纤维。麻是我国著名的特产，苎麻在国际上有“中国草”之称。麻的种类比较多，可作为纺织材料的主要有苎麻、亚麻、黄麻、罗布麻等，其中苎麻为主要产品。亚麻与苎麻的区别在于亚麻的纤维比较短，亚麻纤维的单纤长度为 20～50mm，直径为20～30μm，苎麻纤维的单纤维长度为 70～280mm，直径为 30～70μm。亚麻也具有苎麻的特性和用途。

麻纤维由胶质黏结成片，制取时须除去胶质，使纤维分离，称脱胶。在纺织用的麻纤维中，胶质和其他纤维素伴生物较多，精炼后，苎麻纤维的纤维素含量和棉接近（在 95%以上），亚麻纤维素含量比苎麻稍低。苎麻和亚麻纤维胞壁中纤维素大分子的取向度比棉纤维大，结晶度也好，因而麻纤维的强度比棉纤维高；伸长率小，只有棉纤维的一半，约 3.5%，比棉纤维脆。苎麻和亚麻纤维表面平滑，也具有中空的管状结构，易吸附水分，水分向大气中散发的速度较快；纤维较为挺直，不易变形。

苎麻纤维的主要特征如下：

① 纤维的强力与耐磨性高于棉纤维，是天然纤维中强度最大的一种纤维。但麻的弹性小，断裂伸长率小于棉纤维。

② 吸湿性高于棉纤维，湿强大于干强，且抗水性能优越，不会因水的侵蚀而腐烂。

③ 耐光性能好，光照后强度几乎不下降。

④ 对热的传导快，穿着具有凉爽感。

⑤ 对酸、碱的反应同棉纤维，即耐碱不耐酸。

麻纤维的硬度、强度比较大，耐水性强，表面光滑、光泽较好，接触时有凉爽感，但缺少弹性，难以伸长，易起皱，所以麻布以坚牢耐穿、滑爽透凉而著称，麻纤维主要用于制作高强度、耐水性好的织物，麻绳、麻布均是制鞋工业的良好材料。

3. 蚕丝纤维

蚕丝是由蚕体内绢丝腺分泌的丝液凝固而成的。绢丝腺是透明的管状器官，左右各有一条，细而弯曲，在蚕的头部内两管合并为一个吐丝口。

所以蚕吐出的是两根呈三角形或半椭圆形的丝素，外面包裹着丝胶，丝胶把两根丝素黏合成一根蚕丝。其横截面呈椭圆形，见图 5-2。

丝纤维的主要成分是蛋白质，丝胶和丝素是其主要组成部分，含丝朊 80%左右，丝胶 20%左右。丝纤维属于天然纤维中的动物纤维。

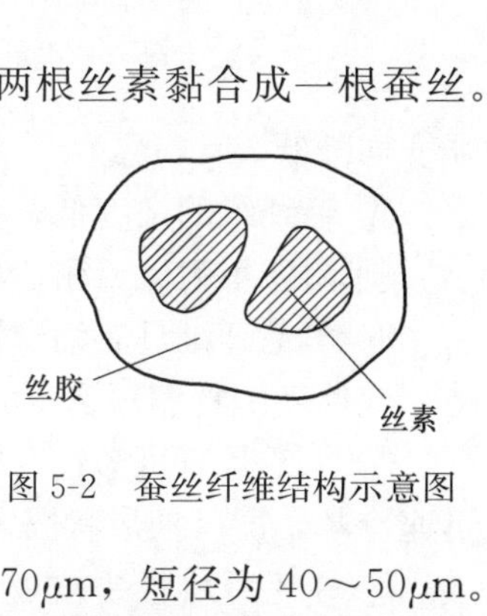

图 5-2　蚕丝纤维结构示意图

蚕丝分为家蚕丝和野蚕丝两种，家蚕丝即桑蚕丝，野蚕丝多在树上放养，例如柞蚕丝，此外还有蓖麻蚕丝等。蚕丝产品中以桑蚕丝为主。

丝胶是水溶性较好的球状蛋白质，利用丝胶的这一特性可以进行缫丝，也就是由浸在热水中的 5～10 粒蚕茧抽出的丝纤维合成一根生丝。由于丝纤维的细度有差别，所以生丝的密度也不同，常用的密度为 2.2～2.4dtex，截面长径为 60～70μm，短径为 40～50μm。长度一般在 600～800m，更长的可达到 1200～1500m。蚕丝的丝素是由许多极细的小纤维紧密排列而成，在小纤维中间仍有空隙，所以蚕丝是多孔性纤维。空隙容量约占 35%，空隙最大直径可达 1μm。生丝相对密度为 1.33～1.45。

生丝的外观颜色因蚕茧品种而不同，常见的有白色和黄色。色素多含在丝胶内，脱胶后即成白色。生丝光泽柔和，手感滑爽，柔软而有弹性，相互摩擦会产生出一种特有的悦耳声响，称为丝鸣。

桑蚕丝的主要特征如下：

① 生丝具有良好的强力和伸长率，其强度大于毛、小于麻、接近于棉。断裂伸长大于麻棉小于毛。

② 生丝吸湿性强，标准回潮率为11%，最大回潮率36%～39%，吸水量一般为80%～90%，最高可达101%。吸湿能力大于棉、小于毛。

③ 生丝耐光性差，受日光照射容易脆化泛黄，强度降低，日晒200h，强度损失约50%。

④ 生丝对弱酸作用稳定，但在强酸的溶液中会水解，高温时作用加剧。生丝对碱的稳定性弱，在强碱作用下显著水解。弱碱对丝素作用较弱，但浓溶液会使丝素水解，高温时作用更强。

⑤ 生丝具有良好的电绝缘性，干燥生丝受摩擦易带静电。

⑥ 生丝的弹性较好，抗扭性能好。

⑦ 生丝的耐磨性较好，耐热性较好，短时间加热至110℃品质无损害。最佳洗涤温度为30～40℃。

蚕丝纤维细长而柔软，又有一定的弹性和强度，富有光泽，在稀酸溶液中具有一定的抵抗力，但对碱的抵抗力差，不耐盐溶液。蚕丝纤维易于染色，染色后可得到美丽的色彩，但受日光照射后强度变弱。所以蚕丝纤维主要用于制造薄而轻、色泽艳丽、富有悬垂感的服装材料。用蚕丝捻成的丝线是缝制鞋帮的常用材料。

生丝经过脱胶后变成熟丝，其强度、吸湿性、光泽、相对密度都会有所降低。

4. 毛纤维

毛纤维来自于动物体表的毛被层，属于天然纤维中的动物纤维。动物的毛有真毛和绒毛的区别，真毛挺立弹性大，绒毛柔软纤细。毛纤维的种类比较多，例如羊毛纤维、兔毛纤维、牦牛毛纤维、山羊绒、骆驼绒等。其中以羊毛为主，毛纺工业的主要原料大部分是绵羊毛。

羊毛纤维的结构是由鳞片层、皮质层和髓质层组成的。髓质层带有许多空腔，使毛纤维具有蓬松性、卷曲性、保暖性和弹性。最外一层的鳞片层是薄而透明的角质蛋白，状如鱼鳞，有保护毛纤维的作用，也是毛纤维具有缩绒性能的原因，见图5-3。

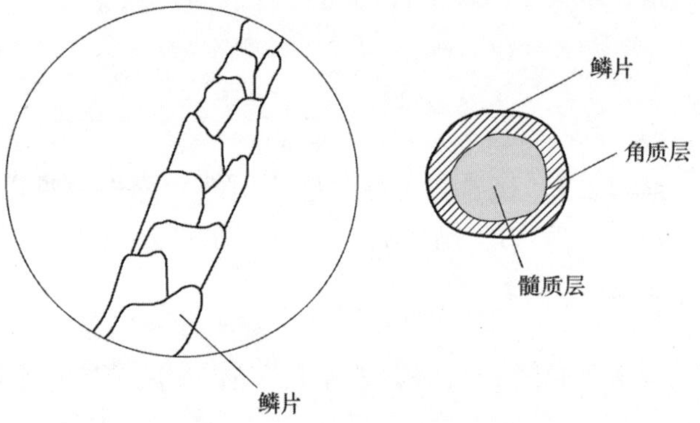

图5-3 毛纤维结构示意图

如图所示，毛纤维的外层是鳞片，内部为角质层和髓质层。初生毛髓质层饱满，成熟后髓质层枯竭，毛纤维变成中空管状，性质变脆。

绵羊毛纤维的特征如下：

① 羊毛纤维的吸湿性好，在天然纤维中吸湿能力最为优良。通常状态下，羊毛的回潮率在14%左右，在潮湿空气中可达30%，在饱和空气中可达50%。

② 羊毛纤维的弹性好，回弹率高。羊毛制品在使用中不容易起皱。

③ 耐光性能较差，长期光照后颜色变黄，弹性和强度均降低。

④ 毛纤维的强度低，在天然纤维中强度最低。但断裂伸长率在天然纤维中最大，可达25%～35%。

⑤ 耐酸不耐碱。蛋白质纤维对酸类的侵蚀抵抗力优于植物纤维，对碱的抵抗能力比植物纤维差。

⑥ 羊毛纤维具有缩绒性。缩绒是指在湿热条件下对羊毛进行反复挤压和揉搓，可以使毛纤维相互咬合成毡，或使毛织物缩短变厚的现象。毛干上有鳞片，在外力的作用下相互嵌入插接，所以毛纤维有缩绒性能。

⑦ 羊毛具有可塑性。羊毛在蒸汽的作用下，纤维膨胀、变软、失去弹性，此时把羊毛压成各种形状，并迅速冷却，即可把形状固定下来。即使解除外力，已压成的形状也不会改变。

⑧ 羊毛纤维极易被虫蛀，抗蛀性差。耐磨性能一般。

毛纤维的弹性好，不易起皱，具有可塑性、吸湿性好等优点，可制成贵重的毛织品。但毛纤维也有强力低、耐光性差、缩绒、易受虫蛀等缺点。毛毡、毛毯、毛织物等都常用做制鞋材料。

二、人造纤维

人造纤维与合成纤维都属于化学纤维，它们的主要区别在于所使用的高聚物原料不同。

人造纤维是指以天然高聚物为原料经过化学处理和机械加工而制得的纤维。人造纤维的品种很多，目前主要有纤维素纤维和蛋白质纤维两大类型。

1. 纤维素纤维

纤维素纤维的基本原料是棉短绒、木材、甘蔗等含有纤维素的物质，纤维素的主要成分是葡萄糖大分子链。纤维素纤维具有良好的皮肤接触性、穿着舒适性、生理安全性、吸湿性和易整理性，纤维素产品易生物分解，这是合成纤维所无法完全具备的环保性。纤维素纤维的主要品种是黏胶纤维、醋酯纤维等，随着环保意识的增强，又先后开发出竹纤维、莫代尔纤维等具有高科技含量的纤维。

（1）黏胶纤维　黏胶纤维简称黏纤，黏纤是古老的纤维品种之一。在 1891 年首先以棉为原料用烧碱、二硫化碳处理，制成了纤维素磺酸钠溶液，由于这种溶液的黏度很大，因而命名为“黏胶”。黏胶遇酸后，纤维素又重新析出。根据这一原理，将黏液从带有许多微孔的（0.08mm）喷丝头中喷出，在稀硫酸和硫酸盐组成的凝固浴中凝固成丝，最后经过拉伸等一系列加工，即制得黏胶纤维。

黏胶纤维的品种比较多。按照纤维的长度划分，有人造丝、人造棉、人造毛、中长纤维等品种。

人造丝是一种长丝纤维，又叫做冰丝，是仿照蚕丝来生产的，纤维细长、柔软、富有光泽。

人造棉是一种棉型短纤维，纤维长度在 38mm 以下，是仿照棉纤维来生产的，纤维光洁，手感柔软。

人造毛是一种毛型短纤维，纤维长度为 65～350mm，外观类似于羊毛。

中长纤维是一种介于棉型与毛型之间的中等长度纤维，纤维长度为 51～65mm。

黏胶纤维的特征如下：

① 黏胶纤维的吸湿能力强，在一般大气条件下，回潮率为 13%左右。吸湿后显著膨胀，直径增加可达 50%，所以织物下水后手感发硬，收缩率大。

② 黏胶纤维的化学组成与棉相似，所以较耐碱而不耐酸，但耐碱耐酸性均较棉差。

③ 黏胶纤维的染色性与棉相似，容易着色，染色色谱全，染色性能良好。

④ 黏胶纤维的热学性质也与棉相似，密度接近棉，为 1.50～1.52g/cm^3。

⑤ 黏胶纤维的强度低、耐磨性差，在湿态时强度下降较大，大约是干态的 60%。

经过技术的改进，也研发了高强力黏胶纤维，例如富强纤维（也称虎木棉），增加了纤维的强度和弹性，织成织物挺括，洗涤后不会收缩和变形，较为耐穿。

（2）醋酯纤维　醋酯纤维是另一种纤维素纤维。当纤维素与醋酐发生反应可得到纤维醋酸酯，经纺丝而成的纤维叫做醋酸酯纤维，简称醋酯纤维。醋酯纤维是人造纤维的另一大品种，包括二醋酯纤维和三醋酯纤维两类。前者的醋酯化程度较低，溶解于丙酮；后者醋酯化程度较高，不溶于丙酮。

醋酯纤维一般是以精制棉子绒为原料制成三乙酸纤维素酯，再部分水解成二乙酸酯，然后溶解在丙酮中成纺丝溶液，进而干纺法成型，称为二乙酯纤维，可以生产长纤维或短纤维，具有蚕丝的优良性质。产品分有光和无光两种，密度约 1.32g/cm^3。干态的强度 0.13～0.15N/tex，伸长率 25%。湿态的强度 0.08～0.1N/tex，伸长率 35%，回潮率较低，仅 6.5%。

如果三乙酸纤维素酯不经部分水解，直接溶解在二氯甲烷中成纺丝溶液而用干纺法成型，称为三乙酯纤维，简称三醋纤（triacetate）。一般制成短纤维，可用作人造毛。也可制成强力乙酯纤维，强度可达 0.7N/tex，但伸长率很低，回潮率更低，仅为 4.5%。

醋酯长丝光泽好，手感柔软滑爽，有良好的悬垂性，真丝感强。适于制内衣、浴衣、儿童衣着、妇女服装和室内装饰织物等。短纤维用于同棉、毛或其他合成纤维混纺。织物易洗易干，不霉不蛀。长丝束还广泛用于制作纸烟过滤嘴。

2. 新型纤维

随着科技的发展，许多新型纤维也应运而生，例如竹炭纤维、莫代尔纤维。这些新型纤维一方面具有天然纤维的吸湿性、透气性等优良性能，另一方面也吸收了合成纤维的高强度、高耐磨性等优点，更加符合市场的需求。

（1）竹炭纤维　竹炭纤维是指以毛竹为原料，经过纳米级炭化处理后再与改性聚酯熔融纺丝而制成的新型纤维材料。生产竹炭纤维，首先将竹子经过 800℃纯氧高温及氮气阻隔延时煅烧形成竹炭，然后运用纳米技术将竹炭微粉化，使竹炭天生具有的微孔更加细化和蜂窝化，最后再与改性聚酯熔融纺丝而形成竹炭纤维。

竹炭纤维最大的特点就是每一根竹炭纤维都具有内外贯穿的蜂窝状微孔结构。这种微孔结构具有很强的吸附分解能力，能吸湿干燥、消臭抗菌，具有负离子穿透等性能，使得竹炭纤维具有优异的功能。

竹炭纤维柔软滑爽，类似绫罗绸缎。由于竹纤维的细度小，手感柔软，白度好，色彩亮丽，韧性及耐磨性强，有独特的回弹性，纵横向强度差异小，悬垂性佳，柔软性好，滑爽不扎身，所以有绫罗绸缎的丝绒感。

竹炭纤维吸湿透气，冬暖夏凉。竹炭纤维横截面布满了大大小小椭圆形的孔隙，可以瞬间吸收并蒸发大量的水分，被称为"会呼吸"的纤维。竹炭纤维的吸湿性、放湿性、透气性居各大纺织纤维之首；竹炭纤维纺织品夏秋季使用，使人感到特别地凉爽、透气；冬春季使用蓬松舒适又能排除体内多余的热气和水分。

竹炭纤维抑菌抗菌，抗菌率高达94.5%。经全球最大的检验、测试和认证机构SGS检测，同样数量的细菌在显微镜下观察，细菌在棉、木纤维制品中能够大量繁衍，而细菌在竹炭纤维上经24h后则减少94.5%。这一优异成果是其他纺织原料不可比拟的。

竹炭纤维绿色环保，抗紫外线。竹炭纤维是从原竹中提炼出来的绿色环保材料，它具有竹子天然的防螨、防臭、防虫和产生负离子特性。经研究检测证明，竹炭纤维织物对200～400nm的紫外线透过率几乎为零，而这一波长的紫外线对人体的伤害最大。

竹炭纤维面料主要应用于内衣产品、衬衫、T恤、袜子、毛巾、床上用品及运动休闲装等，在制鞋生产用竹炭纤维鞋垫可以有解除臭味、缓解脚病等功能。

竹炭纤维与竹原纤维、竹浆纤维有所不同。竹原纤维是将天然的竹材锯成生产上所需要的长度，然后通过机械、物理的方法去除竹子中的木质素、多戊糖、竹粉、果胶等杂质，是从竹材中直接分离出来的纤维。其生产工艺与麻纤维类似，是纯粹的天然绿色环保型纤维。竹浆纤维则属于化学纤维中的纤维素纤维，先将竹子制成适合纺丝的竹浆粕，然后经湿法纺丝获得竹浆纤维，其生产工艺与黏胶类似。

（2）莫代尔纤维　莫代尔（Modal）是一种纤维素纤维，最早是奥地利兰精（Lenzing）公司采用欧洲的榉木为原料，先制成木浆，再通过专门的纺丝工艺加工成纤维。莫代尔是一种高湿模量的黏胶纤维，与棉一样同属纤维素纤维，属于天然纤维。莫代尔纤维能够自然分解，对人体无害，对环境无害。国内自2010年研制成功并进行生产。

莫代尔具有高强力纤维均匀的特点，湿强力约为干强力的50%，见表5-2。

表5-2　**莫代尔纤维与其他纤维比较**

比较指标	莫代尔纤维	黏胶纤维	棉纤维
干强/(cN/tex)	34	26	25
湿强/(cN/tex)	19	15	29
纤维细度/dtex	1		1.5～2.5
纱线缩水率/%	1	6.5(沸水)	

莫代尔纤维的干强接近于涤纶，湿强要比普通黏胶提高了许多。

莫代尔纤维的高强度使它适于生产超细纤维，可得到几乎无疵点的细支纱，适于织造轻薄织物和厚重织物，制作的超薄织物的强度、外观、手感、悬垂性和加工性能良好，制作的厚重织物厚重而不臃肿。

莫代尔纤维具有银白的光泽，具有优良的可染性及染色后色泽鲜艳的特点。

莫代尔纤维纺纱可产生较均匀的条干，可以与其他纤维以不同比例混纺，如与羊毛、棉、麻、丝、涤纶等都可得到高品质的纱线。

莫代尔纤维良好的外观使其织物具有丝绸般的光泽，显得雍容华贵，大大提升了服装的档次；良好的手感和悬垂性，使服装显得更加飘逸，随身性更强；极柔软的触感，赋予了织品第二肌肤之美称。

莫代尔纤维吸湿能力比棉纤维高出50%，这使莫代尔纤维织物可保持干爽、透气，是理想的贴身织物和保健服饰产品，有利于人体的生理循环和健康。

3. 蛋白质纤维

蛋白质纤维是指以从牛奶、大豆、花生、玉米等自然物中提取的蛋白质为原料，将其溶解于适当溶剂中，经过纺丝所制得的纤维。蛋白纤维在20世纪30年代开始实现工业化生产，但随着众多合成纤维的问世，便相继停止生产。由于蛋白纤维手感柔软，穿着舒适，进入90年代以来，又开始从牛奶中提取乳酪蛋白，生产了"新一代"蛋白质纤维，即酪素纤维。蛋白纤维柔软舒适，透气性好，对皮肤的亲和力好，常用于制作内衣，对皮肤有一定的"保养"作用。蛋白纤维多为短纤维，常见的有以下品种。

(1) 牛奶蛋白纤维　从20世纪90年代初开始国内外致力于开发再生动物和植物蛋白纤维，日本曾以新西兰牛奶为原料与丙烯腈接枝共混制成再生蛋白纤维，国内上海也曾研制开发出牛奶纤维长丝，后来山西也研制了牛奶短纤维。牛奶丝具有蚕丝般光泽和柔软手感，有较好的吸湿和导湿性，较好的强度和延伸性，是一种制作内衣的优良材料。但因纤维耐热性差，色泽鲜艳度较差，价格较贵，影响了牛奶纤维的推广使用。

(2) 大豆蛋白复合纤维　大豆蛋白纤维属于再生蛋白纤维类，是采用化学、生物化学的方法从榨掉油脂的大豆渣中提取球状蛋白，通过添加助剂，改变蛋白质空间结构，再与聚乙烯醇（PVA）共混制成纺丝原液，再经湿法纺丝而成。大豆蛋白纤维单丝的纤度细、密度小、强伸度较高、耐酸耐碱性较好，具有羊绒般的柔软手感、蚕丝般的优雅光泽、棉纤维的吸湿导湿性和穿着舒适性、羊毛的保暖性。大豆纤维可在棉纺、绢纺、毛纺等生产设备上纺纱，能与其他天然纤维和化学纤维混纺交织，开发针织产品和机织产品。大豆蛋白纤维本身呈现米黄色，难以漂白，色泽鲜艳度较差，耐湿热性差，在染整加工中应注意温度控制等关键技术问题。

(3) 蚕蛹蛋白纤维　将蚕蛹蛋白提纯配制成溶液，并按比例与黏胶共混，采用湿法纺丝，形成具有皮芯结构的含蛋白纤维。蚕蛹蛋白纤维具有较好的吸湿性、透气性，手感柔软，悬垂性好，但湿强力较低，纤维本身呈现较深黄色，影响纺织品色泽鲜艳度。可采用活性、酸性、中性等染料染色。

(4) 纳米抗菌再生蛋白纤维　将猪毛、羊毛等废毛溶解，经提纯和改性与棉浆或木浆或竹浆溶液共混，在纺丝中加入纳米级二氧化铁，经湿法纺丝可制成一种抗菌再生蛋白纤维。这种新纤维的加工技术还处于研发阶段。

三、合成纤维

合成纤维是指以低分子化合物原料经过有机合成方法制得高分子化合物，然后再经纺丝加工而制得的纤维。

普通的合成纤维，其断面结构大都是实心圆形。为了改善合成纤维的性能，通过改变喷丝孔的造型，还出现了异形纤维、中空纤维、异形中空纤维以及复合纤维等，见图5-4。

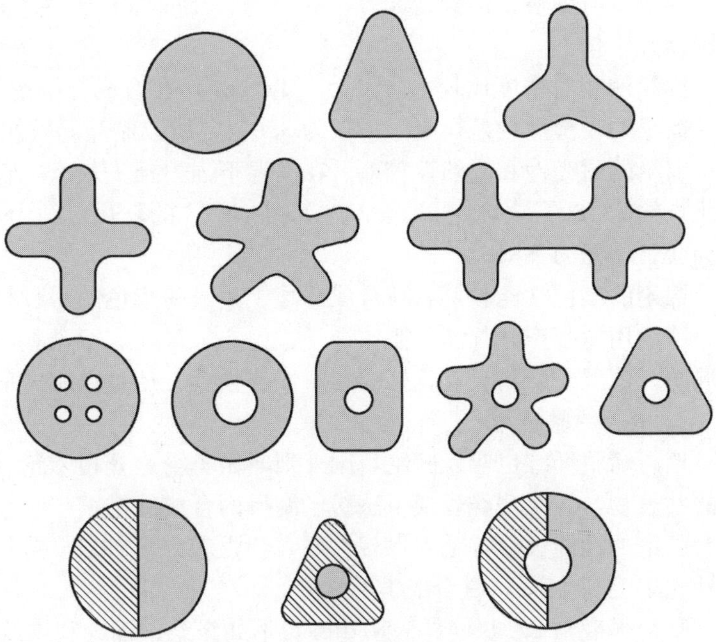

图5-4　合成纤维结构示意图

如图所示，圆形实心纤维是普通纤维，三角形、三叶形和十字形纤维有强烈的闪光性能，五叶形、六叶形纤维光泽柔和。多角形纤维的摩擦力大，提高了抗起毛起球的能力。中空纤维柔软，富有弹性和保暖性。复合纤维是将两种不同的纺丝液，分别输入同一个喷丝头，在喷丝头的适当位置相遇，再通过同一喷丝孔喷出成为复合纤维。复合纤维可以有类似真丝、类似羊毛的效果。前面讲到的海岛纤维，也是一种复合纤维。

常见的合成纤维有聚酯纤维、聚酰胺纤维、聚丙烯腈纤维、聚丙烯纤维、聚乙烯醇纤维、聚氯乙烯纤维、聚氨酯纤维等。在合成纤维中由于不含有天然纤维成分，所以都具有不发霉、不怕虫蛀、不易腐烂的共同性能。

1. 聚酯纤维

聚酯纤维也叫做涤纶，俗称“的确良”，是由二元酸和二元醇缩聚成聚酯，再经过熔融纺丝、定倍拉伸（4～5 倍）而制成的长丝纤维。短纤维是长丝卷曲切断后制得的。涤纶的弹性和变形恢复性非常好，有优良的耐皱性、弹性和尺寸稳定性，常以挺括不皱而著称。涤纶的耐折皱性能是所有纺织纤维中最好的，例如经过 180℃高温定型处理后，虽经水洗也不折皱。

涤纶的强度比较高，耐磨性比较好，在合成纤维中仅次于锦纶。涤纶长丝的断裂强度为 40～50cN/dtex，断裂伸长率为 15%～25%。

涤纶的耐热性是合成纤维中最高的一种，在 150℃的热空气中加热 168h，强度损失只有 15%～30%。安全熨烫温度为 135℃，在 205℃时开始黏结，熔点为 255～260℃。

涤纶有良好的电绝缘性能；耐日光性较好，仅次于腈纶；有较好的耐化学试剂性能，耐弱酸及弱碱。在室温下，有一定的耐强稀酸的能力，耐强碱性较差。

涤纶的染色性能较差，一般须在高温或有载体存在的条件下用分散性染料染色。吸湿度很低，仅为 0.4%。

涤纶具有许多优良的纺织性能和服用性能，用途广泛，可以纯纺织造，也可与棉、毛、丝、麻等天然纤维和其他化学纤维混纺交织，制成花色繁多、坚牢挺括、易洗易干、免烫、免洗、可穿性能良好的仿毛、仿棉、仿丝、仿麻织物。由于涤纶具有良好的弹性和蓬松性，也可用做絮棉。

2. 聚酰胺纤维

聚酰胺纤维也叫做锦纶，俗称尼龙、卡普龙，是利用在分子主链上含有多个重复酰胺基（—CO—NH—）的高分子聚合物，经过纺丝后而制成的合成纤维。由于制造原料和结构的不同，使得具有酰胺基结构的高聚物有多种。

聚酰胺主要分为两大类：一类是由内酰胺聚合而得的高聚物，另一类是由二元胺和二元酸缩聚而得的高聚物。例如常见的尼龙 6，就是由己内酰胺聚合而成，尼龙 66 则是由己二胺和己二酸缩聚而成。

锦纶是合成纤维中最早出现的品种，具有较高的强度和耐磨性，在纺织纤维中居于首位。锦纶单丝的强度可达 50～85cN/dtex，一根手指般粗细的绳索能吊起几吨重的汽车，被称为化学纤维中的“大力士”。锦纶的耐磨性比棉花高 10 倍，比羊毛高 20 倍。

锦纶富有弹性，能经受数万次的曲挠。在同样的条件下，锦纶耐弯曲的能力比棉花高 7～8 倍，比黏胶纤维高几十倍。

锦纶的相对密度比较小，仅为 1.4g/cm^3，在合成纤维中仅次于密度最小的丙纶。

锦纶的吸湿性较差，吸湿率仅为 3.6%，所以制品易洗快干，但穿着不易散发汗水，使人感觉闷热。

锦纶的耐光性和耐热性较差。在高温下强力损失较大，例如在 100℃以上，其强力大为下降。尼龙 6 的软化点约为 180℃，熔点 215～220℃，尼龙 66 的软化点约为 220℃，熔点 255～260℃。在光的长期照射下颜色会变黄，强力下降。

锦纶的染色性能较好，在合成纤维中是最易染色的一种纤维。

锦纶用途很广，长丝可制作袜子、内衣、衬衣、运动衫、滑雪衫、雨衣等；短纤维可与棉、毛和黏胶纤维混纺，使混纺织物具有良好的耐磨性和强度。还可以用做尼龙搭扣带、地毯、装饰布等。

3. 聚丙烯腈纤维

聚丙烯腈纤维也叫做腈纶，国外则叫做奥纶、开司米纶，通常是指用 85%以上的丙烯腈与第二和第三单体的共聚物，经湿法纺丝或干法纺丝制得的合成纤维。

腈纶的性能极似羊毛，保暖性好，弹性较好，伸长 20%时回弹率仍可保持 65%，蓬松卷曲而柔软，保暖性比羊毛高 15%，有合成羊毛之称。

腈纶强度在 22.1～48.5cN/dtex，不如涤纶、锦纶和维纶，但比羊毛高 1～2.5 倍。

腈纶的耐晒性和耐气候性最佳，除了含氟纤维外，是一切纤维中最好的。露天曝晒一年，强度仅下降

20%，可做成窗帘、幕布、篷布、炮衣等。

腈纶的耐热性较好，仅次于涤纶，软化温度 190～230℃。

腈纶有耐酸、耐氧化剂和一般有机溶剂的性能，但耐碱性较差。

腈纶的结构紧密，纤维吸湿性能低，其吸湿率一般为 1.5%。因此腈纶的染色性差，染料很难进入纤维内部。

腈纶具有柔软、蓬松、易染、色泽鲜艳、耐光、抗菌、不怕虫蛀等优点，根据不同用途的要求可纯纺或与天然纤维混纺，其纺织品被广泛地用于服装、装饰产业等领域。

在生产聚丙烯腈纤维时，对原料丙烯腈的纯度要求较高，各种杂质的总含量应低于 0.005%。

聚合的第二单体主要用丙烯酸甲酯或甲基丙烯酸甲酯，目的是改善可纺性及纤维的手感、柔软性和弹性；第三单体主要是改进纤维的染色性，一般为含有弱酸性染色基团的衣康酸，含强酸性染色基团的丙烯磺酸钠、甲基丙烯磺酸钠等。

4. 聚丙烯纤维

聚丙烯纤维也叫做丙纶，是以等规聚丙烯为原料经纺丝制得的合成纤维。

丙纶以轻盈坚牢而著称，相对密度小，为 0.9～0.91g/cm^3，只有棉花的 3/5，是目前所有化学纤维中最轻的品种。

丙纶的强度高，单丝强度为 35～62cN/dtex，接近于锦纶。丙纶的耐磨性好，仅次于锦纶。

丙纶具有良好的保暖性，富有高弹性，但吸水性很差，几乎不吸水，因此制品易洗快干。

丙纶的耐腐蚀性良好，尤其是对无机酸、碱稳定性很好；不发霉，不腐烂，不怕虫蛀等。但是不耐光、易老化，而晒后强力明显下降。耐热性能也差，在 100℃左右即收缩。

丙纶难以染色，由于结构紧密，疏水性强，没有极性基，所以着色困难。

聚丙烯纤维产品有长丝、短纤维、异形丝、鬃丝、切割丝、膜裂丝、喷射丝等。聚丙烯纤维主要用在装饰用布和工业领域，也可用于制各种外衣、内衣、游泳衣、运动衫、袜子和絮棉等。

生产聚丙烯纤维的原料还只限于等规聚丙烯，其等规度为 97%～98%，不能低于 96%，平均相对分子质量为 18 万～30 万，结晶度在 65%以上，热分解温度为 350～380℃，熔点为 158～176℃，并有较好的机械性能。

5. 聚乙烯醇缩醛纤维

聚乙烯醇缩醛纤维也叫做维纶，或叫维尼纶。

维纶的主要成分是聚乙烯醇，但乙烯醇不稳定，一般是以性能稳定的醋酸乙烯为单体聚合，然后将生成的聚醋酸乙烯经过醇解得到聚乙烯醇，纺丝后再用甲醛处理才能得到耐热水的维纶。所以维纶叫做聚乙烯醇缩醛纤维。聚乙烯醇的熔融温度在 225～230℃，高于分解温度 200～220℃，所以生产维纶只能用溶液纺丝法纺丝。

维纶最大特点是吸湿性大，在合成纤维中是最好的，吸湿率为 4.5%～5%，接近于棉花，号称“合成棉花”。

维纶强度比锦纶、涤纶差，稍高于棉花，比羊毛高很多。

维纶的柔软及保暖性好，它的相对密度比棉花要小，它的热传导率低，因而保暖性好。维纶的耐磨性也比棉花要好，因此维纶在很多方面可以与棉混纺。

维纶的化学稳定性好，耐稀酸、稀碱，在一般有机酸、醇、酯及石油烃溶剂中不溶解。耐日光性与耐气候性也很好，在日光下暴晒强度损失不大。

维纶的耐热水性较差，在热水中收缩，强力下降。维纶的弹性也较差，织物易起皱。

维纶的染色较差，不易染成色泽鲜艳的颜色。

生产维纶的原料易得，制造成本低廉，纤维强度良好，多和棉花混纺织成细布、府绸、灯芯绒、帆布、防水布、包装材料等。维纶除用于衣料外，还有多种工业用途。

6. 聚氯乙烯纤维

聚氯乙烯纤维也叫做氯纶，是将含氯量约 57%的氯乙烯均聚物溶解在丙酮/二硫化碳或丙酮/苯等混合溶剂中，经纺丝制成的合成纤维。

氯纶的突出优点是难燃。由于氯纶的分子中含有大量的氯原子，一般情况下极难氧化，所以氯纶具有难燃性。氯纶制品即使在火焰上燃烧，也只是接触火焰的部分收缩熔化，一旦离开明火后会立刻熄灭，这种性能在国防上具有特殊的用途。

氯纶的强力稍小、质地较轻。纤维强度为2.5～3cN/dtex，纤维密度约1.4g/cm^3，断裂伸长率为12%～28%。所以氯纶的保暖性好，此外弹性、耐磨性也强于棉。

氯纶的化学稳定性好，耐腐蚀性好，耐酸碱、氧化剂和还原剂的性能极佳，因此，氯纶织物适宜做工业滤布、工作服和各种防护用品。

氯纶的吸湿性极小，稀释率为0.3%，几乎不吸湿。因此氯纶的电绝缘性强，易产生静电。由于静电作用，纱线之间相互排斥，使制品蓬松、柔软，充满空气，富有弹性，增加了保暖性，适于制作潮湿环境和野外工作人员的工作服。

氯纶的染色性困难，一般只可用分散性染料染色。

氯纶的热性能差，在60～70℃时开始收缩，到100℃时分解，因此在洗涤和熨烫时必须注意温度。在生产非织造布时，加入氯纶可以通过热收缩增加非织造布的密度。

氯纶有短纤维、长丝和鬃丝等形式。氯纶短纤维可以制成棉絮、毛线及针织内衣裤等，这些织物对患有风湿性关节炎的人有一定的护理作用。此外，氯纶可以加工成具有各种特殊用途的阻燃纺织品，如沙发布、安全性帐篷等。氯纶还可用作工业滤布、工作服布、绝缘布等。

7. 聚氨酯纤维

聚氨酯纤维是聚氨基甲酸酯纤维的简称，也叫做氨纶，商品名称有莱卡（Lycra）、尼奥纶（Neolon）、多拉斯坦（Dorlastan）。聚氨酯纤维首先由德国Bayer公司于1937年研究成功，美国杜邦公司于1959年开始工业化生产，目前全球氨纶总产能约60万吨，中国第一家氨纶企业是烟台氨纶厂，1989年开始生产。中国大陆现有生产能力35万吨左右，为全球最大氨纶生产国。

氨纶是一种弹性纤维，它的特性是具有高度弹性，能够拉长6～7倍，随张力的消失能迅速恢复到初始状态。氨纶的高分子链是由低熔点、无定形的软链段为母体，和嵌在其中的高熔点、结晶的硬链段所组成。柔性链段分子链间以一定的交联形成一定的网状结构，由于分子链间相互作用力小，可以自由伸缩，造成大的伸长性能。刚性链段分子链结合力比较大，使分子链不会无限制地伸长，造成高的回弹性。氨纶软链段为两种类型，一类为聚酯链，简称聚酯型氨纶；另一类为聚醚链，简称聚醚型氨纶。聚酯类弹性纤维抗氧化、抗油性较强；聚醚类弹性纤维防霉性，抗洗涤剂较好。

氨纶的其他物理机械性能与天然乳胶丝十分相似，但它比乳胶丝更耐化学降解，具有中等的热稳定性，软化温度在200℃以上，使用温度在90～150℃。

氨纶的染色性能较优，可染成各种颜色，用于合成纤维和天然纤维的大多数染料和整理剂也适用于氨纶。

氨纶具有较好的耐化学性，耐大多数的酸、碱、化学药剂、有机溶剂、干洗剂和漂白剂，以及耐日晒和风雪，但不耐氧化物，易使纤维变黄与强力降低。长期暴露在日光下或在氯漂白剂中也会褪色，但褪色程度随氨纶的类型而不同，差异很大。

氨纶的断裂强度在所有纺织纤维中是最低的，只有0.44～0.88cN/dtex（聚醚型的强度要高于聚酯型）。吸湿范围较小，一般为0.3%～1.2%。

氨纶一般不单独使用，而是少量地掺入织物中。这种纤维既具有橡胶的性能又具有纤维的性能，多数用于以氨纶为芯纱的包芯纱，称为弹力包芯纱。这种纱的主要特点是：

① 可获得良好的手感、外观和吸湿性。

② 只用1%～10%的氨纶长丝就可生产出优质的弹力纱。

③ 弹性百分率控制范围可以在10%～20%，能根据产品的用途，选择不同的弹性值。

氨纶易于纺制2.8～280tex（25～2500den）不同粗细的丝，因此广泛被用来制作弹性编织物，如袜口、家具罩、滑雪衣、运动服、医疗织物、带类、军需装备、宇航服的弹性部分等。随着人们对织物提出新的要求，如质量轻、穿着舒适合身、质地柔软等，低纤度氨纶织物在合成纤维织物中所占的比例也越来越大。也有用氨纶裸体丝和氨纶与其他纤维合并加捻而成的加捻丝，主要用于各种经编、纬编织物，机织物和弹性布等。其中弹力布在生活运动鞋中得到广泛的应用。

四、鞋用纤维材料

鞋用纤维材料主要有不织布、毛毡、人造毛、绒毛织物等产品。

在生产合成鞋面革与合成内底革时，已经对不织布的生成做了介绍，此外鞋用不织布主要用做鞋里材料和主跟包头材料。作为鞋里材料，可以代替棉布、人造革，质地轻软，柔韧性好，透气性好，抗菌防霉性好，但是吸湿性较差，因为生成无纺布的纤维材料大多是吸湿性较差的合成纤维。利用不织布经过浸胶处理，还可以制作主跟包头材料。

毛毡是利用纺织价值较低的羊毛、牛毛等毛纤维经过“擀毡”处理后得到的纤维材料制品。毛纤维经过开毛、洗毛、合毛、梳毛后进行压缩和平卷，使毛纤维表面上的鳞片互相嵌插咬合在一起，形成有一定厚度和强度的纤维材料。毛毡具有优良的弹性、丰满性、吸湿性和保暖性，主要用做防寒的鞋靴毡里和毡垫。毛毡的加工厚度主要取决于用途，毡里和毡垫的厚度在6mm左右，毡衬的厚度在3mm左右。毛毡最容易出现的质量问题是擀毡不均匀，将毛毡直立于明亮处与光对照，就可以看到毛纤维的分布是否均匀。

人造毛皮是一种仿毛革的纤维制品。绒毛是腈纶纤维，底基是棉纤维。通过针织的方法将棉纱织成环套，同时将绒毛状的腈纶纤维也织在环套内，可以得到人造毛皮的坯料。坯料再经过刷毛、定型、烫光等工序即可得到外观类似羊毛的人造毛皮。人造毛皮质地轻软、色泽鲜艳，具有防霉、抗蛀、耐酸、耐光、耐氧化等性能。在无风的条件下保暖性好，由于底基是针织结构，透风性强。在制鞋中可以作为鞋里使用，也多用做鞋口部位的装饰性材料。

绒毛织物是一种经起毛的组织结构，在经纬纱交织的过程中，由经纱形成毛绒状的外观。依据绒毛的长短，可分为平绒织物和长毛绒织物。经过割绒后，平绒表面会有2mm左右的绒毛，可以作为鞋帮面材料；长毛绒表面有7.5～10mm高度的绒毛，可以作为防寒用的鞋里绒材料或鞋口的装饰材料。

思考与练习题

1. 常用的棉麻毛丝纤维各有什么特点？
2. 目前常见的人造纤维、合成纤维主要有哪些品种？
3. 鞋用的纤维材料主要有哪些？

第二节　纱　与　线

纤维经过纺的工艺可以得到纱条，纱条是纤维加捻后的集合体。对纱条继续加捻可以得到纱线，纱线是合股纱加捻的集合体。

一、纱

纱是指用各种纺织纤维加工成具有一定细度的集合体。例如棉纱，是将棉纤维一绺绺衔接成一根细长的纤维束，在衔接过程中需要施加一定的旋转力度，使纤维通过加捻缠合起来，形成单纱。由于纤维旋转的力度有限，所以单纱的强度并不高。把单纱合股继续加捻，可以得到合股纱或叫合股线，合股纱线的强度有所增加。合股纱是用于织布、制绳、制线、针织和刺绣等产品的原料。

1. 纱的种类

按照纺纱所用纤维的长度划分，纱的品种主要有短纤纱、长丝纱以及花式纱等。

（1）短纤纱　是由天然短纤维或化纤切段纤维经纺纱加工而成。例如棉纱、短涤纱、人棉纱等。

（2）长丝纱　是由天然蚕丝或化纤长丝加工而成的连续长丝。例如天蚕长丝、涤纶长丝、尼龙长丝、黏胶长丝等。

(3) 花式纱　是指在纱的外表或颜色上进行变化而形成的各种纱。例如包芯纱、竹节纱、彩点纱、波形纱、辫子纱等。

2. 纱的细度

细度是表示纤维或纱线粗细程度的物理量。表示纱的细度有多种方法。

(1) 纯棉纱线密度　棉纱线密度的传统表示方法是英制支数（S）。例如 32 支棉纱表示在纱线重 1lb 时长度为 32×840 码，支数越高纱线越细。已是非许用单位，$1tex=\frac{583.1}{S}$。

(2) 蚕丝密度　蚕丝密度的传统表示方法是旦数（D）。例如 20～22 旦纱表示丝线长度在 9000m 时重 20～22g，旦数越高丝线越粗。已是非许用单位，1tex=9den。

(3) 麻纱密度　麻纱密度的传统表示方法是公制支数（N）。例如 16 支纱表示在纱线重 1g 时长度为 16m，支数越高纱线越细。已是非许用单位，$1tex=\frac{1000}{N}$。

(4) 法定计量单位　现在把“特”作为纱线细度的法定计量单位，是指 1000m 的纱线在公定回潮率时的质量（g），用符号 tex 表示，1tex 表示 1 特，也就是纱线长度在 1000m 时重 1g。有时也用“分特”来表示纱线的细度，符号为 dtex。1dtex=1/10tex。

由于许多纱线具有吸湿性，所以在不同的湿度条件下它的质量会有变化，为了满足纺织材料贸易和检验的需要，各国都对各种纺织材料的回潮率规定了相应的标准，称为公定回潮率。我国规定的一些指标参见表 5-3。

表 5-3　　我国规定的纱线公定回潮率　　单位：%

纱线品种	公定回潮率	纱线品种	公定回潮率
棉花	8.5	涤纶	0.4
苎麻	13	锦纶	4.5
羊毛	15～16	维纶	5
蚕丝	11	腈纶	2
黏胶	13	丙纶和氯纶	0

3. 纱的捻度

纤维单纯的集合体并没有强度，经过加捻缠合在一起形成纱线的结构以后，才使得纱的强力、弹性、伸长、光泽、手感等物理机械性能得到改善。

纱加捻原理是通过旋转使原来伸直平行的纤维与纱的轴相发生倾斜，利用纱线横截面间产生相对角位移来改变纱的结构。纱条在加捻过程中宽度逐渐收缩，两侧逐渐折叠而卷入纱条中心，形成加捻三角形。在加捻三角形中，纱的宽度和截面发生变化，从扁平带状逐渐成圆柱形的纱。

捻度是指单位长度内纱捻转的回数。捻转回数简称捻回，纱条绕其轴心旋转 360°即为一个捻回。捻度常以公制、英制、特数制三种方法表示。

公制捻度是指在 1m 长度内纱线捻转的回数，常称为米捻。英制捻度是指在 1in 长度内纱线捻转的回数，常称为英寸捻。特数制捻度是指在 10cm 长度内纱线捻转的回数，常称为十厘米捻。

对于捻度的要求，要根据不同产品的要求来确定，并不是捻度越高越好。如果将纱线拉伸到断裂程度时发现，断裂截面上并不是所有纤维都断裂，而是一部分纤维断裂而另一部分纤维滑脱，且断裂的那部分纤维也不是同时断裂。这种断裂性能和单纱强力与纱的捻度有着密切的关系。随着捻度的增加纱的强力也继续增加，但达到一定捻度之后，如果继续增加捻度，强力反而下降，这是因为纤维与纱条轴线的倾角加大，纤维强力在纱条轴向能承受的分力降低。同时，捻度过大会增加纱条内外纤维应力分布不匀现象，加剧纤维断裂的不同时性。

4. 纱的捻向

纱线的捻向分为正手捻和反手捻两种类型。正手捻也称为 S 捻，是指加捻的方向为顺时针方向，即自右向左加捻旋转，旋转效果类似字母 S。反手捻也称为 Z 捻，是指加捻的方向为逆时针方向，即自左向右加捻旋转，旋转效果类似字母 Z，见图 5-5。

纱线的捻向要根据成品以及后加工的需要而定，为了减少纱线机上翻改和操作的不便，一般皆为Z捻向。

5. 合股纱

将纤维直接纺成的纱属于单股纱，单股纱一经退捻即松散成纤维。如果将两根或多根单纱并合加捻，即得到合股纱，也成合股线。合股纱的强度要高于单股纱。合股纱的细度是以单纱号数和股数来表示的。合股纱分为同号数合股纱和异号数合股纱两种类型。

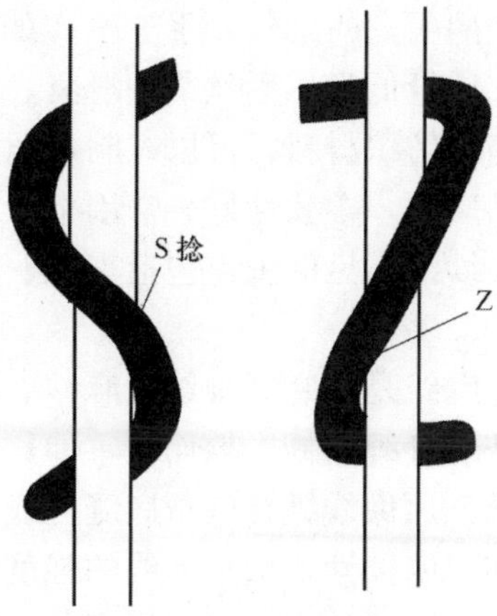

图5-5　纱的捻向

同号数合股纱：是指用相同号数的单纱合并加捻而成。同号数合股纱号数的表示方法是用加捻的单纱号数、斜线、合股的根数来表示。例如14tex/2，表示单纱的号数是14tex，合股纱的根数是2，也就是用2根14tex的单纱捻成的合股纱。如果合股纱继续加捻，其号数的表示方法是单纱的号数、第一次合股根数、斜线、第二次捻合股数。例如：29tex4/3，表示利用3根号数是29tex4的合股纱（其中减掉了斜线）继续加捻合股。经过第二次加捻的合股纱强度会更高。

异号数合股纱：是指用两根或多根不同号数的单纱合并加捻而成。异号数合股纱号数的表示方法是用加捻的每根单纱号数与斜线组合来表示。例如89tex/27tex，表示一根单纱的号数是89tex，另一根的单纱号数是27tex，由这2根异号单纱加捻而成合股纱。再如18tex/29tex/14tex，表示利用3根号数分别是18tex、29tex、14tex的单纱加捻合股而成。

二、缝　纫　线

线是由单纱经合股加捻而制成的纱的集合体。在合股线加捻的过程中，一方面是每根单纱自身旋转加捻，同时几根单纱也被加捻抱合，所以这种纱的集合体强度较高，不容易退捻。例如把一根线头退捻，首先退掉的是几根纱抱合的捻度，会看到被分离出的单纱卷曲在一起，这是因为每根单纱是在自身捻合的过程中集合的。在退掉单纱的捻度后，就可以拉扯出一根根的纤维。较粗的线往往是利用合股纱加捻抱合而成的。

纤维在集合后加捻成单纱，单纱在集合后加捻而成合股纱线。这里的线是用于纺织的线，或叫做线坯子，并不是缝纫用的线。缝纫用线的捻度要大，线的强度要求比较高。

缝纫线是服装、编织、制鞋等产业不可缺少的原材料，因此缝纫线的细度、捻度、强度以及线的品种规格、性能就直接影响到产品的质量。

在制鞋的生产中，缝纫线主要用于缝合，所以也叫做缝合用线。鞋用缝合线可以缝合鞋帮和鞋底，主要的品种有棉线、丝线、麻线、涤纶线等。

1. 棉线

棉线是由多根棉纱合并加捻而成的。

用来制造棉线的原料是精梳棉纱，由于经过粗梳和精梳两次梳整，已将棉纤维中的棉结、杂质、短纤维等清除，所以精梳棉的纤维长而细，纱条平滑光洁。

棉线的品种比较简单。根据棉线的染整方法可分为染色线、漂白线和本色线。本色线也叫做原色线，经过漂白后成为漂白线，漂白后经过染色成为单色线。

根据棉线加工整理的方法不同又可分为无光线、有光线和蜡光线。无光线虽然没有光泽，但质地柔软，在缝制鞋帮时常作为底线来使用。有光线经过了丝光处理，光泽性好，强力增加，用于布鞋和布面胶鞋的鞋帮缝线。蜡光线是将无光线经过上浆处理，浆液中含有淀粉和油脂，并在表面涂覆蜡质，然后再经过磨光处理而成的。蜡光线的线条紧密平滑、富有光泽、质地较硬、强度较大，用于布鞋、布面胶鞋、拼接毛皮、缝鞋垫等。

棉线常见的疵点包括色泽不匀、粗细节、油污、缠乱、霉变等问题，选择时要注意。

2. 丝线

丝线是以生丝为原料捻成的线。生丝源于蚕茧，蚕茧经缫丝后所得的产品叫做生丝，俗称真丝。用机器生产的生丝叫厂丝，手工生产的生丝叫土丝。厂丝品质优良，条干均匀，接头少，色泽光亮。土丝粗细不匀，质量低劣。生丝柔软滑爽，手感丰满，强伸度好，富有弹性，光泽柔和，吸湿性强，对人体无刺激性，是高级纺织材料，可以织制各类丝织品。生丝原料经精炼脱胶后得到熟丝，熟丝的强度不如生丝高，但熟丝的品质高，柔软性好，常用于织缎、锦等一些多色提花的熟丝织物或素色的熟丝织物。

纱线常见的疵点包括霉斑、黑点、水渍、紧线、松弛线、色相不均、光泽不同等，选购时要注意。

3. 麻线

麻线是由麻纤维纺成麻纱后再合捻加工而成的。按照麻纤维的来源不同，分为苎麻线和亚麻线两种。其中苎麻纤维强韧，软而长，伸长率大，吸湿和放湿都比较快，所以性质比较好。在制鞋生产中，主要使用苎麻线，用做线缝鞋的帮底缝合线。在使用麻线前经过松香蜡的适当处理，可以提高麻线表面的光滑性、防水性和耐腐蚀性，增加麻线的强度。

麻纱的外观会出现粗细节、松紧线、霉斑、黄变等问题，选择时需注意。

4. 涤纶线

涤纶线是由涤纶纤维捻成的线。包括涤纶短纤维线和涤纶长丝线两种类型，又分别叫做涤纶线和涤丝线。随着涤纶工业的发展，用纯涤纶纤维作为原料的缝纫线越来越多。目前的鞋帮缝制大多采用涤纶缝纫线。

涤纶纤维是一种品质优良的合成纤维，用以制得的涤纶线强力高、耐磨性好，在各类缝线中仅次于尼龙线，而且湿态时不会降低强度。涤纶线的缩水率很小，因此缝制的线迹能始终保持平挺美观，无皱缩。涤纶线回潮率低，有良好的耐高温、耐低温、耐光性和耐水性。所以，涤纶线是使用极为广泛的品种，逐渐取代了棉、丝缝纫线，成为皮革制品主要的缝合线。

除了常用的棉线、丝线、麻线、涤纶线外，还有锦纶线、面涤混纺线等。此外，在缝纫线中还有一种做装饰用的金银线，主要采用聚酯薄膜为基底，运用真空镀膜技术，在其表面镀上一层铝，再覆以颜色涂料层与保护层，经切割成细条，形成金银线。

各种缝纫线的规格品种比较多，下面是节选的棉线、麻线、合成长丝线以及蚕丝线的部分常用产品，见表 5-4。

表 5-4　　几种常用缝纫线规格品种节选

规格		类别	主要用途
tex×股数	英支×股数		
19.5×2	30/2	棉线	皮鞋底线
19.5×3	30/3	棉线	皮鞋底线
14×2×3	42/2×3	棉线	皮鞋底线
18×5	32/5	棉蜡光线	布鞋纳底线，胶鞋缝帮线
14×2×3	42/2×3	棉丝光线	胶鞋缝帮线
13×2	45/2	涤棉混纺线	布鞋缝帮
13×3	45/3	涤棉混纺线	胶鞋缝帮
19.7×2	30/2	涤纶线	运动鞋等装饰线
13×3	45/3	涤纶线	皮鞋缝帮
11.8×3	50/3	涤纶线	布鞋缝帮
16×4	37/4	涤纶线	布面胶鞋缝帮
tex×股数	公支×股数		
105×12	9.5/12	苎麻线	皮鞋缝沿条、缝底
222×3	4.5/3	苎麻线	皮底缝外线
222×4	4.5/4	苎麻线	内皮鞋缝沿条、缝外线
tex×股数	旦×股数		
220×3	200×3	涤纶长丝线	皮鞋缝帮
198×3	180×3	涤纶长丝线	皮鞋缝帮
233×2×3	210×2×3	锦纶长丝线	皮鞋装饰线
467×1	180×3	锦纶透明线	皮鞋、旅游鞋缝帮线

续表

规　格		类别	主要用途
tex	旦		
(22～24)×7×3	(22～24)×7×3	桑蚕丝	皮鞋缝帮
(22～24)×8×3	(22～24)×8×3	桑蚕丝	皮鞋缝帮
(22～24)×9×3	(22～24)×9×3	桑蚕丝	皮鞋缝帮
(22～24)×20×3	(22～24)×18×3	桑蚕丝	皮鞋锁梗线、缝帮装饰线

思考与练习题

1. 纱与纤维有什么区别?
2. 正手捻与反手捻有什么区别?
3. 常用的缝纫线主要有哪些?

第三节　织　　物

鞋用纺织材料的市场五彩缤纷，为鞋类的设计、款式的变化、材质的应用提供了丰富的资源。在材料的选择上，传统的皮、胶、布、塑鞋已经出现互相借鉴、互相渗透、互相补充的局面。因此，对所接触的织物应该有一定深度的了解。掌握鞋用织物的性能、特征、风格，从而进行合理地选用。

一、织物的概述

按照传统的织物分类方法可以分为机织物和针织物。

机织物是指以经纬两系统的纱线在织机上按一定的规律相互交织而成的织物。机织物的主要特点是布面有经纱和纬纱之分。当织物经纬纱的原料、纱支细度和密度不同时，织物呈现各向异性，不同的交织规律及后整理条件可形成不同的外观风格。市场上常见的布匹大多属于机织物。

针织物是由纱线通过针织机有规律的运动而形成线圈，线圈和线圈之间互相串套起来而形成的织物。所以，线圈是针织物的最小基本单元。这也是识别针织物的一个重要标志。就其编织方法而言，可以分为纬编织物和经编织物两大类。

纬编织物：纱线沿纬向喂入，弯曲成圈并互相串套而成的织物。根据纱线喂入是单向还是双向，纬编又可以分为两种：纱线沿一个方向喂，编织成圈，形成织物的是圆机编织；纱线沿正、反两个方向变换编织成圈，形成织物的是横机编织。例如内衣、羊毛衫等制品。

经编织物：纱线从经向喂入，弯曲成圈并互相串套而成的织物。其特点是每一根纱线在一个横列中只形成一个线圈，因此每一横列是由许多根纱线成圈并相互串套而形成的。例如各种窗帘布、床上用品等制品。

对于针织物来说，由于延伸性比较大，在鞋类生产中适于做衬料、里料，例如各种挂胶的定型布、运动鞋的翻口里等。

现在把非织造布也包括在织物范围，主要用于衬料、里料。

二、机织物的基本组织

机织物是最早的纺织产品，由于经纱和纬纱交织的形式不同，可以形成多种组织结构的纺织品。所谓的“绫罗绸缎”，都是用蚕丝制造，但由于组织结构不同而形成了不同产品风格。但从组织结构分析，即使是最复杂的织物，也是由最基本的组织结构变化而成的。所以了解机织物的基本组织是学习织物的入门。机织物的基本组织包括平纹组织、斜纹组织和缎纹组织，被称为三元组织。

1. 平纹组织

平纹组织简称为平组织，它是由经纬纱各以一根互相上下交错形成的组织。平纹组织是机织物中最简单

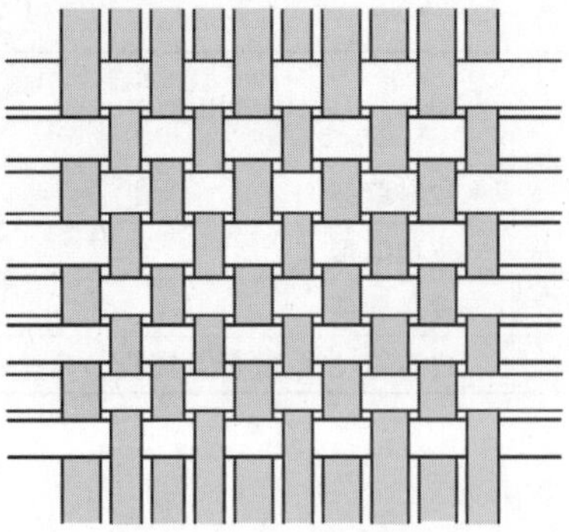

图 5-6　平纹组织结构

的组织结构，见图 5-6。

平纹组织特征：由于经纬纱正反两面结构组织相同，所以织物的两面外观特征基本一致，只是在产品的色泽和光洁上有所区别。由于经纬纱上下交织的次数多，所以纱线的交织点多，纱线的浮长短而且均匀。在原纱质量和经纬密度相同的情况下，平纹组织的布面平坦，透气性好，质地坚牢，布身挺括。但平纹组织的花纹显得单调，缺乏弹性和光泽。

平纹组织应用：平纹组织的应用很广，例如棉织物中的市布、府绸、条格布、帆布等，毛织物中的凡立丁、派力司等，丝织物中的纺绸等。在制鞋领域常用市布作为鞋里、贴衬等材料，帆布可以用做鞋帮面和软内底材料。

2. 斜纹组织

斜纹组织也称为绫织组织，它是依靠经纱或纬纱中一个系统的浮长形成连续斜向纹路的组织。斜纹织物的表面呈现出明显的斜纹，故称为斜纹组织，见图 5-7。

斜纹组织可分为两类，如果是由经纱浮长形成的斜纹称为经面斜纹，如果是由纬纱浮长形成的斜纹称为纬面斜纹。

斜纹组织特征：由于斜纹组织经纬纱的交织点比平纹组织少，所以纱线的浮长较平纹组织长，使布面富有光泽，手感柔软，弹性和透气性都比较好。由于斜纹组织经纬纱交织次数比平纹组织少，增加了单位长度内的纱线根数，使织物变得紧密和厚实。在原纱支数、捻度和密度相同的情况下，由于斜纹组织的浮长加大，使织物的强力较平稳差，身骨较松软。如果浮长过大，容易造成织物起毛、不耐磨，以致影响织物的坚牢度。

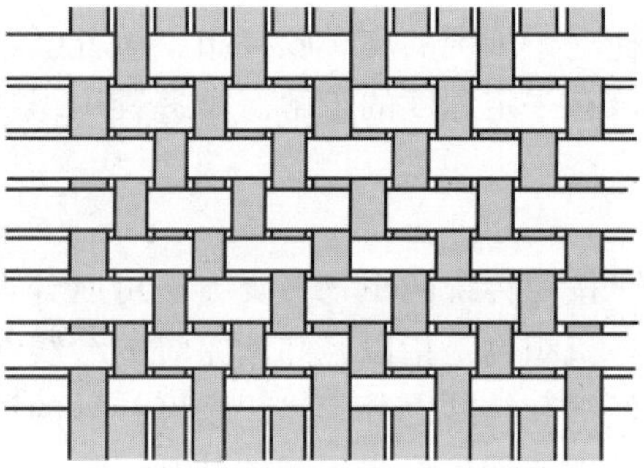

图 5-7　斜纹组织结构

斜纹组织应用：斜纹组织的应用也很广，例如棉织物中的斜纹布、卡其布、华达呢、牛仔布等，毛织物中的哔叽、毛华达呢等，丝织物中的美丽绸等。在制鞋领域常用牛仔布等有特色的布料做鞋帮面材料，也用斜纹布、卡其布做鞋里材料。

3. 缎纹组织

缎纹组织是三元组织中最复杂的一种组织，它是依靠经纱或纬纱中一个系统的浮长形成不连续斜向纹路的组织。缎纹织物的表面有斜向纹路但不明显，见图 5-8。

斜纹组织也分为两类，如果织物表面是由经纱浮长构成的，则称为经面缎纹，如果织物表面是由纬纱浮长构成的，则称为纬面缎纹。浮长是指经纬纱交织后浮在上面的一小段纱线长度，缎纹的浮长起码要盖住下面的 4 根纱，而次一根纱的交织处，比前一根纱要移过两根以上的位置。

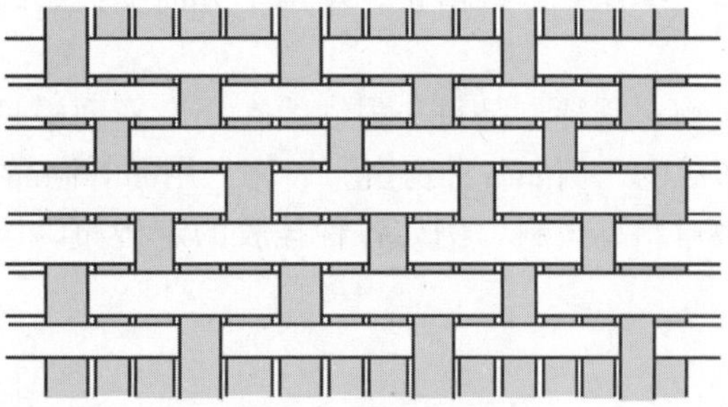

图 5-8　缎纹组织结构

缎纹组织与斜纹组织相比较，都具有斜向纹路、交织点较少、浮长较长的共同点，但缎纹组织的浮长更长、交织点更少，斜向纹路不连续、不明显。

斜纹组织特征：由于缎纹组织经纬纱的交织点少，纱线的浮长更长，所以织物的反正面区别明显，正面特别平滑而富有光泽，反面则比较粗糙、无光泽。缎纹织物手感柔软，光泽性好，透气性好，但是强度低。布面富有光泽，手感柔软，弹性和透气性都比较好。由于斜纹组织经纬纱交织次数比平纹组织少，增加了单位长度内的纱线根数，使织物变得紧密和厚实。在原纱支数、捻度和密度相同的情况下，由于斜纹组织的浮长加大，使织物的强力较平纹组织差，身骨较松软。如果浮长过大，容易造成织物起毛、不耐磨，以致影响织物的坚牢度。

斜纹组织应用：斜纹组织以其光泽性和柔软性为特征，常用于较高级的面料。例如棉织物中的直贡缎属于经面缎纹组织，横贡缎斜属于纬面缎纹组织，毛织物中的贡呢、丝织物中的丝缎等都属于缎纹组织。在制鞋领域可以用来做高档鞋帮面材料。

在三元组织的基础上，经过不同织法的变化，可以演变出各式各样的织物。例如提花组织、起绒组织、皱纹组织、罗文组织等。

三、鞋用织物

鞋用织物以布鞋用量最大，范围最广，皮鞋、胶鞋也用到少量织物。

1. 布鞋用织物

作为布鞋面料，要求有一定的厚度、强度，布纹细致，光泽、颜色、质地符合流行趋势。主要包括：鞋面帆布、鞋里帆布、双层鞋用帆布、维棉混纺鞋面布、哔叽、冲服呢、直贡、线直贡、罗缎、牛仔布、条绒布、平绒布、天鹅绒、金丝绒、芝麻绒、人造麂皮以及纬编织物、经编织物、针织人造毛皮、骆驼绒针织物等。

2. 皮鞋用织物

在设计皮鞋时，常选用某些织物作为搭配、改善外观来使用，用量虽然不多，但很具有特色。

① 利用织物直接作为帮面材料。例如设计牛仔靴使用牛仔布，从颜色到质地，都有一种统一粗犷的风格。

② 利用织物作为皮革的搭配材料。例如利用花格呢、帆布等织物来增加鞋面的变化。在正装鞋、休闲鞋、筒靴上都可以运用。

③ 利用弹性材料增加鞋口的开闭功能。例如橡筋鞋，穿脱方便，省去系鞋带的麻烦。

传统的材料是松紧布，是用棉纱与橡胶丝交织而成的双层弹性带状织物。由于织造时橡筋丝处于紧张状态，在卷曲中自然回缩，使得布面平整，径向富有弹性。松紧布的宽度比松紧带要宽，一般的宽度有 5.5、6.0、6.4、7.0cm 等规格。松紧布拉伸的伸长比为 1∶1.7。

现在研发了针织弹力布，利用织造的方法不同产生弹性。例如四面弹材料，常用于设计休闲鞋、运动鞋，不仅穿脱方便，而且增加了轻松、舒畅感。

弹性纤维氨纶的运用，可以使纱线本身具有弹性，可以直接织造出弹性材料。例如莫代尔，常用于内衣的制作。

④ 利用网布生产运动鞋、休闲鞋。网布是采用纱罗组织的交经制品，组织结构特殊，布面形成菱形小孔眼，布身滑爽透凉，有漂白及各种颜色。也有经编网眼布产品，花纹清晰，弹性和透气性好，色泽艳丽，耐穿耐用，不怕水洗，深受消费者青睐。

⑤ 利用织带做装饰条、后提带，代替鞋眼位，用来滚边、做连接带等。这种织带的经纬均采用双股棉线编织，所以也叫做线带。织带采用斜纹组织，结构紧密，平整柔软强度高。宽度有 1.0、1.6cm 等规格。

⑥ 鞋带是一种编织物，是连接鞋耳的常用物品。鞋带是经过编织或针织的方法制成的管状织物，如果鞋带管状物内有加芯，则鞋带成圆形带，如果鞋带管状物内没有加芯，则鞋带成扁形带。鞋带具有一定的强度及摩擦因数，结扎后不易滑脱，受力时不易断裂。

鞋带的颜色可以染成各种颜色。鞋带的长度依据鞋品种的不同略有区别。皮鞋带长度 35～70cm，胶鞋带长度 60～100cm，棉鞋带长度 80cm，运动鞋带长度 80～120cm，足球鞋带长度 120～200cm。制备鞋带的原料有多种，以涤纶、维纶和棉纤维混纺的纱编织的鞋带效果最好。

⑦ 利用尼龙搭扣代替鞋带。尼龙搭扣也叫做魔术带，由平纹地组织和成圈组织构成勾面和毛面搭配使。

在勾面，用锦纶长丝织成复丝圈，经热定型、涂胶、割成勾处理，具有硬挺直立的钩状结构。在毛面，用锦纶长丝织成单丝圈，经热定型、涂胶、磨绒处理，获得浓密柔软的圈状结构。当勾面与毛面复合时，略加压力即可黏合，起到连接的作用。打开时，撕揭即可分离，使用非常方便。可代替扣子、鞋带、拉链使用。

⑧ 利用平纹布、斜纹布、薄帆布等织物作为鞋里材料。

多了解一些织物材料，不但可以开阔眼界，而且有利于引进新材料的应用，可以设计出更多具有市场潜力的好产品。

思考与练习题

1. 机织物与针织物有什么区别?
2. 用纸条编织织物的三元组织，并指出各种组织的特点。
3. 在鞋类生产常用到哪些织物?

第六章　鞋用辅料

本章提要　通过对鞋用辅料的学习，了解在鞋类生产加工中常用的金属材料、涂饰材料、垫心材料、防霉防蛀材料、包装材料，对鞋靴材料的应用有一个比较全面的认识。

鞋用的辅料与主料的区分是相对的。早期胶粘鞋所占比例较少，黏合剂被当做辅料，现在胶粘鞋的生产量占有绝对的优势，黏合剂自然就变成了主料。同样，随着制鞋面料的开发，各种纺织材料得到广泛的开发和利用，也上升到主料的位置。现在所说的辅料，作用并不是可有可无，而是用量相对比较少、价格比较低的一些材料。例如各种金属材料、修饰材料、垫心材料、防霉防蛀材料、包装材料等。

第一节　鞋用金属材料

鞋用金属材料包括各种鞋钉、勾心、钎扣、饰件等。

一、鞋　钉　类

鞋钉的种类比较多，常用的有圆钉、橡皮钉、秋皮钉、螺丝钉、卡钉、铜鼓钉、运动鞋钉等。

1. 圆钉

圆钉俗称铅丝钉。钉帽为圆形，平头，钉尖为锥形。圆钉常用在钉内底、绷帮、钉盘条、钉鞋跟等工序上，起到临时或永久固定的作用。

圆钉的名称以长度命名，传统上以英寸为单位，现在以毫米为单位。常用的规格有三分钉、四分钉、五分钉、六分钉和八分钉。相关的规格尺寸参见表 6-1。

表 6-1　　**圆钉规格尺寸**　　单位：mm

规格		全长	钉粗	帽径	帽厚	尖长	用途
8		8±0.5	0.91±0.03	2.3±0.1	0.3±0.1	3±0.2	固定后帮管钉
10	三分钉	10±0.5	1.07±0.03	2.3±0.1	0.3±0.1	3±0.2	钉盘条、天皮
12	四分钉	12±0.5	1.07±0.03	2.5±0.1	0.4±0.1	3±0.2	钉堆跟、掌面
14		14±0.5	1.24±0.03	2.6±0.1	0.4±0.1	3±0.2	钉内底、堆跟
16	五分钉	16±0.5	1.24±0.03	2.6±0.1	0.5±0.1	3±0.2	绷帮、钉内底
19	六分钉	19±0.5	1.47±0.03	2.8±0.1	0.6±0.1	3±0.2	绷帮、钉鞋跟
26	八分钉	26±0.5	1.65±0.03	4.0±0.1	0.8±0.1	3±0.2	钉鞋跟

注意：1in≈3.18mm。

在机器绷帮时也是用圆钉，由于在制作工艺上有区别，进口的绷帮机还不适应国产的鞋钉，在选购时要引起关注。

2. 橡皮钉

橡皮钉也叫做沉头钉。橡皮钉与圆头钉的区别在于钉杆粗壮、钉帽较厚。橡皮钉适用于钉合橡胶鞋跟，以及在橡胶鞋跟上钉合各种后跟铁。

制作鞋跟的材料经历过皮跟、橡胶跟、木根、塑料跟等阶段。其中的橡胶跟主要用于男鞋跟，在打鞋钉的位置上有凹纹，鞋钉自外向内打入。较粗的鞋钉可以对橡胶产生较大的挤压作用，不容易脱出，同时钉帽也被打入在橡胶凹纹内。为了加固鞋跟与鞋底的结合，鞋钉往往被打透，脱楦后再将鞋腔内的钉尖锤倒，称为盘钉。橡皮钉相关的规格尺寸见表 6-2。

表 6-2　　橡皮钉规格尺寸　　单位：mm

规格	全长	钉粗	帽径	帽厚	尖长	用途
13	13±0.5	2.11±0.03	3.5±0.2	1.5±0.2	3.5±0.2	钉后跟铁
16	16±0.5	2.11±0.03	3.5±0.2	2±0.2	3.5±0.2	钉后跟铁
18	18±0.5	2.11±0.03	3.5±0.2	2±0.2	3.5±0.2	钉胶跟
19	19±1	2.11±0.03	3.5±0.2	2±0.2	3.5±0.2	钉胶跟
22	22±1	2.41±0.035	4.5±0.2	3±0.1	4±0.2	钉胶跟

3. 秋皮钉

秋皮钉也是一种圆帽平头钉，钉帽直径比圆钉大，钉杆成四棱形，且自头部向下逐渐变细。秋皮钉经防锈处理后发蓝。在修鞋的师傅那里会经常用到秋皮钉，鞋钉打入橡胶等材料后，钉杆的四条棱线有较大的抗拔作用，钉尖易于弯曲，能与皮革等材料牢固结合。相关的规格尺寸见表 6-3。

表 6-3　　秋皮钉规格尺寸　　单位：mm

规格	全长	钉粗	帽径	帽厚	尖粗	用途
13	13±0.1	1.5±0.1	4.2±0.2	0.5±0.1	0.7±0.1	钉后垫
16	16±0.5	1.7±0.1	4.4±0.2	0.5±0.1	0.7±0.1	钉掌面
19	19±0.5	1.7±0.1	4.4±0.2	0.5±0.1	0.7±0.1	钉掌面

4. 螺丝钉

螺丝钉是一种钉杆上有螺纹、钉帽上有一字形或十字形刀口的钉子。螺纹自钉尖开始向顶头方向旋转，用螺丝刀旋拧，可以把螺丝钉拧紧。

螺丝钉有木螺钉和鞋用螺钉两类。鞋用螺钉比木螺钉杆粗，并有螺纹粗、帽厚而斜度小等特点。在手工钉木跟时，常把螺丝钉拧紧在跟座的中间部位，加强鞋跟的结合牢度。在使用螺丝钉时，螺钉从鞋腔内向下拧入，钉杆应该从勾心的后孔穿出，然后再拧进鞋跟。在制备组合内底时，勾心孔位置应该扎出标记，便于钉跟操作。一般跟高在 40mm 及以上的鞋跟都需要使用螺丝钉。

常用螺丝钉的规格为 22mm 长，钉杆粗 4.3mm，帽径 5.5mm，帽厚 2.4mm。

现在的鞋跟大多是塑料跟，硬度大于木根，所以采用机器钉跟方法。机器钉跟时一般不用螺丝钉，而是采用平帽的条纹钉，利用条纹的粗糙界面，增加鞋钉与鞋跟之间的膨胀力，从而提高衔钉能力。常用条纹钉或螺纹钉长度在 20～22mm，钉杆粗 1.9～2.0mm。利用钉跟机直接把鞋钉自鞋腔内打入鞋跟。男鞋跟一般用 10～13 颗鞋钉，女鞋用 5～7 颗鞋钉。

5. 卡钉

卡钉也叫做扒锯钉，鞋钉外观呈 U 字形，也叫做 U 形钉。使用卡钉时，是将钢丝引入到卡钉机内，把钢丝裁切成一定长度的同时，也被弯曲成 U 字形，然后机器的撞杆将卡钉打进被钉合的部件，类似于订书器的操作。

由于使用卡钉方便，常用于生产流水线上，用来钉合内底、钉合帮脚、固定勾心、固定外底、钉掌面与跟面等操作。

卡钉两脚的长度为 9～10mm、12～13mm，也可进行调节变化。钉脚之间的距离也根据需要来调节。用于制作卡钉的钢丝有圆形和扁形的区别。其中圆形钢丝的规格是以号数来表示的，号数越大钢丝的直径越小。绷帮时一般使用 23～25 号钢丝，直径在 0.6～0.5mm。钉跟面常用 14～18 号钢丝，直径在 2.0～1.2mm 不等。

6. 铜鼓钉

铜鼓钉是一种用铜材制作的钉子，与圆钉相似，但钉帽呈鼓起的圆形，圆滑美观。

铜鼓钉常用于高档皮鞋的皮底掌面的钉合上，既有紧固的作用，又有装饰美化的作用。在保管时，要把铜鼓钉保存在滑石粉内，防止受潮生锈。

7. 运动鞋钉

运动鞋钉不同于前面提到的几种鞋钉，是一种具有特殊用途的鞋钉。例如速跑鞋钉、跳高跳远鞋钉、足球鞋钉、高尔夫鞋钉等。

出于运动防滑的需要，在速跑或者在身体扭动时，需要鞋底与地面之间有较大的摩擦力，所以要在鞋底安装鞋钉。速跑鞋、跳高跳远鞋的鞋钉比较尖，安装时钉尖朝外，这样在跑跳时就能牢固地抓住地面，起到防滑稳固的作用。高尔夫鞋的鞋钉早期也是尖头的，由于对草地的损害较大，现在改为树脂材料的圆头钉。足球鞋的鞋钉依据功能有所区别，在泥泞的草地上一般使用尖头鞋钉，在场地状况较好时用圆钉，现在常见的是一种长条形树脂钉，叫做刀钉。

二、勾心与钢包头

勾心是使用在鞋底腰窝部位的底部件，起到支撑和稳固的作用。钢包头是代替普通内包头的底部件，使用在鞋的前头帮面与鞋里之间，起到支撑、定型、防护的作用。

1. 勾心

勾心是用冷轧钢条冲压而成，具有一定的硬度和弹性。在一般运动鞋、平底鞋、坡跟鞋上不用勾心；在平跟鞋上可以用竹片、PP 树脂制作的勾心代替；在中高跟鞋上一定要使用钢勾心。有些劣质的鞋使用的是铁皮勾心，鞋的腰窝部位都可以弯折，这种鞋的定型性和稳定性都差，失去了穿鞋的安全感。

勾心的两端，有些是各有一个孔，有些是在前端有一个孔，还有些两端都没有孔。这与勾心的装配方法有关。勾心前端的孔，是用来固定勾心的，一般使用铆钉来铆接，如果没有孔，就需要用氯丁胶黏合剂来粘接。勾心的后端有孔，往往与钉鞋跟有关，钉鞋跟的螺丝钉要穿过内底、半内底和勾心孔，然后再与鞋跟结合。所以有时勾心后端的孔设计成开口形式，便于螺丝钉寻找适当的位置。

使用勾心要注意使用的位置、勾心的跷度，以及勾心的规格，在《现代制鞋工艺》中已有专门的介绍。有关勾心的规格尺寸见表 6-4。

表 6-4　　勾心的规格尺寸　　单位：mm

勾心品种		小号	中号	大号	特大号
男鞋勾心	鞋号范围	235～245	250～255	260～280	280 以上
	勾心长度	105	110	115～120	125
女鞋勾心 平跟类 中高跟类	鞋号范围	215～225	230～235	240～260	260 以上
	勾心长度	100	105	110～115	120
	勾心长度	105	110	115～120	125
勾心宽度	男 14　女 12				
勾心厚度	65# Mn 钢　0.8～1.0　60#～45# 钢　1.0～1.2				
勾心加强筋	跨度 85mm				
勾心尾叉长	(开放式孔)16				

勾心是一块小型部件，不容易引起重视，所以许多厂家的生产原料往往采用各种下脚料，再加上淬火工艺、外形规格的不规范，使得勾心达不到质量要求。在 20 世纪 80 年代，轻工业部制鞋科学研究所曾组织人力进行鞋类的标准化研究，其中就包括勾心的标准化建设。通过对勾心内应力的测试，在勾心的结构强度、材料应用、合理的规格尺寸等内容上都取得了重要的成果。表 6-4 数据参考了皮鞋钢勾心的行业标准。

2. 钢包头

在皮鞋前端的面与里之间有一块补强部件，起到支撑、定型和补强的作用，这就是内包头。一般的内包头使用天然底革、浸胶无纺布等材料，但是对于某些机械、矿山的工作鞋来说，为了保护脚趾，制作包头的材料便选用了钢材，增加鞋头的防砸功能，这就出现了钢包头。

国外采用弹簧钢材制作钢包头，质量好但成本高，我国采用低碳钢板经退火加工，冲压成型，然后再经沾火处理，使钢包头能经受较大的冲击力。由于钢包头是冲压成型的，底口已经有绷帮的折回量，使用起来很方便。

钢包头鞋属于保护足趾安全鞋（靴），在行业标准中分为五类，分别是An1型、An2型、An3型、An4型、An5型。其中An1～An3型属于钢包头，有关耐压力检验和抗冲击检验标准，见表6-5。

表6-5 内包头耐压力和抗冲击性检验标准

类别		耐压力检验/kN	抗冲击检验		检验后包头内变形间隙/mm
			冲击锤/kg	落高/mm	
金属包头	An1	15	23	900	>22
	An2	10		450	
	An3	4.4		120	

三、鞋钎扣类

鞋钎扣类泛指鞋帮在装配时所用的各种金属材料，可以起到连接、加固、防护以及美化的作用。主要包括鞋钎、四件扣、铆钉、鞋眼圈、拉链、金属装饰件等。

1. 鞋钎

鞋钎是一种起连接作用的金属件，由于鞋钎的造型美观多样，也能起到很强的装饰作用。鞋钎分为有钎针和无钎针两种类型，有钎针类型的连接功能强，无钎针类型主要用于装饰。

鞋钎是由铝质、钢质、铜质的薄板冲压而成的。可以使用本色鞋钎，也可以在表面镀锌、镀铬、镀铜、镀金、镀银，使鞋钎光泽亮丽，提高鞋的美观性。鞋钎的外形有长方形、圆形、椭圆形、三角形等多种变化。鞋钎的表面应该光洁美观，不允许有亏角、生锈、裂纹等质量问题，鞋钎针的长度要适宜。

在鞋钎的中梁柱上装有钎针，使用时鞋带穿入鞋钎环，钎针再穿入鞋带的针孔内，起着紧固的作用。由于穿入鞋带比较麻烦，现在已经设计出开放式鞋钎，将鞋带绕进鞋环内即可达到连接的作用。

在设计鞋带时，鞋带的宽度是按照鞋钎中梁柱的长度来计算的，考虑到鞋带有一定的厚度，所以设计的宽度尺寸应该在鞋钎孔径的基础上减掉2mm，保证鞋带边沿不被早期磨损。

2. 铆钉

铆钉是一种起补强作用的金属件，是用薄铝板或铜板经机械挤压而成的。铆钉两件为一套，一件是凸形的部件叫铆盖，另一件是凹形部件叫铆心。铆钉多用于加固前后帮口门的接头处，在前后帮缝合完成后，为了加固结合的牢度，还需要打入铆钉补强。

铆钉的大小要根据产品材料的厚度来选择。装配铆钉时需要预先打孔，然后铆心自底部向上穿入，再将铆盖覆盖其上，最后用榔头钉合。由于铆心在铆盖里产生膨胀作用，便可以起到紧固的结合作用。

3. 四件扣

四件扣是一种起连接作用的金属件，并有一定的开闭功能和装饰美化的作用。四件扣是由四个单独的部件组合而成，使用方法类似于子母扣。上部件相当于母扣，由扣盖和扣心组成，与帮部件结合类似于铆钉作用。下部件相当于子扣，由扣托和扣碗组成，与帮部件结合也类似于铆钉作用。当下部件的扣碗嵌入上部件的扣心时，便可以把上下部件连接起来。

四件扣是由铜质或钢质薄板挤压而成的，装配时需要使用专门的工具。

4. 鞋眼圈

鞋眼圈是装配在鞋孔上的金属件，有保护鞋眼不被拉豁、拉变形的防护作用。鞋眼圈有鞋眼套、鞋眼勾、鞋眼环几种类型。

鞋眼套形状为圆筒形，圆孔的直径是鞋眼套的主要尺寸。一般生产矮腰鞋时，小口内径多为（3.5±0.2）mm，生产棉鞋、劳保鞋时，小口内径多为（4.5±0.2）mm，生产靴类产品时，小口内径多为（5±0.2）mm。眼圈的高度在5～7mm，选用时鞋帮的厚度不要超过眼圈高度的1/2，以免安装不牢而造成脱落。装配时需要预先打孔，然后把鞋眼套下角自上而下插入鞋眼孔内，翻转鞋帮，再利用分花钺子把眼圈角破开，轻轻捶平，眼圈角与眼圈盖便夹紧鞋帮，固定在鞋眼上。

鞋眼钩与鞋眼套大体相似，是在鞋眼套的基础上将鞋眼圈盖演变成鞋钩。装配操作同鞋眼套，系鞋带时将鞋带绕在鞋眼钩上，节省了系鞋带的时间。在生产靴类产品时，靴筒上部的鞋眼往往装配鞋眼钩。

鞋眼环与鞋眼钩相似，是将鞋眼钩改变成鞋眼环，系鞋带时要把鞋带穿入鞋眼环内。鞋眼环的绑带牢度优于鞋眼钩，比穿入鞋眼套方便，常用于重型鞋靴。不过鞋眼环的装配与铆钉相似，需要使用专用工具。

5. 拉链

拉链是一种连接性部件，具有很好的开闭功能。常用的拉链虽然有金属拉链和尼龙拉链的区分，但它们的作用原理相同。金属拉链的链齿大多是铝质和铜质材料制成，尼龙拉链的链齿是用尼龙制成。将链齿分别固定在两条拉链布的一侧，再将拉链的锁头骑在拉链的链齿上，轻轻拉动就可以起到紧固链齿的作用。

使用拉链时，有时会出现咬合不紧的现象，这是由于拉链锁头松造成的，轻轻紧固锁头可以克服咬合不紧毛病。使用拉链可以在链齿上打蜡，增加润滑作用。拉链的两端应该用卡子卡住，防止锁头脱落。

6. 金属装饰件

金属装饰件是用来美化鞋帮的金属材料。此类产品的规格、尺寸、造型、花色都有很大的变化。现在也经常用树脂扣件代替。

金属装饰件是用铝板进行冲压而成，然后再经过电镀处理；也有的金属件是用铜板冲压后再镏金描漆。金属件的外观应该亮丽养眼，可以吸引人的眼球。

在金属件的连接上，有些是用皮条来固定的，有些是利用金属件的下角直接穿入鞋帮折回后固定的。金属件的连接要牢固，如果穿用过程中脱落，很难复原。

金属件大多装配在鞋口门的正中或外怀一侧，安装位置比较显眼。所以在选择金属装饰件时要注意与鞋帮的搭配，协调一致就会产生美感，否则就会有画蛇添足之嫌。

思考与练习题

1. 常用的鞋钉有哪些？
2. 鞋用勾心有哪些规格尺寸？
3. 举例说明鞋钎扣有什么作用？

第二节　鞋用修饰材料

在皮鞋的生产过程中，经过一系列的加工操作，很难保证鞋面的光泽色彩不受到影响。为了恢复鞋面鞋底的整洁美观，需要进行一定程度的修饰。这些用来修饰鞋帮、鞋底的材料，统称为鞋用修饰材料。包括着色剂、光亮剂、皮鞋油、护革油、蜡质材料等。

一、着　色　剂

鞋帮或者鞋底有时需要进行着色修饰，染料和颜料都属于着色剂。

染料都是有机物，可溶于水，在分子内部一般含有发色基团及助色基团，通过化学反应可以着色。因此染料的染色能力强，色泽鲜艳，透明度高，但遮盖力较低，耐水性较差。染色水是皮鞋涂饰中常用的染料型着色剂。

颜料是通过细微的颗粒进行遮盖的方法着色的，一般不溶于水和溶剂，因此遮盖力较强，耐光、耐热、耐溶剂性较好，但色泽和透明不如染料。颜料包括有机颜料、无机颜料和色淀三大类。其中的色淀，是指染料经过化学反应后所生成的金属盐沉淀，其作用类似于颜料。颜料膏是皮鞋涂饰中常用的颜料型着色剂。

1. 染色水

染色水是皮革的染色剂，能够对皮质鞋底面、鞋底墙起到染色的作用，使外观颜色均匀一致。为了加强染色的效果，染色水中还需要加入成膜物质和蜡类物质，以便形成光亮的薄膜和具有防水性。常用的染色水有黑色和红色两种材料。

（1）黑染色水

黑染色水也叫做黑蜡水，主要涂饰鞋底、鞋跟、鞋底墙和鞋跟墙，使他们与鞋帮面的颜色和光泽一致，并具有一定的防水性。有关黑染色水的配方见表 6-6。

表 6-6　　黑染色水配方

材料名称	配方比例/%	性质和作用
酪素	3.22	成膜物质，能溶于碱，不溶于水的蛋白质
苛性钠	0.22	俗称火碱，固体物质，溶于水后变成碱水，溶解酪素
结晶石碳酸	0.50	纯苯酚，白色结晶，溶于酒精，有杀菌消毒和防霉作用
40%肥皂水	1.00	起表面活性剂作用
茜素油	1.00	软化薄膜起增韧作用
25%氨水	0.10	溶解酪素
苯胺黑染料	8.40	黑色水溶性染料
蒙旦蜡	5.00	矿物蜡，结晶固体，熔点 76～86℃，增加薄膜防水性
水	80.56	分散介质，配置成一定浓度的染色液
合计	100	

(2) 红染色水

红染色水也叫做红蜡水，也是皮革的染色剂。皮鞋的鞋底墙、跟墙经过砂光后，用红染色水着色，然后再进行烫蜡。

红蜡水的熬制方法是用红土粉和水通过加热熔化，再加入少量黑染色水。继续加热后再加入醋酸或白酒，随即停止加热，待其自然冷却后就得到红蜡水。红蜡水的色泽深浅可通过黑蜡水的用量来调节。红蜡水的主要成分如下：红土粉 10 份，水 20 份，高粱酒 3～4 份。

2. 颜料膏

颜料膏也叫做色膏，是具有各种颜色的膏状体。

颜料膏的主要成分是颜料、酪素、硫酸化蓖麻油、苯酚、氨水和水。在皮革生产后期涂饰中所用的揩光浆，与颜料膏成分相同，只是浓度比较低。

颜料膏常用于修补鞋面上的轻度伤残，使用时需要自行调配色泽和浓度。由于颜料膏中含有较多的颜料，所以遮盖力比较强。

二、光　亮　剂

皮革表面原本涂有一层光亮剂，加工成皮鞋后，也需要喷涂一层光亮剂，恢复皮革本身的光泽。这层光亮剂不但可以使鞋面的颜色鲜艳，还能形成保护层，修补缺陷，便于皮鞋的保养，提高鞋的等级。常用的光亮剂包括酪素光亮剂、虫胶光亮剂、硝化纤维光亮剂、丙烯酸树脂光亮剂、聚氨酯光亮剂等。

1. 酪素光亮剂

酪素也叫做干酪素、乳酪素、奶酪素，主要来源于脱脂牛奶。酪素易溶于碱溶液而不溶于水，但吸水后膨胀。以酪素为主体配置的光亮剂叫做酪素光亮剂，是光亮剂中的成膜物质。

酪素光亮剂形成的薄膜与皮革的结合力强，经摩擦不易脱落。在高温下也稳定，不易燃，无毒，还具有一定的透气性和透水汽性。但酪素光亮剂形成的薄膜较硬较脆，延伸性较小，抗水性较弱。因此，在配置酪素光亮剂时常加入增塑剂，以提高薄膜的弹性，还要加入甲醛溶液以增加耐水性。喷涂酪素光亮剂后的皮鞋，在涂擦鞋油时并不脱落，保证了鞋面的外观质量。有关酪素光亮剂的配方见表 6-7。

表 6-7　　酪素光亮剂配方

材料名称	配方比例/份	性质和作用
酪素	100	蛋白质，成膜物质，能溶于碱，不溶于水
25%氨水	18.75	溶解酪素
72%茜素油	125	软化薄膜，起增韧作用
工业硼砂	8.13	溶液显碱性，溶解酪素
40%甲醛	50	固定蛋白质，起防水作用
水	930	配制成一定浓度的溶液

2. 虫胶光亮剂

虫胶也叫做漆片，由一种昆虫所分泌的胶液凝聚而成。虫胶的外观为淡黄色，能溶于氨水和酒精中，熔点 75～78℃，是虫胶光亮剂中的成膜物质。

虫胶光亮剂有一定的防水性，为了增加薄膜的弹性和韧性，配制时还要加入适当的增塑软化剂。有关虫胶光亮剂的配方见表 6-8。

表 6-8 虫胶光亮剂配方

材料名称	配方比例/份	性质和作用
虫胶	100	成膜物质，能溶于碱和酒精
酒精	549	溶解虫胶
邻苯二甲酸二丁酯	125	增塑软化剂

3. 硝化纤维光亮剂

硝化纤维即硝酸纤维，俗称火棉或硝化棉，是纤维素与硝酸和硫酸混合液经过酯化反应的生成物。硝化纤维外观为白色纤维状物质，形似普通棉花，在紫外光下会逐渐变色分解。其相对密度 1.60，在水中不膨胀也不溶解，但能溶解于酮或酯类有机溶剂。

硝化纤维是硝化纤维光亮剂中的成膜物质，溶剂型产品俗称“清漆”，成膜的光亮性好，使皮革表面更加鲜艳。硝化纤维光亮层具有耐酸碱、耐油和耐水性，有一定的弹性，但不耐老化，不易喷涂白色皮革。喷涂时薄膜不宜过厚，否则会引起龟裂脱落。有关硝化纤维光亮剂的配方见表 6-9。

表 6-9 硝化纤维光亮剂配方

材料名称	配方比例/份	作用和规格	材料名称	配方比例/份	作用和规格
硝化纤维	32	成膜物质、含 N 量 11.5%～12.2%	邻苯二甲酸二辛酯	22	增塑剂、工业用
醋酸辛酯	27	混合溶剂、工业用	尼那尔表面活性剂	0.075	表面活性剂、工业用
醋酸正丁酯	59	混合溶剂、工业用	平平加 OS-15	1.8	表面活性剂、工业用
正丁酯	13	混合溶剂、工业用	OP-10 磷酸酯	1.05	表面活性剂、工业用
癸二酸二辛酯	13	增塑剂、工业用	蒸馏水	126	分散介质、配制成一定浓度的溶液

4. 丙烯酸树脂光亮剂

丙烯酸树脂光亮剂是由许多丙烯酸酯单体经乳液共聚而成的白色乳状液，也叫做丙烯酸酯乳液。丙烯酸树脂涂层的特点是粒子细，黏着力强，具有良好的成膜性。涂层耐光、耐老化，耐干擦湿擦性能优于酪素光亮剂，透气性和透水汽性优于硝化纤维光亮剂和聚氨酯光亮剂。

由于丙烯酸树脂光亮剂的分子链呈线型结构，所以对温度极为敏感，高温发黏，低温发脆，耐气候性差，会出现冷脆热黏的现象，同时也不耐有机溶剂。为了改变这些缺点，采用丙烯酸酯与其他类别的单体共聚，可以得到不同良好性能的共聚物，这些共聚物叫做改性丙烯酸树脂。有关丙烯酸树脂光亮剂的配方见表 6-10。

表 6-10 丙烯酸树脂光亮剂配方 单位：份

材料名称	配方一	配方二	配方三
丙烯酸丁酯	75	75	73
丙烯酸甲酯	25	—	—
丙烯酸腈	—	25	23
丙烯酸(按 100%计)	1～5	1～5	1
丙烯酰胺	3～8	3～8	3
甲醛	5	5	2.8
十二烷基硫酸钠	1.4	1.4	1
过硫酸铵(钾)	0.19	0.21	0.3
蒸馏水	230	230	150

由于丙烯酸树脂光亮剂具有良好的性能，无论是国内还是国外，在制革的整理涂饰过程中已被普遍使用，同时在制鞋生产后期整饰过程中，也是常用的光亮剂。

5. 聚氨酯光亮剂

聚氨酯是指在分子主链上含有多个氨基甲酸基团的高聚物。聚氨酯光亮剂是一种新型的涂饰材料，聚氨酯是光亮剂的成膜物质。聚氨酯是由多异氰酸酯与多元醇聚合而成的高分子聚合物、可以制备聚氨酯合成革、聚氨酯鞋底、聚氨酯黏合剂、聚氨酯纤维，同时也可以制备聚氨酯光亮剂。

聚氨酯光亮剂可以代替酪素、丙烯酸树脂光亮剂使用，涂层光亮、透明，并能显著提高成膜的耐干擦和耐湿擦性能。聚氨酯光亮剂的黏着力强，具有防水性、柔软性和弹性，可以使革面光滑细致。聚氨酯涂层干燥速度快，耐寒、耐曲挠性好，其缺点是耐光性差，日久变黄，但在弱碱溶液中稳定。

三、皮　鞋　油

皮鞋油是皮革的保护剂和上光剂，主要成分是各种蜡质材料，主要功能是防水护革。现在的鞋油中往往加入一种叫“硅油”的材料，硅油为线型聚硅醚，它的特点是在温度很广的范围内黏度变化小，这是其他有机油类都远远比不上的，可以使鞋油稳定性好。

目前皮鞋油主要有三种类型：乳液型、液体型和油膏型。

1. 乳液鞋油

乳液型鞋油主要成分是蜡、油和水组成的乳液状鞋油，掺入染料后有着较好的着色性能。此种鞋油由于使用水做分散剂，适用于修面革类产品。

2. 液体鞋油

液体型鞋油主要成分是乳化蜡、树脂和水组成的液体状鞋油。由于鞋油中有树脂的存在，涂抹均匀后即可形成光亮的薄膜，不需要擦拭，很符合现代快节奏的生活。这种鞋油往往制成专用鞋油，分别适用于漆光革、苯胺革、浅色革等。

3. 膏状鞋油

膏状型鞋油主要成分是各种蜡和油组成的膏状体。这是传统性鞋油，防水作用强，光泽性好，适用于全粒面革皮鞋。将鞋油涂在皮革表面上，待溶剂挥发后就会留下一层薄膜层，经过擦拭后就会产生光泽，对于真皮层来说，越擦拭越光亮。薄膜是由各种蜡类构成，可以防止水分侵蚀皮革，使皮鞋经久耐穿。有关膏状鞋油的配方见表 6-11。

表 6-11　　黑色鞋油配方

材料名称	配方比例/%	性质和作用
四川白蜡	9.48	也叫虫蜡，白色晶体，无味，脆硬，熔点 80～83℃，溶于松节油，不溶于酒精，富有光泽
石蜡	12.93	矿物蜡，白色或淡黄色结晶固体，熔点 42～65℃，溶于松节油，有渗透皮革功能，富有光泽
硬蜡	2.07	由川白蜡与碱土金属或重金属化合而成，属于金属皂类，熔点 80～88℃，溶于松节油
松节油	74.14	有机溶剂，可以溶解蜡类，容易挥发，使皮鞋易于干燥
油溶黑	1.38	黑色染料，能溶于松节油内
合计	100	

四、护　革　油

护革油也叫做保革油，是一种不干性皮革保护剂。护革油的性质与普通鞋油不同，它能渗透到皮革内部，使皮革柔软滋润，不易脆裂，不受水分侵蚀。

护革油不能使皮革表面光亮。护革油主要用于反面革、绒面革、油鞣革的修饰上。有关护革油的配方见表 6-12。

表 6-12　　护革油配方

材料名称	配方比例/%	性质和作用
蜂蜡(黄蜡)	17.2	黄褐色固体,熔点 63～68℃,不溶于水,能溶于松节油,有增加附着力和防水作用
松节油	24.1	有机溶剂,能溶解黄蜡
硬脂或牛脂	7.0	均叫做牛油,脂质较硬,熔点 42℃,有防止水进入皮革的作用
蓖麻油	51.7	淡黄色,稠的不干性油,能溶于酒精,可使皮革柔软,有防水作用
合计	100	

五、蜡质材料

蜡是自然界中动物、矿物或植物所产生的一种具有可塑性的固体材料。蜡的主要成分是由高级饱和脂肪酸和高级一元醇所生成的酯类，以及游离的高级酸和醇。蜡是个通俗的名称，习惯上把熔点在人体温度与水的沸点之间的蜡状物质统称为蜡，其中也包括高级烷烃、高级乙二醇等物质。

蜡在鞋的修饰中起到增加光泽、改善手感、减少树脂发黏程度的作用，是皮革皮鞋涂饰材料中不可缺少的成分。例如，打蜡革、擦色革需要经过涂蜡打磨才能产生特殊的效果。

1. 蜡的种类

蜡可分为天然腊与合成蜡两大类别，天然蜡又分为植物蜡、动物蜡、矿物蜡三种。

(1) 植物蜡　植物蜡主要有巴西蜡，是由巴西棕榈树叶上的分泌物制得的。主要成分是由蜂醇蜡酸组成的酯类，相对密度 0.990～0.999，熔点 83～86℃，皂化值 77～84。

(2) 动物蜡　动物蜡主要有白蜡和蜂蜡。

白蜡也叫中国蜡，是女贞树或白蜡树上寄生的白蜡虫所分泌的物质，质地柔软、颜色白洁、光泽性好。其中以四川的白蜡（也叫川白蜡）质量最好，熔点 80～83℃。川白蜡经皂化后制备成硬蜡。

蜂蜡是蜜蜂的分泌物，也叫做黄蜡，颜色由黄渐深，熔点较低，为 63～68℃。硬度不及巴西蜡和白蜡，但光泽性好，常与其他硬质蜡混合使用，易于被表面活性剂乳化。

(3) 矿物蜡　矿物蜡主要有石蜡和蒙旦蜡。

石蜡也叫做矿蜡，是从石油中提炼出的产品，外观为白色或黄色半透明体。石蜡的主要成分是碳原子16～39的正构直链烷烃及少量支链烃。熔点 57～65℃，能溶于苯、醚等有机溶剂。

蒙旦蜡也叫褐煤蜡、地蜡、炭蜡，是用苯浸提褐煤而制成的产品。外观是棕黑色或黑色的固体，性脆，硬度接近于巴西蜡。熔点 76～86℃，皂化值 60～70。主要成分为石树脂 15%～18%、蜡 50%～60%、沥青 20%～30%。蒙旦蜡溶解色素的性能好，吸油性能好，适于制作深色或黑色涂饰剂，也是制作合成蜡的主要原料。

(4) 合成蜡　合成蜡是指经过人工合成方法制成的蜡。最初的合成蜡是由褐煤制备的，例如 S 蜡是褐煤经氧化制成的，O 蜡是利用 S 蜡与乙二醇酯化制成的，OP 蜡是用 S 蜡与丁二醇酯化制成的。其中 OP 蜡的特点是熔点较高，为 102～106℃，光泽性好，硬度较大，外观为乳白色，相对密度 1.03～1.04，皂化值为 111～133。

目前制造合成蜡除了采用褐煤外，还用高级脂肪酸为原料，经酯化方法而得到。

蜡不溶于水，但可被皂片、三乙醇胺和一些表面活性剂所乳化。乳化蜡在皮革涂饰中被广泛地使用。

2. 蜡的制品

鞋用蜡的制品主要有蜡饼和松香蜡。

(1) 蜡饼　蜡饼是由各种蜡质材料制成的小圆饼，可用于鞋面的补伤、鞋底鞋跟烫蜡，以增加光亮性和防水性。

制备蜡饼的材料必须具有一定的渗透能力（例如石蜡），还应具有黏合力，在皮革表面形成薄膜层（例如黄蜡）。此外还需要加入染料。

常用的蜡饼有白蜡饼、黑蜡饼和紫蜡饼三种。烫蜡一般使用白蜡饼，整饰使用带颜色的蜡饼。蜡饼的主要成分是：石蜡 70 份，硬蜡 14 份，川白蜡 10 份，黄蜡 2～4 份。

配制黑蜡饼时还需要加入石油沥青 2 份，油溶黑 2 份。

配制时将各种蜡料共混加温到 200℃左右，使各组分都处在熔融状态，然后再将蜡液降温至 80～100℃，将染料以及防霉剂等加入进行搅拌，最后倒入模坯内凝固成蜡饼。

（2）松香蜡　松香蜡是指松香与石蜡按一定比例混合成的蜡。松香蜡主要用于缝制鞋的麻绳过蜡，麻绳在松香蜡里穿过，周身便裹上松香蜡，可以起到防潮和防腐的作用，在缝合操作时拉线穿过皮料，由于摩擦生热，松香蜡融化后会起到润滑的作用，冷却凝固后又会产生黏合作用，提高了麻绳的缝合牢度。

松香蜡的主要成分是：松香 90 份，石蜡 10 份。

制备松香蜡时，按比例将松香与石蜡放入锅内煎熬，经搅拌均匀后放入冷水中冷却，然后取出松香蜡，随即两手对拉。拉之前手上抹一点机油，拉成金黄色即可，越多拉韧性越好。

手工生产线缝鞋时的过蜡，是用手拉住麻绳从松香蜡中穿过。机器生产线缝鞋时的过蜡，是把松香蜡放入蜡锅里加热，麻绳自蜡液中穿过。

思考与练习题

1. 染色水与颜料膏的作用有何不同？
2. 常用的光亮剂主要有哪些类型？
3. 皮鞋油与护革油的作用有何不同？

第三节　鞋用其他材料

鞋用辅料多而杂，例如垫心材料、防霉防蛀材料以及包装材料都是必不可少的辅料。

一、鞋用垫心材料

为了使皮鞋外底的表面光滑平整，在外底与帮脚结合之前，应该将绷帮后的底面进行填齐垫平的处理，这一操作过程称为填底心或垫底心。垫底心所用的材料叫做垫心材料，大多使用一些下脚料代替，可以降低生产成本。

常用的填底心材料主要有以下类型。

1. 线缝鞋常用的填底心材料

（1）沥青软木　早期生产线缝鞋时，常用软木碎料、锯木屑，添加沥青和少量白蜡、凡士林油等物质加热熔化，搅拌均匀后填平在绷帮后的底面帮脚之间。沥青软木冷却后有粘接性，同时有防水、防湿、绝缘、质轻等优点，并能保护缝线不易腐烂，穿着时还具有弹性，比较舒适。

（2）塑料垫片　现在生产线缝沿条鞋时使用塑料垫片。缝沿条鞋的底面凹形比较规范，将塑料颗粒经加热后熔化，再利用注射机可以在磨具内注射成型，冷却后成塑料垫片。塑料垫片使用方便，耐腐蚀性较好。

2. 胶粘鞋常用的填底心材料

生产胶粘鞋有现成的水胶、氯丁胶和皮末、胶末、碎皮块，这些都可以成为填底心的好材料。

（1）水胶拌锯木屑　用锯木屑拌上水胶，抹平绷帮后的底面，经干燥后就能达到填底心的作用。但是水胶拌锯末需要较长的干燥时间，现已不太常用。

（2）氯丁胶拌胶末、皮末　打帮茬和打磨外底后会有许多的皮末、胶末，用氯丁胶搅拌后也是填底心的材料。由于氯丁胶的溶剂容易挥发，干燥时间比较短。

（3）黏合碎皮块　利用裁断后的废里料，经适当的剪裁后，可以用氯丁胶黏合在楦底帮脚间的凹陷处，起到填底心的作用。由于刷胶比较薄，所以干燥的速度也比较快。

3. 硫化鞋常用的填底心材料

生产硫化鞋时，常用一层中底代替填底心，这层中底使用的是再生胶原料制备的，可以节约较好的胶料，降低成本。

模压鞋和注射鞋由于是一次性成型的，底心部位有胶料存在，省去了填底心操作。在生产模压鞋时，可以在鞋跟部位添加木块、在底心部位放置竹勾心达到一举两得的作用。

在市场上经常会看到一些低档鞋，它们的外底是凸凹不平的，降低了鞋的外观质量，穿着也不舒服，这是由于没有填底心而造成的。填底心固然麻烦，但对提高鞋子的质量有好处，这是生产高档鞋必不可少的工序。现在已有一种成型橡胶底，在底心部位设计有相应高度的凸起，黏合时可以弥补帮脚造成的凹陷，具有填底心的作用。

在生产厚底鞋时，有一层厚厚的中底，可以用软木、发泡塑料来制作，借以减轻鞋底的质量。这种软质材料可以填补在鞋底的凹陷处，不会影响外底表面的平整性。

在鞋腔内部的鞋垫下面，往往也需要垫一层软质的底心材料，一般使用发泡塑料或者海绵材料。

二、鞋用防霉防蛀材料

由于皮革材料的本质是蛋白质，会因为保管不当会出现霉变或虫蛀现象，所以在皮鞋的保管过程中还需要使用防霉剂和防蛀剂。

1. 防霉剂

生霉是由于霉菌的作用而产生的。霉菌发生作用是有条件的，需要有合适的温度、湿度和养分。许多合成材料不会生霉，那是因为在合成树脂中没有养分。皮革材料本身是蛋白质，具有充足的养分，所以容易生霉。在夏季，温度较高，湿度也较高，很适于霉菌的繁殖，所以夏季是鞋子生霉的多发季节。此外，像水胶、汽油胶、染色水、布里、纸盒等材料也会出现生霉现象。

在生产皮革和皮鞋的后期阶段，都需要进行干燥，控制含水量在14%～18%，这就可以防止霉变。不过由于气候的变化很难控制，在高温高湿天气下还需要借用防霉剂防止霉变。

常用的防霉剂主要有以下类型：

(1) 苯酚　苯酚也叫做石碳酸，外观为白色针状或无色晶体。熔点40.8℃，相对密度1.07，日光照射下会逐渐变成红色。苯酚可溶于水、乙醇、冰醋酸、甘油及二硫化碳中。稀溶液有甜味，俗称来苏水；浓溶液有强烈刺激性臭味，腐蚀性强，有毒，对皮肤有强烈的灼伤作用。在生产酪素光亮剂时，为了防止酪素腐烂，常加入苯酚防霉剂。

(2) 对位硝基酚　对位硝基酚也叫做对位硝基苯酚，外观为黄色晶体，熔点113.8℃，相对密度1.479，稍溶于水，溶于乙醇、乙醚、碱溶液和二硫化碳中，对皮肤有刺激作用。在生产鞋油和染色水时，为了防止霉变需要加入对位硝基酚防霉剂。

(3) 环氧乙烷　环氧乙烷也叫做氧化乙烯、噁烷，常温时为无色气体，沸点10.4℃，具有乙醚或氯仿的气味，溶于水、乙醇和乙醚。环氧乙烷的性质非常活泼，能与许多化合物起加成反应。有毒，大量吸入会引起中毒，危及生命，具有很强的灭菌能力。使用环氧乙烷是采用气相灭菌法，可以使包装内的皮鞋在相当长的时间内不会发生霉变，适用于远洋外销产品。

2. 防蛀剂

鞋子在保管期间也容易遭受虫蛀和其他微生物的侵蚀，特别是针对毛皮、毛织物、毛纤维等材料更是如此。因此产品在保管期间需要加入防蛀剂。

常用的防蛀剂主要有以下类型：

(1) 卫生球　卫生球是由精萘制成的球状产品，外观为白色，常温下可升华，具有强烈的特殊性气味。卫生球具有麻醉性，也极易燃，虽具有杀菌驱虫作用，但是对身体有害，现已不作为民用产品。但在制造染料、树脂、香料、医药品方面还很有用途。

(2) 樟脑丸　樟脑丸是由樟脑制成的球状或块状产品。樟脑是从樟树的叶子中提取的有机化合物，外观为无色透明的固体，味道苦，有清凉的香味，容易挥发，以此来做防虫蛀的材料，代替精萘球。

三、鞋用包装材料

成品鞋的包装不仅可以保持产品的完整和清洁，而且便于运输和保管，进而借助包装宣传产品的特点，提高产品的知名度。在品牌辈出的时代，包装已成为一种商品文化。常用的包装材料有各种纸类、塑料类等，不同级别的产品需要采用不同的包装材料。

1. 内包装材料

内包装是指对每双鞋进行包装，主要是对产品进行保护。常用的材料有以下几种类型：

（1）透明塑料袋　把鞋装入透明的塑料袋后将口封住，可以保持鞋的光洁。顾客挑选鞋时一目了然。袋面上印刷有商标、说明、型号、厂名等标志。适用于长途运输。

（2）成型塑料盒　成型塑料盒具有鞋的外观轮廓，透明度高，将鞋封入盒内可以增强外观的诱惑力。适用于各种礼品鞋。

（3）提兜　用纸张、塑料、无纺布、织物等材料制作成装鞋的提兜，不仅可以装鞋，通过提兜上的印刷标志，还可以成为活动的广告、宣传自己产品的铭牌。

（4）鞋盒　一般的鞋盒都是单双装，也可以制成情侣鞋盒，装入男女鞋各一双。鞋盒可以是用纸板糊制而成，也可以是用厚纸折叠而成。鞋盒根据不同的要求，可以制成白色鞋盒、素色鞋盒、花色鞋盒。鞋盒上应印有鞋号、型号、颜色、生产单位、产品名称、质量等级与商标等内容。鞋盒的大小要适当，长度应以装入大号鞋略有余量为准，宽度和高度按产品实际尺寸而定。装鞋时要把鞋的两头对装。

（5）鞋内支撑材料　为了防止鞋在运输保管过程中受到挤压变形，一般在鞋内要装有支撑物。例如柔软的纸团、气包式鞋撑子、瓦片式鞋撑子、支撑式鞋撑子等。

（6）鞋盒内衬垫材料　对于中高档鞋类来说，不能直接把鞋装入鞋盒内，应该垫有衬物。例如绵纸、丝绒、发泡聚苯乙烯衬垫等，防止鞋子之间摩擦。对于鞋钎子等，要用绵纸包裹，两只鞋之间也应该隔开。

2. 外包装材料

外包装是指对若干内包装产品集中装在一个大包装箱内，也叫做大包装。外包装的主要目的是便于运输，可根据不同合同要求来制备大包装箱。

外包装材料主要有瓦楞纸箱和少量木箱。瓦楞纸箱是由瓦楞纸板加工而成。将瓦楞原纸经机械加工后制成半圆形瓦楞状，再将上下两侧用纸板粘接起来，纸板中心成空心结构，增加了瓦楞纸的机械强度。在出口产品包装中，也有用多层进口牛皮纸制成的瓦楞纸箱，适于长途运输。

包装箱的大小要按实际情况制定。出口鞋多定为每箱 12 双，内销鞋每箱有 20、25、30、50 双不等。装箱有单码装法和配码装法，单码装箱时只装一种鞋号尺码，配码装箱是根据生产通知单，按全码的比例数量装入。在运输距离较长时，特别是走水运时，箱内应加防潮剂，必要时加入防腐剂。

思考与练习题

1. 胶粘鞋常用的垫心材料有哪些？
2. 防腐剂和防蛀剂有什么不同？
3. 常用的内包装材料有哪些？

实训四　参观教学

鞋用材料的特点是多而杂，要求的深度虽然浅但是范围广。因此在教学过程的适当时候安排一次参观教学，可以开阔学生的眼界，提高对材料的感性认识，有利于掌握制鞋材料的应用。特别是一些新材料的出现，往往都是在展览会上亮相，抓住这些机会，会大大提高教学质量。如果想将这些材料编进教材，肯定是在几年以后的事。

一、目的要求

通过参观教学了解鞋用材料的现状，了解新型材料，并能理论联系实际，把书本上的知识用活。

二、内容

在适当的时候安排学生参观展览会、鞋材市场或者相关的生产企业。如果有条件尽量多安排参观教学。

三、操作步骤

(1) 联系参观事宜，确定参观的时间、地点和内容。
(2) 做好参观的组织工作，安全出行、安全返回。
(3) 参观过程中安排好讲解或引导工作。
(4) 参观后每个学生要做总结，写出参观实习报告。

四、考核标准

(1) 评定成绩的标准采用优、良、及格、不及格四个等级。
(2) 实习报告内容具体、完整、有收获，可评为优。
(3) 实习报告内容在“具体、完整、有收获”某方面有不足，可评为良。
(4) 实习报告内容缺欠比较大，可评为及格。
(5) 没有实习报告或者抄袭别人的实习报告，可评为不及格。
(6) 处于两个等级之间的成绩按半级处理。例如优$^{-}$、良$^{-}$等。

参考文献

1. 魏世林. 制革工艺学［M］. 北京：中国轻工业出版社，2004.
2. 丁绍兰. 革制品材料学［M］. 北京：中国轻工业出版社，2003.
3. 郑秀康，周福民. 现代胶粘皮鞋工艺［M］. 北京：中国轻工业出版社，2005.
4. 皮鞋材料编写组. 皮鞋材料［M］. 北京：中国轻工业出版社，1994.
5. 范浩军. 人造革/合成革材料及工艺学［M］. 北京：中国轻工业出版社，2010.
6. 邢德海. 中国鞋业大全［M］. 北京：化学工业出版社，1998.
7. 马华. 服饰大观［M］. 北京：科学普及出版社，1986.